Christoph Winder

Da muß man durch

Mein Wörterbuch zur Gegenwart

W0077365

MANUSCRIPTUM

Die Deutsche Nationalbibliothek verzeichnet diese Publikation in der Deutschen Nationalbibliographie; detaillierte bibliographische Daten sind im Internet über http://dnb.d-nb.de abrufbar.

Das Werk ist in allen seinen Teilen urheberrechtlich geschützt. Jede Verwertung ist ohne Zustimmung des Verlags unzulässig. Das gilt insbesondere für Vervielfältigungen, Übersetzungen, Mikroverfilmungen und die Einspeicherung in und Verarbeitung durch elektronische Systeme.

ISBN 978-3-937801-31-5

© Manuscriptum Verlagsbuchhandlung
Thomas Hoof KG · Waltrop und Leipzig 2009
Gestaltung: Achim Schmidt, Waltrop/Bremen

Inhalt

Ein Wörterbuch und was es will

Die Welt, in der wir leben, ist voller Wörter. Wörter dienen uns als praktische Werkzeuge, um zu bezeichnen, was sich in uns tut und was uns umgibt. Wenn wir mit anderen Menschen in Kontakt treten wollen – manchmal in sachbezogener, manchmal in emotionaler Absicht, das eine Mal zärtlich und ein andermal im Streit –, dann tun wir dies, in einem rein technischen Sinn, mit Wörtern (oder mit Worten, wenn man die inhaltlich-sinnhafte Komponente der Kommunikation betonen will). Wörter – und Bilder – sind der Stoff, aus dem die sogenannten Medien gemacht sind, jene allgegenwärtigen zeitgenössischen Begleiter in sämtlichen öffentlichen und privaten Lebensbereichen. Aus Wörtern werden dürre bürokratische und nüchterne wissenschaftliche Texte verfertigt, aber auch farbenfrohe und schillernde Werbebotschaften, die unsere untergründigen Kaufgelüste mit andauernder Suggestivkraft anzufachen versuchen. Manche Wörter sind steinalt und atmen den Geist unvordenklicher Zeiten, andere sind eben erst in der Vorwoche entstanden und lassen noch den „Geist" der letzten Fernseh-Talkshow spüren. Manche Wörter sind genuin deutscher Herkunft, andere sind über Grenzen hinweg von außen her in unseren Sprachraum eingewandert. Und als gäbe es nicht schon genug Wörter in der wirklichen Welt: Seit das Internet erfunden worden ist, bekommt der globale Wortbestand fortwährend Zuwachs im virtuellen Raum, und das in riesigen Dimensionen.

Wer dieser Wortflut, die unablässig auf uns einströmt, nicht passiv ausgeliefert sein will, der muß sich aktiv mit ihr auseinandersetzen. Aus diesem Grund habe ich im März 2005 auf der Internetseite der österreichischen Tageszeitung *Der Standard* (www.derstandard.at) eine Online-Kolumne mit dem Titel *Winders Wörterbuch zur Gegenwart* ins Leben gerufen, in der ich Woche für Woche drei ausgesuchte Wort-Exemplare aufs Korn nehme: teils mit milder satirischer Ironie, teils mit schärfer gewürztem Sarkasmus, häufig aus einer spielerischen Lust heraus, sprachliche Verrücktheiten auch noch mutwillig weiterzuspinnen, seltener mit einer wertend-sprachpflegerischen Attitüde, welche sich aber, wenn sie denn überhaupt erkennbar wird, selbst nie übertrieben ernst nimmt. Bei allem kritischen Elan stehen die Freude an der sprachlichen Kreativität, der Sinn für das Absurde und das lustvolle Erstaunen über manch albernen sprachlichen Aberwitz im Vordergrund, nicht aber die Belehrung und die Unterweisung. Wer nach einem nüchternen Wegweiser für gutes und richtiges Deutsch sucht, der wird sowohl auf dem Buchmarkt als auch im Internet Zweckdienlicheres finden. Sollten die Leser durch die Beschäftigung mit *Winders Wörterbuch* dennoch etwas lernen – vor allem größere sprachliche Sensibilität für das, was einem gesagt wird, und das, was man selber sagt –, dann wäre mir dies umso willkommener.

Wie der Titel meines Online-Wörterbuches und der Untertitel dieser Buchausgabe signalisieren, hat das Projekt eine ausgeprägt subjektive Note und erhebt keinerlei Anspruch auf Wissenschaftlichkeit. Die ästhetische Wertung sprachlicher Phänomene und das Prinzip, nach dem die Wörter ausgewählt wurden, entspringen weitgehend der Lust, der Laune und dem persönlichen Sprachgefühl des Autors: Neben Medien- und Alltagsphrasen, Neologismen aus Jugend- und Werbesprache und manch schwer qualifizierbarer Sonderbarkeit, die das Gros der Einträge ausmachen, habe ich mir gelegentlich erlaubt, Begriffe aus dem Englischen aufzunehmen, aber auch Dialektausdrücke vor allem aus dem Wienerischen („Anserpanier", „Irxnpepi"). Einige von ihnen haben schon etliche Jahre auf dem Buckel und strapazieren die Bezeichnung „zur Gegenwart" somit stark.

Etwa 500 Wörter sind es, die ich im Laufe der vergangenen dreieinhalb Jahre glossiert habe; eine überarbeitete Auswahl aus diesem Material ist jetzt in diesem Buch versammelt. Ich hoffe, daß es ebensoviel Amüsement bereiten und zur kritischen Auseinandersetzung mit Sprache anregen wird wie sein Internet-Pendant. Zu danken habe ich vor allem den Lesern, die allwöchentlich meinen Einträgen ergänzende, erhellende, mehr oder weniger geistreiche und oft auch sehr komische Bemerkungen hinzufügen und dieses Wörterbuch zu einer kollektiven Anstrengung machen, die vielleicht einmal Linguisten einer ferneren Zukunft von dokumentarischem Nutzen über seltsame Sprachphänomene zu Beginn des 21. Jahrhunderts sein wird. Einige der Leseranregungen habe ich in dieses Buch eingearbeitet; die Wortspender sind mit den originalen Namen, mit denen sie im Internet in Erscheinung treten, angeführt. Daß ich viele nicht erwähnen konnte, ist keine böse Absicht, sondern resultiert aus dem Zwang, aus der Überfülle eine Auswahl treffen zu müssen.

Zu danken habe ich den Kollegen vom *Online-Standard*, die meine Einträge Woche für Woche ins Netz heben und mit liebevoll ausgesuchten Fotografien bebildern. Zu danken habe ich schließlich der Manuscriptum Verlagsbuchhandlung, die es auf sich genommen hat, ein Projekt, das seine österreichische Herkunft in vielen Einzelheiten verrät, auch dem deutschen Publikum in Buchform zugänglich zu machen. Ich habe versucht, wenigstens die finstersten Austriazismen durch erläuternde Bemerkungen klarer und verständlicher zu machen. Nicht immer wird dies ganz gelungen sein, daher mein Zuspruch an die deutschen Leser: Lassen Sie sich nicht entmutigen, wenn Sie dann und wann auf den Namen eines Ihnen unbekannten Politikers aus Ösi-Land stoßen. In den allerwenigsten Fällen muß man ihn unbedingt kennen, und die wenigsten stehen ihrer politischen Verdienste wegen hier, sondern lediglich als Stichwortlieferanten, auf die ein solches Wörterbuch natürlich angewiesen ist.

Wien, im Oktober 2008   Christoph Winder

Das Wörterbuch von A bis Z –
Von „Aber hallo!" bis „Zutexten"

Aber hallo!
Protest und Bestätigung

Jeder hat seine Achillesferse. Die einen haben es nicht gern, wenn man mit einem Kreidestück über eine Schiefertafel kratzt, andere sind allergisch gegen volkstümliche Musik, und Leser L. W. hat Schwierigkeiten, wenn er die Interjektion „Aber hallo!" hört. Er schreibt an dieses Wörterbuch: „Ganz, ganz übel ist die oft gehörte Phrase ‚Aber hallo!' als Ausruf des erstaunten Protestes. Gleichzeitig wird damit zum Ausdruck gebracht, daß der Angesprochene in einer Art geistiger Umnächtigung daherredet und daher mit einem ‚Aber hallo!' (Betonung beim Hallo auf der ersten Silbe) erst aus seinem geistigen Elend erweckt werden muß. Zweitens bringt der Ansprechende damit deutlich zum Ausdruck, seinem Gegner geistig und argumentativ völlig überlegen zu sein. Vielleicht nur mein persönlicher Eindruck, aber ich finde es schlimm."

„Aber hallo!" scheint auch in einer zweiten Verwendungsweise auf – zur vehementen Bestätigung einer zuvor getätigten Behauptung: „Die hat vielleicht ein ätzendes Kleid an." – „Aber hallo!" Damit ist gemeint, daß sich der Sprecher dem Werturteil seines Vorredners in vollem Ausmaß anschließt und das Kleid ebenfalls grauenhaft findet.

Abhängen
Entspannende Aktivitäten aller Art

Aus der Welt der Prominenz, entnommen der Zeitschrift *Mädchen*: „Penélope Cruz kann sich vor unmoralischen Angeboten männlicher Promi-Verehrer kaum retten: Orlando Bloom, Adam Brody und Matthew McConaughey wollen unbedingt mit ihr zusammensein. Doch die Spanierin lassen die Avancen ihrer Kollegen kalt. Stattdessen hängt sie lieber jede freie Minute mit ihrer ‚Bandidas'-Freundin Salma Hayek ab. Und deswegen kursieren nun auch Gerüchte, daß Penélope und Salma ein lesbisches Paar sind. Uns egal – Hauptsache, sie ist glücklich!" An dieser Meldung beeindruckt nicht nur die moralische Großzügigkeit der *Mädchen*-Redaktion, der es gleichgültig ist, ob die Promis auf homo- oder heterosexuelle Art zufrieden werden, sondern auch das Wort „abhängen". Es paßt gut in einen reichen Strauß von anderen „Ab"-Wörtern, mit denen die Jugend gerne entspannende Aktivitäten aller Art bezeichnet: abshaken, abtanzen, abgammeln oder abchillen. Der Sinn dieses hinzugefügten „ab-" bleibt dunkel, weil es ein einfaches Shaken, Tanzen, Gammeln oder Chillen in Wahrheit ja auch täte. Vielleicht ist, in Analogie zum Abbürsten von Staub oder zum Abputzen von Flecken, gemeint, daß man sich tanzenderweise eines psychischen Ballastes entledigt und schlechte Laune oder Langeweile eben „abtanzt". Ab durch die Mitte!

Aborigines-Weckerl
Entscheidungsfindung in der Bäckerei

Die Diversifizierung der Warenwelt schreitet unaufhörlich voran. Ihr Chronist erinnert sich an seine Jugend: Da gab's beim Bäcker Semmeln, Salzstangen, Brezeln, zwei Sorten Schwarz- und zwei Sorten Weißbrot, und das war's dann auch. Heute offerieren die wackeren Bäckersleut ein ungleich umfassenderes Sortiment: Pizzastangen, Sesam-Laugen-Striezerl, Genuß-Plus-Käsesemmeln, Aktiv-Weckerln, Dreikorn-Handsemmeln, Dreikorn-Maschinsemmeln, St. Petersburger Nußecken, Plunder-Nußgolatschen, Topfenbällchen, Finnenlaibchen, Knusperspitz, Käsekornweckerl, Sechskornwuchtel, Kürbiskernknacker, Butterzapfen. Die Abwechslung bei Tisch ist dadurch zwar gewaltig verbessert worden, aber nicht minder gewaltig erschwert ist die Kommunikation, wenn man bei einem anderen als seinem Stammbäcker einkaufen geht: „Ich hätte gerne ein ..." (Fingerzeig). „Ein Oliven-Ciabatta?" – „Nein, das daneben" (abermaliger Fingerzeig). „Den Sechskorn-Spitz?" – „Nein, dahinter" (dritter Fingerzeig). Der leicht gereizte Unterton der Verkäuferin läßt darauf schließen, daß die Bildungslücke des Kunden nicht ästimiert wird. „Aso, das Aborigines-Weckerl wollen's." Jawohl, auch ein solches gibt es, und zwar beim Wiener Bäcker Ströck. Unbestätigten Gerüchten zufolge sollen auch die Entwicklungsarbeiten am Indigenen-Spitz schon weit fortgeschritten sein.

Absenfen
Nicht nur zu den Frankfurtern

Beim Senf verhält es sich wie mit vielen anderen Dingen: Es kommt auf die Umstände an, ob er willkommen oder unpassend ist. Als Zutat zu einem Paar Frankfurtern ist er nicht zu verachten (vor allem der scharfe englische Senf nicht). Wenn allerdings jemand glaubt, ständig seinen Senf zu einer Unterhaltung beisteuern zu müssen, dann kann es mühsam werden. Vor kurzem bin ich auf eine (mir) neue Wortvariante für die alte Redewendung „seinen Senf dazugeben" gestoßen, nämlich das „Absenfen" (ein paar Belegstellen aus Google: „Es wäre besser, wenn du nicht meckernd absenfen würdest"; „Hier im Lovetalk könnte ich dauernd absenfen, weil ich Lust dazu habe"). Offenkundig wird „absenfen" nicht immer als negativ empfunden, sondern neutral, im Sinne von „seine Meinung äußern". Einige andere, weniger bekannte Senf-Formulierungen kennt das *Große Lexikon der sprichwörtlichen Redensarten* von Lutz Röhrich: „Einen langen Senf über etwas machen" (viele unnütze Worte verlieren), „den Senf überzuckern" (etwas Unangenehmes in eine mildere Form bringen), „Mach keinen Senf!" (Spiele kein Theater), „Dieser Senf steigt in die Nase" (Der Spaß ist zu grob; er verursacht Ärger), „Jemand wird durch den Senf gezogen" (bedeutet dasselbe wie „durch den Kakao gezogen"). Im journalistischen Jargon allerdings würde man nicht sagen, daß jemand einen Artikel für die Zeitung „abgesenft" hat, sondern „ablaichen" wäre der Ausdruck der Wahl („Dazu hat der X schon eine Kolumne abgelaicht").

Absurdistan
Kein Land wie jedes andere

Kennst du das Land, wo der bürokratische Schwachsinn blüht? Von allen Wortneubildungen der vergangenen Jahrzehnte dürf-

te „Absurdistan" – denn um dieses Land handelt sich – eine
der erfolgreichsten sein: Beeindruckende 607.000 Belege hat
Google am 25. Juni 2008 bei einer Nachfrage ausgespuckt. Das
fiktive Königreich (oder handelt es sich um eine Republik?) ist
nach dem Muster von „Afghanistan", „Pakistan", „Kasachstan"
etc. gebildet worden, Staatsbezeichnungen also, in denen das
aus dem Urdu stammende Wort „Stan" (Land) steckt. Absurdistan ist ein Land, das keine Grenzen kennt: Es existiert im
Englischen („A Journey to Absurdistan") gleichermaßen wie im
Französischen („J'habite l'Absurdistan! Tu connais?"), in Film-
titeln (*Geboren in Absurdistan* von Houchang Allahyari) taucht
es ebenso auf wie in Romantiteln (*Absurdistan* von Gary Shteyngart). Auch mit einer „eigenen" Homepage (www.hradec.org)
kann das Land aufwarten.
Wer Absurdistan entdeckt und die Kunde von ihm in der Welt
verbreitet hat, ist nicht mit letzter Klarheit erforscht. Laut *Wikipedia* wurde Absurdistan in der *New York Times* zum ersten Mal
am 30. August 1990 erwähnt („Moscow, the capital of Absurdistan"), im *Standard* feierte es seinen Einstand in einem Kommentar am 30. September 1992: „Absurdistan nennen manche
Tschechen und Slowaken ihren bald nicht mehr gemeinsamen
Staat."
Der Wortbildungstypus mit „-stan" bringt häufig noch andere geographische Einheiten hervor: In der *Zeit* war einmal von
„Pullachstan" die Rede, jenem „Land", in dem der deutsche
Bundesnachrichtendienst beheimatet ist und das in Wahrheit
kein Land ist, sondern ein Städtchen von 9180 Einwohnern im
bayerischen Isartal. Aber man versteht, was gemeint sein sollte:
eine Lokalität, an der es absurd zugeht. Es soll ja sogar Österreicher geben, die Deutschland frech als „Germanistan" bezeichnen.

Ackerdesigner
Spannt im Märzen die Rößlein ein

Abschätzige Berufsbezeichnungen wie Psychoklempner, Saft-
schubse (für die Flugbegleiterin) oder Pappenschlosser (öster-

reichisch für den Zahnarzt, abgeleitet von dem groben „Pap-
pen" für den Mund) sind allgemein bekannt. Jetzt weist mich
Frau B. D., eine fleißige Leserin dieses Wörterbuchs, darauf hin,
daß für Vertreter des Bauernstandes der beschönigend-moder-
ne Ausdruck „Ackerdesigner" im Umlauf sei. An Euphemismen
dieses Typs zur ironisch-freundlichen sprachlichen Aufwertung
diverser Berufsstände herrscht kein Mangel: Halbkreisingenieur
(Straßenkehrer), Klarsichttechniker (Fensterputzer), Key Account
Manager (Portier) usw. Ein Leser weist mich darauf hin, daß an
seinem Arbeitsplatz, einer internationalen Organisation, kalt-
gestellte höherrangige Beamte mit dem Titel „Conseiller du di-
recteur" versehen werden: Ein solch schmucker Titel vermag
die Schmerzen des Machtverlustes gewiß zu mildern. Vor allem
dann, wenn er mit einem unvermindert hohen Salär kombi-
niert wird.

Adler
Eine Metapher geht in die Luft

Herr C. B. schreibt mir: „Wohlan: Ich fände es höchst an der
Zeit, den ‚Adler' ins Wörterbuch aufzunehmen. Und zwar nicht
in seiner — wiewohl durchaus beachtlichen — zoologischen
Erscheinungsform, sondern in der metaphorischen. In dieser
wird er nämlich von der österreichischen Journaille (und nicht
minder von der deutschen — hier besonders makaber, da die
deutschen Adler jahrelang flügellahm waren — Anm. d. Autors)
nicht bloß gern gebraucht, wann immer vom österreichischen
Skisprung-Team die Rede ist, nein, der Greifvogel hat die normale Bezeichnung eigentlich schon vollkommen abgelöst. Offenbar ist es die Krönung schreiberischer Kreativität, von den
neuesten Erfolgen ‚unserer Adler' zu berichten. Dies wäre doch
eine schöne Anregung, die p. t. Leser im Fundus ausgetretener
und schlechter Metaphern stöbern zu lassen (abgesehen vom
In-die-Lüfte-Erheben, worin besteht eigentlich die Ähnlichkeit zwischen Skispringern und Adlern noch?). Und vielleicht
fallen ja manchem auch noch weitere Tier-Sport-Assoziationen
ein."

Selbstverständlich: Den naheliegenden Witz, „unseren" Schwimmer Markus Rogan einen „Goldfisch" zu nennen, haben sich nur wenige österreichische Medien entgehen lassen. Bleibt zu hoffen, daß Rogan nach seinem schlechten Abschneiden bei der Olympiade in Peking wieder erste Plätze einheimst: „Silberfischchen" weckt weniger angenehme Assoziationen.

–aholic
Süchtigmachende Silbenkombinationen

Der Zeitschrift *Jolie* entnehme ich, daß das US-Model Lindsay Lohan nach ihrer Entziehungskur in Utah auf ausgedehnten Shoppingtouren in Beverly Hills unterwegs ist und stündlich umgerechnet bis zu 1700 Euro auf den Kopf haut. Beneidenswert! *Jolie* kommt zum Befund, daß Lohan unter die „Shopaholics" gegangen sei, und zitiert den Suchtexperten Dr. Robert Butterworth aus L. A. mit der ergänzenden Diagnose: „Es kommt oft vor, daß abhängige Menschen ein zwanghaftes Verhalten gegen ein anderes eintauschen."
Aus sprachlicher Sicht wäre hinzuzufügen: Die Silbenkombination „-aholic" (bzw. „-oholic"), eignet sich, wenn man sie an ein Suchtmittel anhängt, häufig (aber nicht immer) dazu, um einen Liebhaber des jeweiligen Stoffs zu kennzeichnen (die deutsche Variante des englischen „-aholic" ist natürlich der „-oholiker"). Es gibt den Shopaholic und den Alcoholic (allerdings keinen Nikotinoholiker oder Koksoholiker). Und wenn man der Butterworthschen These von der prinzipiellen Austauschbarkeit des Suchtstoffes Glauben schenkt, dann ist klar, daß der Weg vom Shopaholic über den Workaholic bis zum Schokoholiker nicht weit ist.

Am Ende des Tages
Eine fette Phrase um Mitternacht

Globalisierung ist nicht nur, wenn die amerikanischen Konzerne ihre Finanzbuchhaltung in Bangalore erledigen lassen und die

Ossis zu den Ösis kellnern kommen, Globalisierung ist auch die Internationalisierung von Klischee-Denk und Phrasen-Sprech. Die Formel „At the end of the day" hat in den vergangenen Jahren so viele Wortmeldungen englischer und amerikanischer Politiker verunziert, daß die britische Interessensgruppe „Plain English Campaign" sie schon im April 2004 zum Klischee des Jahres gewählt hat. Das hat allerdings nicht verhindert, daß sich das deutsche Äquivalent „Am Ende des Tages" fröhlich und bei jeder Gelegenheit im öffentlichen Diskurs herumtreibt – sei es in Deutschland, sei es in Österreich. Der deutsche Landwirtschaftsminister Horst Seehofer vermittelt im Streit um die Milchpreise und hofft, daß „am Ende des Tages jeder weiß, was er zu tun hat". Der österreichische Schwimmer Markus Rogan philosophiert über sein enttäuschendes Abschneiden bei der Olympiade in Peking: „Am Ende des Tages gewinnt man genauso oft, wie man verliert." Die hessischen Grünen empören sich über die Lufthansa: „Von dem einst versprochenen Nachtflugverbot soll wohl am Ende des Tages überhaupt nichts mehr übrigbleiben." Dieter Bohlen hat in *Bravo* einen Tip für Jugendliche mit Liebeskummer: „Ich sage immer die Wahrheit. Nur die hilft am Ende des Tages weiter." Und so fort. Es muß eine dramatische Zusammenballung sein, die da um Mitternacht eintritt!
Wie verbreiten sich Platitüden vom Ende-des-Tages-Typus eigentlich? Über internationale Tagungen? Durch vazierende Polit-Berater? Das Fernsehen? Das Internet? Plain-EnglishSprecher John Lister rät jedenfalls mit einem guten Argument vom Gebrauch ab: „Wenn Leser oder Zuhörer auf diese müden Ausdrücke stoßen, schalten sie sofort weg und versäumen die eigentliche Botschaft – vorausgesetzt, es gibt überhaupt eine."

Am Popo vorbei
Ironischer Tribut an sprachliche Anstandsvorschriften

In der deutschen und österreichischen Umgangssprache ist die Wendung „am Arsch vorbei" bereits seit geraumer Zeit im Umlauf. „Am Arsch vorbei" ist beliebt (am 1. August 2008: 92.800 Treffer bei Google) und wird selbst in höchsten Kreisen verwendet. So verursachte die deutsche Bundesjustizministerin Brigitte Zypries im Frühjahr 2006 einen Skandal, als sie in einer Sitzung den Satz äußerte: „Das Selbstbestimmungsrecht der Kirchen geht mir am Arsch vorbei." Man kann zwar mit „am Arsch vorbei" auf saftig-deftige Weise zum Ausdruck bringen kann, daß man an einer Angelegenheit nicht interessiert ist, aber natürlich wird man keinen Schönheitspreis für distinguierte Ausdrucksweise gewinnen, wenn man diese Formulierung verwendet.

In letzter Zeit hat Ihr Chronist öfters die entschärfte Variante „Das geht mir am Popo vorbei" gehört, die vielleicht aus dem Wunsch entstanden ist, sich weniger anstößig zu artikulieren. Ich meine allerdings, daß „am Popo vorbei" besonders gerne von Leuten verwendet wird, die auch vor einem „Arsch" keineswegs zurückschrecken würden und mit der Verwendung des „Popos" lediglich ironisch zum Ausdruck bringen, daß sie sich in Wahrheit aus voller Überzeugung über sprachliche Anstandsvorschriften lustig machen würden, wenn sie es für nötig hielten.

An Bärlauchpesto
Nach der Lektüre angespeist

Eigentlich habe ich geglaubt, daß in den Speisekarten die verschmockte Verwendung der Präposition „an" längst ausgestorben sei, aber vor nicht allzu langer Zeit ist mir wieder einmal eine ganze Batterie von solchen „An"-Formulierungen aufgetischt worden, vom Lammkotelett an Bärlauchpesto bis hin zur Wildentenbrust an grünem Tomatenragout.

Ich fühle mich nach der Lektüre leicht angespeist (→Satt), zumal ich bis heute nicht die geringste Ahnung habe, was ein Lammkotelett *mit* Bärlauchpesto von einem Lammkotelett *an* Bärlauchpesto unterscheiden sollte. Ich erhoffe mir aber, daß mich meine Leser schlauer machen werden. Auch für andere wunderliche Formulierungen aus Speisekarten (→Berühren mit Tomaten, →Miesmuscheln im Pornot) bin ich immer dankbar. Bis zum Einlangen der ersten Hinweise gönne ich mir einstweilen eine Gulaschsuppe an ihrer Semmel und ein Würstel an seinem Saft.

Anbraten
Man spürt den Frühling

Herr R. U. schreibt mir: „Sehr geehrter Herr Winder! Ich erlaube mir, Ihnen wieder einige Wörter anzubieten, diesmal aus den Untiefen der zwischenmenschlichen Beziehungen (man spürt den Frühling): ‚Abschleppen' ist nicht nur Kraftfahrzeugen vorbehalten; unter Einwirkung spezieller Hormone kann auch das Objekt der Begierde zu einem anderen Ort verbracht werden – meist mit dem Vorhaben der späteren Kopulation. Das mehr oder minder raffinierte Lieseswerben davor wird auch ‚anmachen' (eben nicht nur Salate), ‚anbraten' (eben nicht nur Speisen) oder ‚anbaggern' (da fällt mir nix ein) genannt. Mit freundlichen Grüßen, R. U."
Herzlichen Dank für den Tip! Eine Frage, die sich hier erhebt, ist die nach der geographischen Verbreitung von baggern, braten und machen. Ich wage die These, daß wir es beim „Anbraten" mit einer klassischen ostösterreichische Vokabel zu tun haben, während das „Anmachen" ebenso klassisch norddeutsch ist. Ein paar weitere hübsche Anbrat-Varianten, die Österreich zum gesamtdeutschen Kennenlern-Wortschatz beizusteuern hat, sind das „Einedrahn" (Hineindrehen), das „Zuwikräuln" (Hinkriechen) sowie das „Zuwesteigen" (Hinzusteigen). Als Preis für besonders geschickte Anbandelungsversuche wurde die Goldene Bratpfanne vorgeschlagen.

And More
Es darf ein bisserl weniger sein

1996 haben Tex Rubinowitz und Jörg Metes in ihrem gloriosen Buch *Die sexuellen Phantasien der Kohlmeisen – Listen, die die Welt erklären* die beliebtesten Namen für neue Frisörsalons („Haarscharf", „Fortschnitt", „HaArabella") und neue Bäckereien („Brotway", „Backwahn", „Bäckstage", „Treibgut") aufgelistet. Was sie damals noch nicht ahnen konnten: daß zehn Jahre später der Zusatz „& More" zu einem der Top-Favoriten bei der Namensgebung auf dem kommerziellen Sektor gediehen sein würde. Wahrscheinlich war es vor allem das Vielfliegerprogramm Miles & More, das der &-More-Manie Pate gestanden hat. Inzwischen hat sie sich in alle erdenklichen Geschäftszweige hinein verbreitet: „Wellness & More", „CD & More", „Aerobic & More" „Motorsport & More", „Horsetrekking & More". Werbepsychologisch ist „& More" leicht verständlich: Durch die Wahl des englischen Wortes gibt man sich als cool und weltläufig zu erkennen, und außerdem deutet man an, daß man nicht nur ein eingeschränktes Sortiment an Waren & Dienstleistungen zu offerieren habe, sondern darüber hinaus noch einen geheimnisvoll unspezifizierten Mehrwert. Aber Vorsicht: Nicht jeder Kunde reagiert auf das klassische „Darf's ein bisserl mehr sein?" mit Freude und Verständnis, und nicht jeder Kunde läßt sich vom Liebreiz der &-More-Versprechung becircen: Für manche darf's auch ein bisserl weniger sein.

Andere Baustelle
Ein Rückwanderer

Eine Redewendung aus der Gastarbeitersprache, die – so phantasiere ich mir das wenigstens zusammen – ursprünglich auf wirklichen und wahrhaftigen Baustellen verwendet wurde, um lästige Fragesteller abzuwimmeln. „Andere Baustelle" wäre somit ein Synonym für „Ich verstehe Sie nicht, lassen Sie mich bitte in Ruhe".
Heute wird „andere Baustelle" aber auch von Nicht-Gastarbeitern sorglos verwendet, um auszudrücken, daß eine Sache mit der anderen nichts zu tun hat oder in einem anderen Kontext betrachtet werden muß: „Ich habe gehört, daß dein Freund als Internist arbeitet." – „Nein, andere Baustelle, der ist Zahnarzt."
Interessant, daß neben der „anderen Baustelle" noch viele andere Wörter und Phrasen aus der Gastarbeitersprache in die Alltagssprache zurückgewandert sind: →„Nix versteh'n" etwa, die „Chefiza" oder „Schefe". Die *Zeit* hat einst in einem Artikel beanstandet, daß Architekturstudenten das Falsche lernen würden („In der Praxis ist nicht nur ein kühner Entwurf gefragt,

sondern auch solides Handwerk"). Titel des Beitrags: „Andere Baustelle".

Angedacht
Pietätloses im Radio

Das ORF-Radio berichtete im März 2007 über ein Flugzeugunglück bei Salzburg. Der Beitrag schloß mit den Worten: „Ein Trauergottesdienst ist angedacht" – mithin einer nicht nur sprachlich, sondern auch menschlich bedenklichen Formulierung. Denn wie das modische „andiskutieren" oder „andebattieren" legt „andenken" nahe, daß eine Sache lediglich gedanklich erwogen, nicht aber auch praktisch ausgeführt wird – was bei einer ernsten Sache wie der Veranstaltung eines Trauergottesdienstes höchst pietätlos wäre.
In Wahrheit wird es wohl so gewesen sein, daß der Trauergottesdienst nicht „angedacht" wurde, sondern daß „andenken" hier als ein Verlegenheitssynonym für eine exaktere Bezeichnung herhalten mußte, die sich mit wenig Anstrengung hätte finden lassen. Die Suche nach treffenden Alternativen für Verunschärfungswörter wie „andenken", die manifestierter Denkträgheit gleichkommen, ist fast immer heilsam: planen, vorsehen, erwägen, prüfen, vorbereiten …

Anserpanier
In nichtalltäglicher Gewandung

Das ist ein wunderbarer Ausdruck, den ich unlängst bei einem Achtel Grünen Veltliner im Gasthaus Zum Holunderstrauch wieder einmal gehört habe. Zur Erläuterung für all jene, die außerhalb des ostösterreichischen Sprachraums beheimatet sind: Gemeint ist die Sonntagsbekleidung oder die Kleidung, die man bei besseren Anlässen anzieht. Allein das Wort „Panier" ist ausgezeichnet gewählt, und der, der es sich vor langer Zeit ausgedacht haben mag, hat ganz zutreffend bemerkt, daß Mehl, Ei und Semmelbrösel beim Schnitzel dieselbe verhüllende Rolle spielen wie Anzug, Kleid oder Mantel beim Menschen. In diesem Sinn verstanden gibt es die „Panier" allerdings nur in Österreich – in Deutschland heißt sie „Panade". Statt „Anserpanier" ist auch der Ausdruck „Anserwäsch" geläufig.

Anti-Stroh-Effekt
Ein Mittel gegen Kopfbeschwerden

Stroh und Kopf stehen in einem prekären Verhältnis zueinander. Wem gesagt wird, er habe Stroh im Kopf, dem könnte man ebensogut sagen, er sei ein Trottel, und als solcher läßt sich niemand gerne bezeichnen. Aber es scheint nicht nur Stroh im Kopf zu geben, sondern auch Stroh am Kopf oder Stroh auf dem Kopf. Es ist anzunehmen, daß auch diese Art von Stroh seinem Besitzer keine richtige Freude bereitet. Zum Glück hat die Firma L'Oréal ein Shampoo namens ElVital auf den Markt gebracht, welches sich nebst anderen Annehmlichkeiten durch einen sogenannten „Anti-Stroh-Effekt" auszeichnen soll. Damit empfiehlt sich ElVital nachdrücklich für Leute, die Stroh-Effekte an ihrem Kopf verspüren und etwas dagegen unternehmen möchten. Ob ein Gläschen ElVital, innerlich genossen, auch gegen das Stroh *im* Kopf wirkt, bleibe dahingestellt; ich würde vom Verzehr aber eher abraten. Dennoch: Es ist schön, zu wissen, daß gegen viele Übel des täglichen Lebens wenn schon kein Kraut, so doch ein Shampoo gewachsen ist.

Apparat
Metaphorisch verwendete Geräte

Während einer Unterhaltung zum Thema Gemüse schilderte mir unlängst ein Bekannter, daß er im Vorjahr einen riesengroßen Zucchino geerntet habe, nämlich (ausladende Handbewegung) „einen solchen Apparat". Nun weiß natürlich jedermann, daß ein Zucchino kein Apparat im eigentlichen Sinne ist (Definition laut *Österreichischem Wörterbuch*: „Vorrichtung, Gerät"), sondern ein wohlschmeckender kleiner Speisekürbis. Im konkreten Sprachfalle berechtigt uns das also zur Feststellung, daß wir es mit einer metaphorischen Verwendung des „Apparates" zu tun haben. Große, sperrige, unhandliche und unförmige Gegenstände wie Kästen, Pianos, Seemannskoffer, Regentonnen und ähnliches mehr werden ja im Volksmund gern als „Apparate" (oder gar als „Mordsapparate") bezeichnet, wobei manche Zeitgenossen nicht davor zurückscheuen, auch menschliche Wesen – vor allem in ihrer beleibten Variante – als „Apparate" zu titulieren. Das ist natürlich eine recht saloppe, ja giftige Ausdruckweise, und wer etwa sagen möchte, der neue Freund von Frau X sei ein ordentlicher Apparat, der sollte dies nur im ungezwungenen Rahmen tun, nicht aber bei feierlichen Anlässen wie Botschaftsempfängen oder Galadiners.

Deinen Arsch
Hinweis auf ein kleines Übersetzungsproblem

Man hört es häufig in der deutschen Synchronfassung amerikanischer Filme: daß jemand endlich „seinen Arsch" herbeibewegen solle. Wie diese oder ähnliche Formulierungen zustande kommen, ist schnell erklärt: Ihnen liegen Sätze vom Typus „They should move their asses down here" zugrunde, die dann wortwörtlich ins Deutsche übertragen worden sind. Wortwörtlich – aber schlecht: In *American Slang*, einem Wörterbuch der amerikanischen Umgangssprache von Bernhard Schmid, lesen wir dazu, daß „ass" in Verbindung mit dem Possessivpronomen keineswegs jene derbe Konnotation hat, welche ihm in der deutschen Übersetzung unterschoben wird, sondern lediglich soviel heißt wie „Person". Schmid weiter: „In Sätzen wie ‚Get your ass over here' bedeutet ‚ass' nichts weiter als ‚self', was den ‚Arsch' im Deutschen völlig überflüssig macht, vor allem weil er in den meisten dieser Fälle völlig unidiomatisch ist. ‚Mach daß du herkommst' genügt völlig." Mit anderen Worten: Übersetzer und Redakteure täten gut daran, wenn sie ihren Zusehern und Lesern in Zukunft einige Ärsche ersparen würden. Einen bravourösen Beleg für die These von den überflüssigen deutschen Ärschen liefert der schon fast legendäre Satz von Robbie Williams, der auch auf dem Mitschnitt eines der berühmten Open-Air-Konzerte im englischen Ort Knebworth dokumentiert ist: „Good evening Knebworth. I'm Robbie Williams, this is my band, and for the next two hours ... your ass is mine!" Weil wir nicht annehmen wollen, daß Robbie in einem enggefaßten physischen Sinne auf die Ärsche seines Publikums scharf ist, wird es wohl so sein, daß der Arsch auch hier als Teil fürs Ganze zu verstehen ist.

Arschgeweih
Aufstieg und Fall eines Körperschmucks

Oft kommt der Arsch, ein Körperteil (und ein Wort) von hervorragender Bedeutung, alleine einher, doch nicht selten sucht er (es) auch die Begleitung anderer Substantive: das Gesicht, die Geige, die Karte, die Bombe und natürlich das Loch, das seit je in einem phänomenologischen Naheverhältnis zum Arsch stand. Doch selten hat ein Arsch-Kompositum so eingeschlagen – geradezu arschbombenartig – wie das „Arschgeweih". Es kam knapp nach der Jahrtausendwende auf, als viele junge Frauen der Mode frönten, sich mehr oder minder ausladende Tätowierungen aus der Gesäßfalte herauswachsen zu lassen: Dafür erfand ein unbekanntes Genie, dem die Ähnlichkeit dieses Körperschmucks mit den Trophäen auffiel, die sich die Jäger an die Wand hängen, eben den Namen Arschgeweih. Mit gloriosem Erfolg: Das Arschgeweih wurde besungen und bedichtet, es gab einem Buch seinen Namen, die *Bild*-Zeitung suchte das „schönste Arschgeweih Deutschlands", und Herr Martenstein schrieb eine vielbeachtete Arschgeweih-Kolumne in der *Zeit* vom 27. 05. 04. Sprachliche Arschgeweih-Alternativen wie Schlampen- oder Tussenstempel, Zierleiste, Steißbeintattoo oder Landehilfe waren chancenlos.

So sah es in jenen Jahren erst aus, als würde das Arschgeweih als zivilisatorische (und sprachliche) Errungenschaft ewig mit uns bleiben wie der Kühlschrank oder das Fernsehen. Allein, aus der Perspektive des Jahres 2008 zeigt sich unvermutet ein anderes Bild: Wo einst die Arschgeweihe sprossen und ge-

diehen, da herrscht heute ein merklicher Überdruß an ihnen.
Schon konstatiert Martenstein, der beim Orten von Arsch-
geweih-Trends immer die Nase vorn hat, daß es im Schwimm-
bad fast „keine Arschgeweihe mehr gibt" (*Zeit* vom 24. 07. 08),
und auch der Lokalaugenschein in österreichischen Freibädern
(Sommer 2008) erhärtet die Diagnose eines galoppierenden Arschgeweih-Schwundes. Ist's allgemeine Arschgeweih-
Müdigkeit? →Tattoo remorse? Das werden einst die Historiker entscheiden müssen. Aber ewig schad wär's, wenn mit der
Sache auch das feine Wort verschwände.

Asbach
Eine uralte Formulierung im Computermilieu

In unserer Jugend schreckten wir ja vor nichts zurück, auch
nicht vor der bübischen Verunstaltung ehrwürdiger Werbe-
slogans. „Wenn eine Frau dich pudelnackt von hinten an der
Nudel packt, wenn Dir also etwas Gutes widerfährt, das ist schon
einen Asbach Uralt wert", lautete einer jener parodistischen
Reime, welche wir in müßigen Unterrichtsstunden miteinander
austauschten, um die lähmende Langeweile der professoralen
Vorträge zu konterkarieren. Ein Blick in Google hat mir gezeigt,
daß sich dieser schmucke Schüttelreim auch heute noch
einiger Beliebtheit erfreut. Immerhin 14.800 Treffer spuckte
die Wörterkombination „Asbach" und „Nudel" bei einer Nachfrage aus.
Das ist aber nur ein Nebenaspekt dessen, worauf ich eigentlich
hinauswill. In der Computerzeitschrift *c't* bin ich auf die denk-
würdige Formulierung gestoßen, daß jemand einen „Kernel
Marke Asbach" benutze, was wohl soviel bedeutet wie „einen
uralten Kernel". Auch von „Asbach-Viren" war die Rede und
von einer Softwarekollektion, die „wirklich Asbach ist". Das gehäufte Auftreten dieser alkoholgesättigten Formulierungen legt
die Vermutung nahe, daß unsere Computerkids das Wort „uralt" womöglich gar nicht mehr in den Mund nehmen, sondern
es stattdessen lieber von vornherein durch das Wort „Asbach"
ersetzen.

Auf Knirsch
Aus dem Mundwerk der Handwerker

Herr Magister H. schreibt mir: „Sehr geehrter Herr Winder! Zur
Zeit sind in meiner zukünftigen Wohnung die Tischler zugange.
Bei einer Besprechung war vor kurzem seitens einer der Handwerker der meiner Meinung nach wirklich treffende Ausdruck
‚auf Knirsch' (der ganze Satz lautete: ‚Ah, des moch ma oiso auf
Kniasch.') zu hören. Gemeint ist das haargenaue Einpassen eines Teils in einen anderen Teil. Ich finde, dieser Ausdruck ist in
vielen Situationen, in denen es um genaues Zusammenpassen/
-treffen geht, anwendbar."
Herzlichen Dank für diesen interessanten Einblick in den heimischen Handwerkerjargon. Aus dieser Kategorie haben wir auch
den schönen Ausdruck „wia da Bär brunzt", was allerdings das
Gegenteil von einer „auf Knirsch" gemachten Arbeit bedeutet, nämlich eine lustlos dahingeschluderte, schlampige Arbeit.
Wenn also die Klempner oder Fliesenleger bei Ihnen zuhause
am Werk sind und meinen, „des moch ma ned auf Kniasch, des
moch ma wia da Bär brunzt", dann wissen Sie jetzt, was die Uhr
geschlagen hat. (→Bär)

Aufpimpen
Faustdick im Trend

„Meinten Sie: Aufpumpen?" fragte Google anfangs zurück, sobald man „aufpimpen" in die Suchmaske eingegeben und auf
„Return" gedrückt hatte. Aber nein: Ihr Chronist meinte weder
aufpumpen noch pempern noch pimpern noch herumpampen,
sondern exakt das, was er geschrieben hat: „aufpimpen" nämlich. Was damit gemeint ist? Nun, ein angeblich neuer Trend aus
den USA, welcher in der Online-Ausgabe der *Bild*-Zeitung detailliert erörtert wurde. Ihren Ursprung hat die Aufpimp-Mode
in amerikanischen Zuhälterkreisen (Pimp = Zuhälter), welche
nach allem, was man aus diversen Hollywoodfilmen und den
Erzählungen mancher Rapper mitbekommt, nicht durch über-
triebene Zurückhaltung auffallen. Anhänger eines aufgepimp-

ten Lebensstils legen Wert darauf, ihr äußeres Erscheinungsbild mit möglichst schrillen und protzigen Accessoires aufzudonnern: kiloschweren Uhren, faustdicken Brillantringen, Freundinnen mit basketballgroßem Silikonbusen. Von zentraler Bedeutung ist ein pompös aufgemotztes Auto, das tunlichst im Stretchformat daherkommen sollte – Motto: Je länger, je lieber. Des weiteren aufpimpen läßt sich das Gefährt durch feiste Zierleisten oder eine eingebaute Espressomaschine, auch ein Kronleuchter im Wageninneren macht sich gut. Aufgepaßt, Matthias Horx, da ist ein dicker Trend im Anrollen!

Aufschieberitis
Eine deutsch-griechische Volkskrankheit

Unlängst wieder einmal von der „Aufschieberitis" gehört. Handelt sich offenbar um ein verbreitetes Leiden: 500.000 (!) Erwähnungen gab es am 3. August 2008 bei Google – und viele Anbieter, die versprechen, den Patienten von dieser Krankheit zu kurieren. Das Wort ist ein interessanter Bastard aus einer deutschen und einer griechischen Komponente: Mit dem Suffix „-itis" bezeichnet der Mediziner bekanntlich entzündliche Prozesse, angefangen von der Arthritis (Gelenkentzündung) über die Otitis (Ohrenentzündung) bis hin zur Zystitis (Blasenentzündung). Eine umfangreiche Liste solcher Entzündungskrankheiten gibt es unter dem Stichwort „-itis" in der *Wikipedia*, wo auch auf die Scherzbildung „Apostrophitis" (für die Verwendung des „Deppenapostrophs") hingewiesen wird.

Auszittern
Urlaub auf poetisch

André Heller, unser Poeta Laureatus Maximus, tendiert bekanntlich zu einer Ausdrucksweise, welche sich kraft ihrer güldenen Gewähltheit himmelweit von der der Alltagsköpfe abhebt. Kürzlich hat Heller einer österreichischen Zeitung seinen Vorsatz verraten, daß er sich von nun an alljährlich auf seinem Domizil

in Marokko vier Monate „zum Auszittern und zum Meditieren"
gönnen werde. Bestechend!
Wo der Normalbürger, trivial genug, von den Mühen des Er-
werbslebens ein paar Tage ausruht oder ausspannt, da macht
sich der feinnervige Poet ans Auszittern! Ich bin nur gespannt,
wie er sich erst einmal ausdrücken wird, wenn das Auszittern
um sich greifen und seinen linguistischen Originalitätswert ein-
büßen sollte: Ich geh' jetzt ein paar Tage nach Marokko aus-
schlottern? Aushampeln? Auswackeln?

Auszucken
Ein zeitweiliger Verlust der Contenance

Am 18. August 2007 hat Zinedine Zidane die Nerven verloren und
seine Fußballkarriere mit einem Kopfstoß gegen die Brust von
Herrn Materazzi unrühmlich beendet. Man könnte auch sagen,
Zidane sei damals ausgeflippt oder er sei ausgerastet oder er sei
durchgedreht. In Österreich verwendet man aber – öfter als in
Deutschland, wie mir scheint – auch gerne das Verbum „auszucken", um einen zeitweiligen Verlust der Contenance zu beschreiben, wie diverse Internetbelege zeigen: „Fünf Sitze neben
mir ist ein Comicfan voll ausgezuckt, weil der Silversurfer als
böse dargestellt wird"; „Vor ca. 4 Wochen meinte er das erste
Mal, daß er mehr Freiraum braucht. Leider konnte ich das nicht
ganz verstehen und bin ein bissi ausgezuckt"; „Die Angeklagte
bekannte sich schuldig: ‚Ich bin ausgezuckt!'"; „‚Lovemachine'
ist der Song des Meisters, zu dem fast jeder schon mal auf einer
Tanzfläche ausgezuckt ist."
Das nominale Pendant zum Verbum „auszucken" ist, analog
zum „Ausraster", der von „ausrasten" kommt, der „Auszucker".
Der Auszucker kommt vor allem in der champagner- und ko-
kaingeschwängerten Welt der Prominenz häufig vor. So wußte das Magazin *Seitenblicke*, um nur zwei Beispiele der jüngeren Vergangenheit zu nennen, von Auszuckern der Herrn Elton
John oder Justin Chambers zu berichten: „Er nickte immer wieder ein und schrie dann plötzlich: ‚Ich bin der Vater von fünf
Kindern!'"

Leser „F*** the ÖVP" hat mir zu diesem Stichwort die schöne Wortspende „Konto-Auszuck" zukommen lassen. In dieser gelungenen Neuschöpfung wird in verdichteter Form ausgedrückt, daß es vom Betrachten eines Kontoauszugs zum Auszucken oft nur ein kurzer Weg ist.

Bamboocha
Leben mit dem großen Löffel

Es ist schon eine Weile her, daß hier über Werbung geschrieben wurde, höchste Zeit also, um wieder einmal auf dieses Gebiet vorzudringen. Zu diesem Zweck fische ich eine Nachricht aus dem Mailspeicher, die mir Frau S. K. schon vor längerer Zeit geschickt hat. Im Jahr 2005, schreibt die Leserin, sei sie heftig durch die Aufforderung der Limonadenmarke Fanta irritiert worden, „bamboocha" zu sein und „das Leben mit dem großen Löffel" zu essen.

Ein Blick auf die Fanta-Homepage hat Frau S. K. zwar Auskunft gegeben, was mit „bamboocha" gemeint ist (der Ausdruck stammt angeblich aus dem Polynesischen und steht für „ein neues Lebensgefühl", „großartig", „extrem cool"). Was allerdings mit dem süffigen Imperativ „Iß das Leben mit dem großen Löffel" gemeint sein soll, bleibt rätselhaft. Und auch unlogisch: Denn erstens kann man ein Gulasch oder eine Gans essen, nicht aber das Leben. Außerdem könnte der „Löffel" in diesem Zusammenhang leicht unerwünschte Assoziationen an die saloppe Redewendung „den Löffel abgeben" hervorrufen – oder gar an den Ausdruck „Gasthaus zum Schmutzigen Löffel", wie man einen heruntergekommenen, schlampig geführten Verköstigungsbetrieb auch nennt (Lutz Röhrich, *Großes Lexikon der sprichwörtlichen Redensarten*).

Warum aber „bamboocha"? Ich könnte mir denken, daß die coolen Werber den Eindruck erwecken wollten, als wäre Fanta ein derart unbeschreiblich geschmackvolles Gebräu, daß sie es mit Eigenschaftswörtern aus den gängigen Weltsprachen einfach nicht mehr fassen konnten und auf der Suche nach einem passenden Adjektiv erst den ganzen Globus bereisen mußten. Dabei stießen sie schließlich nach beschwerlicher Anfahrt mit dem Einbaum auf eine polynesische Insel, wo sie „bamboocha" entdeckten wie Kolumbus einst Amerika. Nun, nichts gegen Fanta, aber für ein gelbes Zuckerwasser derart tief in die Exotismus-Kiste zu greifen, erscheint dann doch ein wenig verstiegen.

Bär

So wird der Bär vulgär

Die verschiedenen Eigenschaften des Bären, „seine Stärke und Schwerfälligkeit, seine unbeholfene Drolligkeit", haben ihn zu einem sprachlich vielverwendeten Tier gemacht, schreibt Lutz Röhrich in seinem *Großen Lexikon der sprichwörtlichen Redensarten*: „Stark wie ein Bär", „einen Bärendienst leisten ", „einen Bären aufbinden" usw. usf. Zwei vulgärere Bären-Redensarten hat Röhrich dem Publikum allerdings vorenthalten, dafür können Sie sie in diesem Publikationsorgan lesen, wo die Fahne der Sittlichkeit nicht immer so hochgehalten wird.

Erstens: „Da scheißt der Bär in die Hose" war in den 80er Jahren als Ausruf des Erstaunens verbreitet. Die Wiener Gruppe Drahdiwaberl hat den Spruch damals auf einem ihrer Konzertplakate verewigt, heute ist er ein wenig in Vergessenheit geraten, vielleicht auch deshalb, weil hosentragende Bären in freier Wildbahn nur selten vorkommen.

Zweitens: Zu dieser Redensart übergebe ich das Wort an Herrn W. M. aus Graz. Er schreibt mir: „Es mag vielleicht daran gelegen haben, daß ich die Tuschfeder wenig achtsam über das Zeichenblatt führte. Von meinem Lehrer in Bildnerischer Erziehung hörte ich um 1980 zum ersten Mal den Ausdruck ‚Wie der Bär brunzt …' als Antonym zu ‚gerade, ordentlich'. In letzter Zeit scheint Meister Petz wieder häufiger Wasser zu lassen: Ich hatte diese Phrase fast schon vergessen, bis sie mir vor ein, zwei Jahren wieder auffiel. Handwerker drückten damit aus, wie man zum Mißfallen der Wohnungs- oder Hausbesitzer mauern, malern, fliesen, Böden verlegen usw. könnte: ‚Mess' ma oda moch ma's, wia da Bär brunzt?' Meinem zweiundsiebzigjährigen Schwiegervater ist der Ausdruck von seinem Arbeitsplatz in einer Autofabrik (Puchwerke Graz) bekannt, er bestätigte aber auch, daß er ihn schon sehr lange nicht mehr gehört hatte." (→Auf Knirsch)

Baujahr
Ölwechsel empfohlen

Ihr Chronist pflegt den Leuten aufs Maul zu schauen, nicht es ihnen zu verbieten. Das hindert ihn freilich nicht daran, von mancher Ausdrucksweise unangenehm berührt zu sein. Unlängst hörte er von einem Herrn in einem Gespräch: „Ich bin ein 70er Baujahr." Da stellt sich denn doch die Frage, was die Leute dazu bringt, von sich selbst wie von einem Kühlschrank oder einem Auto zu sprechen. Ist es der Originalitätszwang? Die Motorisierung aller Lebensbereiche, die auf das menschliche Selbstverständnis abfärbt? Jedenfalls werde ich dem nächsten, der sich bei mir per Baujahr vorstellt, einen Service inklusive Ölwechsel empfehlen.

BBC
Englisch für „oben ohne"

Bei der Lektüre einer englischen Zeitung bin ich auf die Abkürzung BBC gestoßen. Mit BBC war aber ausnahmsweise einmal nicht die British Broadcasting Corporation gemeint, sondern jene Männer, die ihrem schütteren Schädelbewuchs offensiv begegnen, indem sie sich gleich die gesamte Schwarte glatt rasieren: „Bald by choice" oder eben BBC heißt das bei den Anglos. Leider haben wir meines Wissens keinen ähnlich prägnanten Ausdruck für diesen Männertypus im Deutschen: „Freiwilliger Glatzkopf" klingt banal und läßt die doppeldeutige Prägnanz des englischen Pendants vermissen, und bei den bekannten Glatzensynonymen aus dem Volksmund – Breitscheitel, Schiebedach, Fleischmütze – wird der Aspekt der Freiwilligkeit unterschlagen. Ein Aufruf an Neuwortschmiede: Hier klafft eine Lücke im deutschen Vokabular, die nach Schließung verlangt.

Befindlichkeit
Kein Job für Weicheier

Herr R. L. hat sich neulich die Diskussionssendung *Offen gesagt* im österreichischen TV angesehen und mitgezählt: Binnen einer einzigen Stunde wurde bei dieser Politikerdebatte zum Thema Große Koalition die „Befindlichkeit" mindestens dreißigmal erwähnt: „Damit meint man offenbar in erster Linie die Unzulänglichkeit und die Launenhaftigkeit und die ,Sonderwünsche' des anderen, manchmal aber auch eigene Abneigungen, die aber als ,unprofessionell' angesehen werden."
Ich danke für den Hinweis und füge hinzu, daß ich das ähnlich sehe. Im Selbstverständnis der Politiker ist offenkundig für Befindlichkeiten kein Platz. Ein knallharter Profi kommt entweder überhaupt ohne dieselben aus oder stellt sie gefälligst hintan: Ist ja schließlich kein Job für Weicheier oder Warmduscher! Fraglich bleibt, ob diese inflationäre Distanzierung von Befindlichkeiten aller Art das Ansehen der Politikerkaste bei den „Menschen da draußen" (ebenfalls eine klassische Polit-Formel) heben wird. Ich glaube: eher nicht.

Behirnen
Neuer Aufruf zu einer Nachdenkpause

Frau F. A. schreibt mir unter der Betreffzeile „Wörter, die ich lieber nicht hören will" eine Mail aus dem Burgenland und weist mich auf den Ausdruck „behirnen" hin. Diese Wortkreation dürfte noch eine rechte Novität sein, scheint sich aber im allgemeinen Sprachgebrauch gut einzurichten oder sogar auszubreiten. Im Internet habe ich eine Belegstelle vom März 2004 gefunden, wo der bekannte Restaurantkritiker Christoph Wagner den Titel „Geschmackvoll behirnen" über einige Rezepte für Kalbs- oder Lammhirn gestellt hat.
„Eine Sache behirnen" meint üblicherweise „(gründlich und intensiv) über etwas nachdenken": „Manche Jugendliche müssen halt erst schmerzhafte Erfahrungen machen, bevor sie behirnen, was man darf oder nicht!" Oder aus einem Internet-

Comicforum: „Soso – Du willst also Spider-Man und Wolverine tot sehen, hmm? Na, dann sag ich Dir jetzt etwas, das Du behirnen solltest: Ohne Spider-Man und Wolverine ist Marvel nicht existenzfähig!"

Wenn Frau F. A. Pech hat, wird der Wortbildungstypus „be + Namen eines Körperorgans + (e)n" womöglich noch produktiver, und sie muß in Zukunft sogar Wörter wie „belebern" oder „belungen" hören: „Jetzt habe ich echt Lust, eine Flasche Wein zu belebern"; „Franz hat gestern zwei dicke Zigarren belungt".

Berühren mit Tomaten
Blick in spanische Speisekarten

Eine kleine Urlaubsgeschichte zur Sommerzeit: Ihr Chronist und seine Familie haben ihre wohlverdienten Ferien in Spanien verbracht, im Hotel Pueblo Camino Real in Torremolinos. Weder Sonne noch Meer noch sonstige Annehmlichkeiten ließen zu wünschen übrig, doch dieser Urlaub ist uns speziell wegen eines einzigartigen sprachlichen Services des Hotels im Gedächtnis geblieben. Kein Tourist wundert sich, wenn er in jenem Abschnitt der Speisekarte, der in „seiner" Sprache verfaßt ist, den einen oder anderen Übersetzungsfehler entdeckt, doch was das Camino Real bot, das war von galaktischem Aberwitz. Die Speisekarte strotzte nicht nur vor Wörtern, die mit Speisen und Getränken rein gar nichts zu tun hatten, sondern über weite Strecken war völlig rätselhaft, worum es sich überhaupt handeln sollte. Darüber hinaus pflegte der anonyme Speisekartenverfasser aber auch noch eine Form von abstrakter Poesie, wie man sie nicht von Speisekarten, sondern von Gedichten gewohnt ist. Als wir uns von der Verwunderung über die erste Speisekarte erholt hatten, warteten wir schon gespannt auf die zweite und wurden nicht enttäuscht. Auch die dritte Speisekarte schloß mühelos ans Niveau ihrer Vorgängerinnen an, und so wurde schließlich das Warten auf die sprachlichen Finessen der jeweils nächsten Karte zu einem fixen Bestandteil dieses Urlaubs – und nicht zu seinem schlechtesten. Ich habe alle Speisekarten fotografisch dokumentiert, um mir nicht nachsagen lassen zu müssen, daß ich Touristenlatein erzähle. Hier einige Kostproben der Speisen, die im Pueblo Camino Real aufgetischt wurden:

Flaches Vegetarier
Fasern von Barsch im Gericht
Fasern (Netze), daher Pute im Gericht
Sainalen Früchte
Überlab (Bügle) den Blumenkohl
Frühling Rolitos
Erdrücken Kartoffeln
Zahlug gege Nachnahme Bizcaina
Schachtel von Fenster von Fleischbuletten
Zwiebeln hat die Lebendige
Berühren mit Tomaten
Geröstete Rosenkohm
Pfirsich Dan Sirup
Frucht des Landes

Schwer zu sagen, welche dieser Speisebezeichungen am ehesten mit dem spanisch-deutschen Übersetzerpreis ausgezeichnet werden sollte – aber „Berühren mit Tomaten" schiene mir eine gute Wahl. Es ist uns übrigens nie gelungen, herauszubekommen, wer für die genialen Verdeutschungen verantwortlich war. Wir vermuten stark, es war ein satirisch angehauchter Spätsurrealist, der im Pueblo Camino Real kurzfristig ein wenig Geld verdienen mußte.

Besachwaltern
Ein Gruß aus der Verwaltung

Dieses Wort habe ich vor kurzem wieder im *Profil* gelesen – und: es ist ein gutes Wort. Es ist gut, weil „besachwaltern" den ganzen Charme des staatlichen Verwaltungshandelns geradezu kongenial zum Ausdruck bringt. Wo es im Alltagsleben verwendet wird, entzieht sich meiner Kenntnis. Aber ich kann mir gut vorstellen, daß es im Parteienverkehr mit einem grantigen Be-

amten ab und zu eine Rolle spielt: „Sie, noch ein Wort, und ich
lass' Sie besachwaltern!" Zauberhaft.

Beschwichtigungshofrat
Noch kein offizieller Amtstitel

Die österreichische Verwaltung kennt eine verschwenderische
Fülle von Amtstiteln: Hofräte, Amtsräte, Geheime Räte, Kammer-
diener usf. Der Beschwichtigungshofrat, der mir unlängst wieder einmal in einem Gespräch vorgekommen ist, fällt dagegen
ein wenig aus dem Rahmen, weil er ins offizielle Staatswesen
noch nicht seinen Eingang gefunden hat. Gemeint ist eine Persönlichkeit, die es lieber gemütlich hat und dem Kontroversi-
ellen eher abgeneigt ist. Das schließt allerdings nicht aus, daß
der Beschwichtigungshofrat auch Gelegenheiten zur Obstruk-
tion wahrnimmt, sofern sie sich gefahrlos bewerkstelligen lassen.
In den *Oberösterreichischen Nachrichten* vom 11. 11. 2006 schreibt
Roman Sandgruber zutreffend: „Dem ,Beschwichtigungshofrat
ist jede Lösung eines Problems zuwider: ,Tue nichts und verhin-
dere alles'." Die Erscheinungsformen dieses Hofrats sind viel-
fältig: Politiker und Beamte natürlich, Schuldirektoren, Sport-
funktionäre, die schwache Trainer einsetzen, Kirchenvertreter,
die unangenehme Interna kleinreden usf. Geradezu ein Tau-
sendsassa, dieser Besch'rat (→B'hofen).

B'hofen
Buchstabenballast, elegant entsorgt

Schlagzeile auf dem Titelblatt der Zeitung *Österreich*: „Schlie-
renzauer siegt in B'hofen". Gut geschrieben – und vor allem:
Gut abgekürzt! Mit B'hofen ist Bischofshofen gemeint – eine
genial ökonomische Lösung, mit der das überschüssige Zwi-
schenstück „ischofs" schlankweg durch einen platzsparen-
den Apostroph ersetzt wird. Als Redakteur, der selbst häufig vor
dem Problem steht, lange geographische Bezeichnungen wie
„Tschetschenien" oder „Dominikanische Republik" in das Pro-

krustesbett eines ein- oder zweispaltigen Titels hineinklemmen zu müssen, habe ich volles Verständnis für den Trick des Kollegen. In diese Richtung sollte großzügig weitergedacht werden: Die Hauptstadt von Nord'a heißt P'jang; Inns'ck liegt mitten in T'l; W'n, W'n, nur du allein. Eleganter läßt sich störender Buchstabenballast kaum entsorgen.

Biobrezel
Ein quicklebendiges Präfix

Es ist beinahe unverzeihlich, daß ich die Silbe „Bio" bis dato nicht explizit in diesem Wörterbuch erwähnt habe, ist sie doch eines der lebendigsten griechisch-deutschen Präfixe der Gegenwart. Was damit gemeint ist, ist klar: Wer die Silbe „Bio" in den Mund nimmt (oder seinen jeweiligen Stoff als „Bio" anpreist), der will uns damit mitteilen, daß er nur Ware vom Feinsten, Natürlichsten und Köstlichsten darbietet: handgestreichelte Kuhmilch, selbstbebrütete Eier, pestizidfreie Sachertorten, Gin Fizz vom bäuerlichen Nahversorger.
Ich bin dem Bio-Gedanken ja grundsätzlich zugetan und glaube, daß er unsere Wertschätzung verdient. Aber trotzdem: Ich würde nicht meine Hand dafür ins Feuer legen, daß mit dem guten alten „Bio" nicht auch allerlei Schabernack und Schindluder getrieben wird. Was sollte man sich zum Beispiel unter einer – in Zellophan verpackten – „Biobrezel" vorstellen, auf die ich unlängst in einem Beherbergungsbetrieb an der Donau gestoßen bin? Ist das eine Brezel aus garantierter Freilandhaltung? Mit fair gehandeltem Salz bestreut? Und in einer ernährungsphysiologisch hochwertigen Hülle aus nährstoffreichem Plastik verpackt?

Bitte
Vulgarität im Ausland

Das Wort „bitte" kennen Sie als höflicher Mensch von Kindesbeinen an, und Sie werden sich daher mit Recht fragen, was es in diesem Wörterbuch zu suchen hat. Das erklärt sich so: Mehrere Leser haben darauf hingewiesen, daß das unverfängliche deutsche Wort „hui" im Russischen und Ukrainischen eine heftige obszöne Bedeutung habe, weswegen es sich nicht empfehle, Russen und Ukrainer mit „hui" anzusprechen.

Das Phänomen des inländischen Wortes, das in ausländischen Ohren einen vulgären Sinn annimmt, ist ja weithin bekannt: Was haben wir uns doch, Kindsköpfe, die wir waren, in den unteren Gymnasialklassen über das englische Wort „foot" amüsiert! Umgekehrt konnte ich mich während eines längeren Frankreichaufenthaltes, als ich junge Franzosen in Deutsch unterrichtete, jedes Mal auf eine Lachsalve gefaßt machen, wenn ich das deutsche Wort „bitte" aussprach, und zwar deshalb, weil „la bite" auf Französisch ein vulgärer Ausdruck für das männliche Geschlechtsorgan ist und im Deutschen sinngemäß mit „Schwanz" oder ähnlich zu übersetzen wäre. Bitte also in Frankreich mit „bitte" sorgsam umzugehen!

PS: Meine polyglotten Leser hatten aus ihren Wortschatzkästlein zu diesem Thema manche Gabe beizusteuern: Der Verweis auf den Titicacasee, den höchstgelegenen schiffbaren (!) Binnensee der Welt, blieb nicht aus. Italienerinnen sollen wenig erfreut sein, wenn sie im Supermarkt Treuepunkte bekommen (troie = Schlampen). Ikea hat die Bettenmodelle „Gutvik" und „Rekdal" in seinem Sortiment. Ebenfalls aus dem Schwedischen: Ficklampa, die Taschenlampe. Umgekehrt ist „Preisknüller" für schwedische Touristen ein Hit (knulla = f***en) . Die Firma Ford offerierte ein Auto namens „Pinto", das sich in Brasilien nicht recht verkaufen wollte (die Tücke: „pinto" heißt im brasilianischen Portugiesisch soviel wie „Pimmel"), Mitsubishi blieb in Spanien auf dem „Pajero" sitzen („pajero" hat nicht nur die biedere Bedeutung „Strohhändler", sondern auch die vulgäre „Wichser"). Und über den oberösterreichischen Ort Fucking lacht mancher amerikanische Tourist noch nach seiner Rückkehr in die USA.

Bittedanke
Ein Gruß vom Schalk im Nacken

Frau – oder Herr – U. schreibt mir: „Ein Spruch, der mich immer wieder nervt, ist ‚Bittedanke!' Was mich daran stört, ist, daß einem gar keine Möglichkeit geboten wird, die Bitte auch abzulehnen. Das ist ungefähr so, wie wenn man sich etwas ausborgen will, was einem nicht gehört, und es im selben Moment, wo man danach zu fragen beginnt, auch schon an sich nimmt. Mag sein, daß manche Bittedanke-Sager das gar nicht so impertinent meinen, für mich klingt es aber so."
Um keine Zweifel aufkommen lassen: Auch Ihr Chronist ist kein Freund des Bittedanke-Sagens, und jedes Mal, wenn ich mit diesem merkwürdigen Doppelwort konfrontiert werde, muß ich mir, um bei Laune zu bleiben, innerlich das Sprüchlein „Humor ist, wenn man trotzdem lacht" vorsagen. Ich kenne dieses Überrumpelungsspiel noch in einer anderen Variante: Person X niest weithin vernehmlich und läßt dem Nieser blitzartig ein „Dankeschön" folgen, ohne daß die Zeugen des Niesers auch nur annähernd Gelegenheit gehabt hätten, ihr „Gesundheit" zu sagen. Auch das ist – Vorsicht: Ironie! – ganz, ganz lustig!

Blecheln
Ökonomisches aus der Welt der Gerüche

An heißen Sommertagen hat der Körper mit der Bewältigung der Temperaturkapriolen genug zu tun, so daß man allein schon aus diesem Grunde dankbar ist, wenn es im Büro nicht auch noch kaselt oder böckelt. Wieso ich Ihnen das erzähle? Weil ich die Leser mit diesem Einleitungssatz wieder einmal in die wunderbare Welt der deutschen Wortbildung entführen möchte, genauer gesagt in den Bereich der praktischen Endung „-eln". Sie eignet sich vortrefflich dazu, die umständlichere Fügung „hier riecht es nach X" auf ein bloßes Verb zu verkürzen und so in ökonomischer Weise darzulegen, wonach es in diesem oder jenem Raum denn riecht: Im Keller riecht es nach Käse – im Keller kaselt es.

Anscheinend machen die Bayern von dieser Konstruktion besonders gerne Gebrauch. Auf der Website des Fördervereins Bairische Sprache und Dialekte e. V. (www.bairische-sprache.com) findet man in der Rubrik „Vokabeln und Wortschatz" unter Ziffer 11 etliche prächtige Geruchsausdrücke, an deren Nutzen kein Zweifel besteht: Es rösselt (riecht nach Pferd), blechelt, brunzelt bzw. soachelt (nach Urin), fischelt, goaßelt (nach Ziege), hundelt, wuidelt (nach Wild) – jedem Tierchen nicht nur sein Pläsierchen, sondern auch das zu ihm passende Geruchsverb. Vor einem olfaktorisch höllischen Tier sei jeder Tiergartenbesucher gewarnt: Wo es tapirlt, da suche man eilends das Weite (s. auch →Wiedehopf).

Bli und bla
Aus dem Reich des Geschwätzes

Frau Susa, einer Leserin und emsigen Wortspenderin für meine Kolumne, verdanke ich den Hinweis auf die Formulierung „und bli und bla", die als Variation zum altbekannten „bla bla bla" im mündlichen Diskurs offenkundig um sich greift. Ich kenne sie zwar lediglich von wenigen Gesprächspartnern, darunter einem Redaktionskollegen, der sie freilich umso häufiger gebraucht. Verwendet wird „bli und bla" nicht als Hauptwort (wie „das Blabla"), sondern als ein lautmalendes Einsprengsel, zu dem man dann greift, wenn man keine Lust hat, irgendeinen Sachverhalt in allen Details mühselig zu referieren, sei's, weil man es für zu langweilig hält oder aber weil man annimmt, daß der Gesprächspartner über die Sache ohnehin informiert ist: „Dann hat er angefangen, mir zu erzählen, daß er das gemacht hat und jenes gemacht hat und bli und bla." Die Wendung „Blabla reden" („dumm schwätzen, törichtes Zeug babbeln") ist seit dem Mittelalter geläufig und wurde damals noch „plapla" geschrieben; da es sich „um eine lautmalerische Wendung handelt, hat sie trotz veränderter Schreibweise bis heute ihren ursprünglichen Sinn behalten" (Lutz Röhrich, *Das große Lexikon der sprichwörtlichen Redensarten*). Blabla ist ein internationales Phänomen, es existiert sowohl im Englischen als auch im Französischen. *Merriam-Webster's Online Dictionary* führt neben „blah-blah" auch noch die Variante „blah" an, die Bedeutung ist in beiden Fällen „dummes oder prätentiöses Geschwätz". Im Französischen gibt es laut *Petit Robert* neben „blabla" auch noch „blablabla"; die Bedeutung ist eine etwas andere als im Deutschen und Englischen: „Weitschweifiges Gerede, das dazu dient, Mißtrauen zu zerstreuen."

Bling Bling
Schmuckstücke, die an den Ohren glitzern

„He, Du hast heute ja zwei super Bling Bling an!" – „Danke, aber Dein Brilli ist auch nicht ohne." Ob es solche Dialoge in der wirklichen Welt gibt? Keine Ahnung. Wohl gibt es aber den Bling Bling – auffälligen Modeschmuck, der durch sein Glitzern die Aufmerksamkeit auf sich zieht. Wie beim →Aufpimpen waren auch beim „Bling Bling" amerikanische Hip-Hop-Kreise die edlen Wortspender, denen wir diesen Neuzugang verdanken. Laut *Wikipedia* hat „Bling Bling" schon seit ein paar Jahren den sprachlichen Mainstream erreicht, was sich auch daran zeige, daß das Wort 2002 in das *Shorter Oxford English Dictionary* aufgenommen worden ist. Die *Duden*-Redaktion hat „Bling Bling" in der Pipeline der möglicherweise zu lexikalisierenden Wörter stehen, zaudert aber, weil sie sich noch nicht entscheiden konnte, ob sich das lautmalende Doppelwort im Deutschen wirklich durchgesetzt hat.

Der „Brilli" ist eine (in Deutschland?) verbreitete Abkürzung für den „Brillanten" – im tiefsten Sommerloch, im Juli 2005, machte die *Bild*-Zeitung mit der Meldung auf, daß Andreas Renner, damals Sozialminister von Baden-Württemberg, sich „einen Brilli" („ganz schön keck") ins linke Ohrläppchen hat stechen lassen. Frau Merkel soll es egal gewesen sein, und auch Renner selbst spielte die Angelegenheit herunter: „Für den langjährigen Vertrauten von Ministerpräsident Günther Oettinger ist der Brilli ‚nichts Besonderes', ‚kein Gag' – ‚ein modisches Accessoire halt'." Solange er nicht auch noch mit einem extragroßen Bling Bling in der Öffentlichkeit aufkreuzt, scheint die Sache also politisch in Ordnung zu gehen.

Bond-Fieber
Erhöhte Temperatur in Bregenz

Diversen Medien war im Frühjahr 2008 zu entnehmen, daß die Bevölkerung von Vorarlberg, ja vielleicht gar die von ganz Österreich heftig am „Bond-Fieber" laboriere. Die unmittelbare Ursache des Erkrankungsschubes waren Dreharbeiten für den neuen Bond-Film *Quantum of Solace* auf der Bregenzer Seebühne. Medizinisch betrachtet zählt das Bond-Fieber (Morbus 007) – anders als das Denguefieber, das Gelbfieber oder das Lassafieber – zu den benignen Krankheiten; es befällt eher Personen im jüngeren Lebensalter, obwohl in der medizinischen Fachliteratur auch schon von Bond-Greisen berichtet wurde. Diagnostische Anzeichen sind spielerisch-unmotivierte Hiebe ins Leere („Luftkarate"), seltsame Bestellungen in Bars („ein Bier, geschüttelt, nicht gerührt") sowie die Vorstellungsformel „Mein Name ist Huaber, Poldi Huaber" (nur ein Beispiel, Sie verstehen, was ich meine). Ein eindeutiger Fall von Bond-Fieber wurde bereits im Vorjahr in diesem Wörterbuch diagnostiziert und erörtert. Der Patient war ein →Holzofen Leberkäse, der sich beharrlich mit den Worten „Mein Name ist Leberkäse, Holzofen Leberkäse" ins Gespräch brachte. Im übrigen treten neben dem Bond-Fieber viele andere Fieber auf, vor allem rezidivierend in den Medien: das Diamantenfieber, das Discofieber, das Tanzfieber oder auch das Madonna-Fieber, das bei jeder CD-Neuerscheinung aufs neue umgeht. Allerdings: Bei aller Wertschätzung für Frau Ciccone – ihr jüngstes Opus *Hard Candy* verursacht nicht einmal eine Temperaturerhöhung, geschweige denn Fieber.

Briafkastl
Eine Wiener Drohbotschaft

Der Wiener ist bekanntlich ein urgemütlicher Mensch, nur manchmal muß er halt auch ungemütlich werden. In diesem Falle hat er eine Reihe von aparten Drohformeln in seinem linguistischen Schatzkästchen vorrätig. Zwei davon entnehme ich dem *Wiener Dialektlexikon* des 1999 verstorbenen Schriftstellers

Wolfgang Teuschl, welches 2007 neu aufgelegt wurde: „I reiß dir die Brust auf und scheiß dir aufs Herz" bzw. „I schlatz dir ins Briafkastl". Für Ortsunkundige: Der Schlatz ist die Spucke, vor allem die Spucke in ihrer schleimig-anhaftenden und weniger in ihrer luftig-fluffigen Erscheinungsform.

Aufs erste wirkt die Brust-Ankündigung brutaler als die mit dem Briafkastl, doch bei näherer Prüfung kam Ihr Chronist zu einer entgegengesetzten Bewertung des linguistischen Drohpotentials. Denn daß ein böser Feind einem die Brust aufreißt und dann häßliche Dinge mit dem Herzen anstellt, kommt doch relativ selten vor. Es wäre ein erhebliches Maß an krimineller Energie und eine Kraftentfaltung von Arnold-Schwarzeneggerischen Ausmaßen erforderlich.

Mit anderen Worten: Diese Drohung ist so übertrieben, daß man sie nicht wirklich ernst nehmen muß. In ein Briafkastl hingegen läßt es sich ohne große Umstände hineinschlatzen – mit überaus unerquicklichen Folgen, wenn man sich einmal vorstellt, daß der Schlatz an einer Zeitschrift oder gar an einem langersehnten Liebesbrief ... Aber ersparen wir uns die Details. Ein Glück, daß böse Menschen nicht in Microsoft Outlook hineinschlatzen können, sonst hätten wir außer der Spam-Mail noch ein ganz anderes elektronisches Briafkastl-Problem.

Brutal
Ein Steigerungsadverb im Tirolischen

Aus einem Interview in *Österreich* (der Zeitung, nicht dem Land) mit der frischgebackenen *Starmania*-Siegerin Nadine Beiler:
Österreich: Wie fühlt man sich als frischgebackene Starmania-Siegerin?
Nadine: Brutal gut. (...)
Österreich: Kleiner Wermutstropfen: Die Karriere der beiden (früheren Gewinner) ist nach dem Sieg schnell im Sand verlaufen. Angst vor dem Absturz?
Nadine: Im Gegenteil. (...) Ich bin brutal ehrgeizig und werde alles dafür tun, daß ich es im Popbusiness schaffe. (...)
Ich habe mit Interesse wahrgenommen, daß das Wort „bru-

tal" im Tirolerischen offenbar immer noch fröhliche Urständ als Steigerungsadverb feiert, während Jugendliche anderswo (wie hier in Wien zum Beispiel) gewiß nicht „brutal gut" sagen würden, sondern „urgut" und auch nicht „brutal ehrgeizig", sondern „urehrgeizig". In welchen geographischen Breiten „brutal" noch in diesem Sinn verwendet wird? Ganz gewiß in Deutschland, seitdem Roland Koch die „brutalstmögliche Aufklärung" der Schwarzgeldaffäre versprach: Pekuniäre Maßlosigkeit zog die sprachliche – beinahe folgerichtig – nach sich.

Burzltag
Happy birthday to you!

Zur Feier des ersten Online-Geburtstags von *Winders Wörterbuch* bin ich 2006 auf das Stichwort „Burzltag" gestoßen, ein Ausdruck, von dem ich ursprünglich geglaubt hatte, daß er nur im Kindergarten, allenfalls in den unteren Volkschulklassen verwendet würde. Welch ein Irrtum: Eine schnelle Internetrecherche hat ergeben, daß Menschen jeder erdenklichen Altersklasse einander in einer jener regressiven Anwandlungen, die auch vor der Verstümmelung argloser deutscher Wörter nicht zurückschreckt, zum „Burzltag" gratulieren: „Alles Jute zum Burzeltag, Blaster! Und feier schön!" „*grins* hab glei wieder Training und in 6 tagen hab ich burzltag !!! yeah ... das wird gail. *freu* fette Party mehr oder weniger. Krieg gaaanz viel geschenkt ..." „Burzltag hab i am 5. Juni 1979, für alle, die Geschenke schicken wollen, und geboren bin ich in Salzburg." Das sind drei Belege von 318.000 bei Google (die restlichen 317.997 erspare ich Ihnen). Ähnlichkeiten mit →Tut leid und →Essi sind nicht von der Hand zu weisen.
Bleibt eigentlich nichts anderes mehr übrig, als – gewissermaßen von Burzltagskind zu Burzltagskind – alles Gute zu wünschen.

By Charles
Beim Wirten ums Eck

Wer sich entschließt, Wirt zu werden, der muß irgendwann sein Beisl, Pub oder Haubenrestaurant auch benennen. Da stehen dann die alten Standards zur Wahl (Zur Traube, Zum Kreuz, Zum Hirschen, Burgenländer Eck, Hexenstüberl usf.), oder man gibt sich einen etwas moderneren Anstrich (Vertigo, Banyan, Green Way Golab, Iguana usf.); alle Beispiele stammen aus dem nützlichen Führer durch Wiens Lokale *Wien, wie es ißt ...* von Florian Holzer.

Gut hat mir auch gefallen, wie ein Wirtshausbetreiber am Wiener Urban-Loritz-Platz vorgegangen ist: Der hat nämlich sein Pub (wohl nach dem Muster „Beim Franz", „Beim Wickerl") kurzerhand „By Charles" getauft. Vielleicht nicht ganz stilsicher, aber die feine englische Art erkennt man doch →irgendwie. Auch sonst gibt es in Wien noch etliche Gastgewerbsbetriebe, deren Namen es an Originalität nicht mangelt. Ich nenne nur das Schurkenbeisl, den Wurzelsepp, den Blunzenstricker, das Brummbärli, den Futtergarten, den Dornröschen-Keller, das Maschu Maschu, das Yamo Yamo, das Pippifein, die Wäscherei, das I love Pizza, den Hubertus Stadl zum Thaifrosch, das Café-Restaurant zum Erdäpfel, das Café Rama, den Käpt'n Otto sowie das Absurd im 20. Wiener Gemeindebezirk.

Chili und Pepper
Tierische Taufprobleme

Ein mir gutbekanntes Ehepaar hat seit kurzem zwei junge Kätzchen, eines rostrot, das andere schwarz. Die Namenswahl Chili und Pepper für die beiden finde ich ausgezeichnet – umso mehr, als in weiten Bevölkerungskreisen die geschmackvolle Benennung von Tieren zu wünschen übrigläßt. Das fängt schon in höchsten politischen Milieus an: So hat George W. Bush seine Katze India getauft (forciert originell), einen seiner Terrier aber Spot: banal (aber immerhin noch besser, als wenn er ihn Vladimir genannt hätte).

Ein Bernhardiner namens Fipsi wäre ebenso deplaziert wie Struppi für die Hausschlange (Zischi? Schuppi?) Gleich doppelt intensiv stellt sich die Frage bei Tierpaaren: Castor und Pollux? Hans und Grete? William Safire hat in seiner „Language"-Kolumne in der *International Herald Tribune* (20. 8. 2007) auf eine Datensammlung von Ernest L. Abel and Michael L. Kruger von der Wayne State University hingewiesen, die die internationalen Vorlieben bei der Namensgebung für Katzen und Hunde unter die Lupe genommen haben (www.bowwow.com.au). Die populärsten weiblichen Namen sind Maggie, Molly, Daisy, Bailey and Abby; bei männlichen Tieren waren Buddy, Jake, Max, Hunter and Cody Spitzenreiter. Allerdings deuten die Namen doch darauf hin, daß vorwiegend im englischen Sprachraum recherchiert wurde.

PS: Die p. t. Leser haben mir zu diesem Stichwort etliche geschmackvolle Namensgebungen zukommen lassen: Anton (Dalmatiner), Bumsti (Hamster), Don Corleone (Zwergbuntbarsch) Jupiter und Juno (Zwerghamster), Oswald (einäugiger Kater, Anspielung auf Herrn von Wolkenstein), Pawlow (Hund) und Schrödinger (Katze).

In the City
Eine Inspiration für Namensgeber

Immer wieder beliebt ist der Trick, sich sprachlich an diverse Fernsehserien anzukoppeln und so bei ihrer Popularität mitzunaschen. Frau B. D. weist mich darauf hin, daß der Titel *Sex and the City*, obwohl wahrlich nicht mehr taufrisch, immer noch inspirierend auf viele Namensgeber wirkt. So soll es einen Sexshop in Wien geben, der „Sex in the City" heißt, und Manfred Deix hat eine Ausstellung im Frühjahr 2006 „Deix and the City" genannt. Der *Stern* wiederum hat den Spieß umgedreht und eine Titelgeschichte über vermeintlich besonders emanzipierte Frauen und ihre Schwierigkeiten, Männer zu finden, kontrastierend „City ohne Sex" überschrieben. Originalitätspreise gewinnt man mit diesen Formulierungen gewiß nicht mehr – dafür haben schon zu viele mitgenascht.

Coitus germanicus simplex
Ordnung schaffen beim GV

Es gibt mehr als eine Art, ein →Rohr zu verlegen. Der deutsche
Sexualwissenschaftler Volkmar Sigusch hat 2008 eine Geschichte
seines Faches publiziert *(Geschichte der Sexualwissenschaft)* und
sich dabei, wie ich einer Rezension des Buches in der Online-
Ausgabe der *Neuen Zürcher Zeitung* entnehme, über Kollegen
wie Wilhelm Reich oder Ernest Borneman belustigt: Diese hätten
nämlich ausschließlich den „Coitus germanicus simplex" als das
sexuelle Ideal angesehen, alles Gleichgeschlechtliche hingegen
verdrängt.
An dieser Aussage besticht die gelehrte Bezeichnung „Coitus
germanicus simplex", mit der wohl ein heterosexueller Wald-
und-Wiesen-Beischlaf schlichter Machart gemeint ist. Bei
ordnungsliebenden Menschen könnte der Begriff „Coitus
germanicus simplex" sogleich die Lust (!) wecken, auch andere Coitusformen mit lateinischen Worten zu klassifizieren und
ein wenig Überblick in einen naturgemäß zur Ausschweifung
tendierenden Bereich menschlichen Zusammenlebens zu bringen. So ließe sich an einen „Coitus germanicus duplex" denken (Coitus zweier deutscher Ehepaare im Swingerclub), an einen „Coitus austriacus multiplex" (zur Bezeichnung einer Orgie
unter Österreichern), einen „Coitus interruptus britannicus"
(ein unterbrochener Beischlaf in London). Aus Kreisen der Leser
wurden der „Coitus lateralis" (Seitensprung), der „Coitus pecu-
niae causa" (des Geldes wegen) und der „Coitus honoris causa"
(ehrenhalber) als mögliche neue Coituskategorien in die Diskussion eingebracht.

Da muß man durch
Eine Formel des Fatalismus

Das Finanzamt will die Steuererklärung für das vergangene Jahr
möglichst noch gestern haben? Da muß man durch. Die puber-
tierende Tochter kündigt an, daß sie mit der Schule aufhören
und lieber mit ihrem Freund nach Indien ziehen möchte? Da

muß man durch. Die Katze hat Keuchhusten und gehört dringend zum Tierarzt? Da muß man durch.

„Da muß man durch" ist ein jüngerer sprachlicher Ausdruck für die unvermeidlichen Wechselfälle des Lebens, für die Schwierigkeiten, denen man nicht entkommt. „Da muß man durch" beschreibt ein Lebensgefühl, das jeder Mensch beim Geborenwerden das erste Mal erfährt – eine sehr existentielle Metapher also, die aber weit salopper wirkt als „Daran führt kein Weg vorbei". In Journalistenkreisen verwendet man „Da muß man durch" gerne in der Berichterstattung über Tunnelbauten: „Lötschbergtunnel – Da muß man durch" titelte die *Süddeutsche Zeitung* am 15. 6. 2007; „Gotthard-Basistunnel – Da muß man durch", hieß es am 29. 3. 2008 im selben Blatt.

Eine heitere Variation der Standardformel lese ich auf der Homepage der Heinrich-Hertz-Oberschule in Berlin: „Da muß man durch als Lurch." Warum man gerade als Lurch irgendwo durchmuß, ist zwar schleierhaft, dafür aber reimen sich „durch" und „Lurch" aufs possierlichste. Eine erweiterte Fassung des Sprüchleins ist ebenfalls im Umlauf: „Da muß man durch als Lurch – wenn man ein Frosch werden will."

Dankbar
Eine sprachliche Marginalie zur FP-Spesenaffäre

Ihr Chronist, ein politisch interessierter Mensch, verfolgte im Frühjahr 2006 mit Interesse und Heiterkeit, wie FPÖ und BZÖ intensiv und in aller Öffentlichkeit an der Aufhellung ihrer gemeinsamen Spesenvergangenheit arbeiteten. Und es ging ja auch etwas weiter: Die Zeitschrift *Profil* berichtete damals, daß die Staatsanwaltschaft Vorerhebungen gegen die frühere Vizekanzlerin Susanne Riess-Passer einleiten und überprüfen wolle, ob Anlaß für weitergehende Untersuchungen zu den möglichen Straftatbeständen der Veruntreuung und Steuerhinterziehung bestehe. Von *Profil* danach befragt, ob sie schon Kontakt mit dem Staatsanwalt gehabt habe, antwortete Riess-Passer: „Bisher nicht. Aber ich bin sehr dankbar dafür, daß ich dort jetzt endlich auch meinen Standpunkt darlegen kann."

Das hab' ich ihr aufs Wort geglaubt. Man kann es sich blendend vorstellen, wie die Vorladung der Staatsanwalts auf den Cheftisch bei Wüstenrot, wo die ehemalige Vizekanzlerin jetzt tätig ist, gelegt wurde und sogleich ein warmes Gefühl tiefer Dankbarkeit in Frau Riess-Passer hochstieg. Vielen herzlichen Dank! Endlich, endlich kann auch sie ihren Standpunkt darlegen! Es handelt sich um die typische Denk- und Formulierungsweise einer konstruktiven Persönlichkeit, wie man sie in FPÖ und BZÖ bekanntlich zuhauf antrifft. Schade nur, daß Frau Riess-Passer nicht gleich nach der Beendigung ihrer politischen Karriere Selbstanzeige bei der Staatsanwaltschaft erstattet hat. Dann hätte sie den Hochgenuß dieses Dankbarkeitsempfindens schon viel früher haben können.

Danke für das Gespräch
Wenn Interviews zu Ende gehen

„Danke für das Gespräch": eine journalistische Standardformel am Ende von Interviews, mit der der Interviewer seinem Gesprächspartner mitteilt, daß die Unterredung zu Ende ist, und nebenbei auch noch auch dem Leser, Hörer oder Seher signalisiert, daß er ein höflicher Fragesteller ist und mit Messer und Gabel essen kann.

Wird in letzter Zeit im journalistischen Umfeld häufig aus diesem typischen Kontext herausgelöst und ironisierend-scherzhaft auch in anderen Zusammenhängen verwendet: „Kannst du mir sagen, wo die Frankfurter Allgemeine ist?" – „Ja, die liegt da drüben." – „Danke für das Gespräch."

Dankeschönpreis
Es war bezaubernd, dankeschön

Frau B. D. weist mich auf die Existenz des Wortes „Dankeschönpreis" hin, welches mir bis dato zum Glück verborgen geblieben ist. „Gehört im Radiospot einer Firma, deren Name (und Produkt) mir sofort wieder entfallen sind. Bei Google finden sich unter Dankeschönpreis und Danke-Schönpreis insgesamt über 1.500 Einträge – also doch ein eher gebräuchliches Wort. Ganz verstehe ich den Sinn allerdings nicht. Wenn ich für meine Treue ein Dankeschön bekomme, will ich doch nicht extra zahlen! Oder bedankt sich der Verkäufer, daß ich ihm wieder mal was abgekauft habe?"

Diese Frage kann ich leider auch nicht beantworten, dazu müßte man schon den Werbefachmann herbeizitieren, der diese Kreation ersonnen hat. Sie fügt sich jedenfalls gut in ein Feld ähnlich gearteter Preis-Komposita, als da wären die „Wahnsinnspreise", die „Dauertiefpreise", die „Jubelpreise" und die „Jubiläumspreise" (Wucherpreise werden kaum je als solche angepriesen). Das gängige Werkzeug zur Verkleinerung von Preisen ist der sogenannte Tiefpreishammer: mit ihm werden Preise erbarmungslos flach geklopft, so daß sie zuletzt gar unter der →Tiefpreislatte Platz haben.

Deppensteuer
Wenn das Finanzamt zweimal klingelt

Freunde der deutschen Rechtschreibung, aufgemerkt, mit der Steuer verhält es sich nämlich so: „Steuern, die nach dem Gegenstand benannt sind, schreibt man ohne Fugen-s, weil der Steuergegenstand Akkusativobjekt ist. Also: Einkommensteuer (lies: Steuer auf das Einkommen, nicht: Steuer des Einkommens, also nicht Einkommenssteuer), Vermögensteuer, Verbrauchsteuer. Ein Fugen-s steht, wenn die Steuer nach dem Schuldner oder Gläubiger benannt ist und dieser im männlichen oder sächlichen Singular steht. Es heißt deshalb Reichssteuer, Unternehmenssteuer, aber Gemeinschaftsteuer, Gemeindesteuer."

Behauptet jedenfalls Dr. Stefan Homburg, seines Zeichens Universitätsprofessor für Öffentliche Finanzen an der Universität Hannover und Steuerberater ebenda, in seiner *Allgemeinen Steuerlehre*. Und in einer etwas galligen Fußnote fügt Homburg hinzu: „Leider sind diese traditionellen Regeln dem Gesetzgeber nicht mehr bekannt, der 1994 ein ‚Umwandlungssteuergesetz' (!) (BGBl. I, S. 3257 ff.) beschloß. Der Duden setzt sich hier-

über ohnehin großzügig hinweg und läßt die Schreibweise ohne
Fugen-s generell nur als ‚amtlich' gelten."
Zum Glück stellt sich das Fugen-s-Problem bei der Deppensteuer nicht: Das Wort Depp kann zwar an sich die Genitiv-
endung -s haben, in der Kombination mit „-steuer" entstünde
aber das unaussprechliche „Deppssteuer", so daß man tunlichst zur ebenfalls existierenden Form des „Deppen" greift und
von der „Deppensteuer" spricht. Offen bleibt die Frage, ob die
Deppensteuer eine Steuer ist, die nur von Deppen-Schuldnern
ohne heimliches Konto in Liechtenstein entrichtet wird, oder
ob vielmehr das Deppertsein als Steuergegenstand gemeint ist.
Oder ist es gar das Depprimiende am Steuerzahlen, das dem
Wort zugrunde liegt?

Die Beinschinkensemmel
Lob der Wurstware

Nichts gegen den Fleischhauer Radatz, ganz im Gegenteil. Sein
Leberkäs mundet vortrefflich, seine Beinschinkensemmel detto,
das österreichische Staatswappen trägt er ebenso verdient wie
das Wiener Wurstgütesiegel. Zudem liegt die nächste Radatz-
Filiale einen bloßen Steinwurf von der *Standard*-Redaktion
entfernt, so daß sich akute Fälle von kleinem Hunger schnell
in der unmittelbaren Nachbarschaft beheben lassen. Gegen die
Ware ist nichts einzuwenden, wohl aber ist die marottenhaf-
te Präsentation, mit der sie dem Kunden nahegebracht wird,
Ihrem Chronisten schon öfters auf den Magen geschlagen. Bei
Radatz setzt man nämlich ebenso konsequent wie penetrant
auf den bestimmten Artikel als Werbemittel: Schweinsschnitzel werden nicht als „Schweinsschnitzel" feilgeboten, sondern
neben dem rosigen Schnitzelstapel steckt ein Schildchen, das
behauptet, es handle sich hier um „Das Schweinsschnitzel".
Es gibt keine Kärntner Kasnudeln, sondern „Die Kärntner Kasnudeln", keine Weißwürste, sondern „Die Weißwurst", keine
Beinschinkensemmeln, sondern „Die Beinschinkensemmel",
wobei doch der flüchtigste Blick durch die Glasvitrine lehrt,
daß es sich, erstens, nicht um *die* Beinschinkensemmel han-

delt, sondern um irgendeine Beinschinkensemmel, und meistens auch nicht nur um eine Beinschinkensemmel, sondern um mehrere Beinschinkensemmeln.

Der Hintergrund dieses sprachlichen Tricks ist natürlich der, daß der Fleischhauer Radatz seine Beinschinkensemmel durch die Voranstellung des bestimmten Artikels mit einer Aura der Unverwechselbarkeit und institutionellen Einzigartigkeit ausstatten will, wie sie sonst dem Louvre, der Sixtinischen Kapelle oder dem Empire State Building eigen ist. Für diese doch etwas anmaßende Beanspruchung der deutschen Syntax gibt es hier aber nicht das Wiener Wurstgütesiegel, sondern ein Strafmandat von der sprachpolizeilichen Abteilung in *Winders Wörterbuch*.

Doga
Körperertüchtigung bei Mensch und Tier

Die *FAZ* berichtet, daß immer mehr Deutsche ihre Haustiere – vor allem Hunde – wie vollwertige menschliche Familienmitglieder behandeln. So treiben Mensch und Hund gemeinsam Yoga, das dann aber nicht mehr Yoga, sondern „Doga" heißt. Das Wort wurde offenbar nach dem Muster von „Dogging" gebildet, das das gemeinsame Jogging von Herr und Hund meint. Die Vorstellung, daß ein deutscher Schäferhund eine Kerze macht oder ein Pitbull mit dem Sonnengruß aufsteht, hat, nebenbei bemerkt, für den Chronisten etwas durchaus Erheiterndes.

Puristen werden beanstanden, daß im Kunstwort Doga das englische Wort für Hund (dog) verwendet wird; sie würden lieber von Hoga sprechen. Davon abgesehen ist das Wortbildungsprinzip aber glasklar: Yoga mit der Katze heißt logischerweise Koga, Yoga mit einem Schwein Schwoga, mit einer Schlange Schloga und so fort.

Downshifter
Weniger ist mehr

Ein Eintrag mit Servicecharakter: Wenn Sie noch nicht wissen, was ein Downshifter, eine Downshifterin oder das Downshiften generell ist – im *Spiegel* (14/2007) wird es unter dem Titel „Karriere-Trend Downshifting" erklärt: Ein Downshifter ist ein Arbeitnehmer, der sich dazu entschlossen hat, einen gutbezahlten, aber stressigen Job (Arbeitszeit fünfzig Stunden plus, unablässig fordernder Chef etc. etc.) gegen einen weniger gut dotierten, dafür aber geruhsameren einzutauschen: weniger am Konto, dafür mehr Lebensqualität. Marketing-Strategen sollen angeblich schon emsig an „Lessness-Produkten" für diese Zielgruppe basteln. Feinde des Anglizismus mögen versucht sein, ein passables deutsches Äquivalent zur Bezeichnung downshiftender Zeitgenossen beizusteuern: Halbarbeiter, Lebensqualitätler usf., aber ein wirklich überzeugendes scheint noch nicht gefunden zu sein.

Draufsatteln
Darf es ein bißchen mehr sein?

„Draufsatteln" ist ein Wort, das ich nicht immer, aber immer öfter im deutschen Feuilleton lese – als Synonym für „dazugeben", „steigern", „vermehren". Es existiert in den Varianten „draufsatteln" (ohne weitere Ergänzung) bzw. „eins draufsatteln" (mit der hinterfragenswerten Ergänzung „eins": Was damit wohl gemeint sein mag?). Beispiele aus dem Internet: „Wir dürfen bei der Arbeitsmarktreform nicht den Eindruck erwecken, daß wir auf Hartz IV noch draufsatteln"; „Eine Fachschulausbildung gab es an der Tourismusakademie an der Rungestraße bereits. Jetzt können die Studenten noch den Hochschulabschluß draufsatteln."
Neu ist „draufsatteln" nicht (Titel eines *Zeit*-Kommentars von Theo Sommer aus dem Jahr 1974: „Draufsatteln oder abprotzen?"), in österreichischen Ohren klingt es dennoch ungewohnt. Wenn man dem Buchautor Robert Sedlaczek

Glauben schenkt, dann würde man hierzulande wohl eher zum – allerdings nicht in allen Bedeutungsnuancen mit „draufsatteln" identischen – Verbum „toppen" greifen. In seinem *Kleinen Handbuch der bedrohten Wörter Österreichs* hat Sedlaczek den konkurrierenden deutschen Ausdruck „übertreffen" schon auf die Rote Liste gesetzt – so sehr setze ihm „toppen" im gegenwärtigen österreichischen Alltagsdiskurs zu. Interessant wird „toppen" vor allem dann, wenn es zur Charakterisierung eines *Tiefst*standes verwendet wird wie in diesen Sätzen aus einer Meldung der österreichischen Presseagentur APA: „Nur zwei der neun Proben (von spanischen Erdbeeren – Anm. d. Autors) waren rückstandsfrei. Daß dieses schlechte Ergebnis von heimischen Produkten noch getoppt wird, hätte niemand gedacht." Ein Top von einem Tiefstand, sozusagen.

Drinnies
Der Stubenhocker im Lauf der Zeit

Ganz früher einmal hießen sie Stubenhocker, in den 8oer und 9oer Jahren sprach man vom „Cocooning". Heute heißt der junge Mensch, der sich bevorzugt in seinen eigenen vier Wänden aufhält und seine Ernährung vom nächstgelegenen Pizzaservice bezieht, „Drinni" oder „Drinnie". Darauf hat mich Frau A. Z. aufmerksam gemacht, wobei die Leserin auch noch darauf hinweist, daß es vor allem die Gruppe „Tokio Hotel" sei, welche diesen Lebensstil mit großer Vorbildwirkung für die junge Generation pflege: „Der linguistische Präge-Effekt dieser pubertären Truppe auf die Kreischies darf nicht unterschätzt werden. Als Drinnis oder Drinnies bezeichnen sich laut einer repräsentativen RTL-Punkt-12-Magazin-Umfrage schließlich 80 Prozent aller (sicher nicht nur deutschen) Teenager. Das heißt, sie halten sich also vorzugsweise drinnen, im Haus, auf, essen Sachen, die man sich von drinnen aus beschaffen kann, und sind auch in der Fortbewegung lieber drinnen (im Taxi, im Auto etc.) als in der ‚ekelhaften Natur, wo alles so verwachsen ist' (O-Ton Bill, Sänger von Tokio Hotel)."

Auch für den Drinnie-Gegenspieler, den Draussie, finden sich etliche Belege im Internet: Außer als Bezeichnung für Frischluftfans, die der ekelhaften Natur zusprechen, oder notorische Jogger wird „Draussie" auch für Tiere verwendet, die sich ganz oder zeitweise außerhalb der Wohnung ihres Besitzers aufhalten: „hey … freu … sind hier auch viele katzenliebhaber? ich hab ein paar katzen, die alle ‚draussies' sind."

Durchschnupfsicher
Was man zur Sommerzeit alles braucht

Um unbeschadet durch dubiose Sommer wie jenen des Jahres 2008 zu kommen, benötigt man nicht nur Gummistiefel und Regenschirm, sondern auch eine ordentliche Batterie Taschentücher. Die Firma Tempo empfiehlt die ihren als „durchschnupfsicher", mit einer Wortkreation also, die nach dem Muster von „saugstark" oder „reißfest" gebildet worden ist und auch schon auf diversen Internet-Sites für Heiterkeit gesorgt hat (Dank an R. M.). Bei aller Wertschätzung für die Qualitäten der Tempo-Produkte wagt Ihr Chronist dennoch Zweifel zu äußern, ob es ein Papiertaschentuch an Durchschnupfsicherheit je mit einem Stofftaschentuch wird aufnehmen können. Die Firma Procter & Gamble sollte schnell einen notariell beglaubigten Durchschnupftest für ihre atü-starken Taschentücher in Auftrag geben, um mehr Klarheit für den Konsumenten zu schaffen.

EatCard
Kartenauflauf im Portemonnaie

Cards, so weit das Auge reicht: Wenn der Chronist von Zeit zu Zeit sein ausgebeultes Geldbörsel durchmustert, dann findet er darin mindestens seine eCard, seine Visa Classic Card, die ÖBB VORTEILScard, die VisitenCard, die EuroCard, wahrscheinlich aber noch etliche andere Cards mehr. Das einzige, was in meiner Sammlung noch gefehlt hat, war im Grunde eine EatCard, doch auch die gibt es jetzt, dem rührigen Rewe-Konzern sei Dank. Wenn ich das Konzept recht verstehe, dient die EatCard dazu, den Konsumenten zu informieren, wieviel Salz, Zucker und gesättigte Fette in diversen Lebensmitteln enthalten sind, auf daß er seine Leber und seine Bauchspeicheldrüse nicht durch die übermäßige Zufuhr zweifelhafter Kostbestandteile strapaziere. Beim Besuch einer Billa-Filiale erspähte ich unlängst einen mächtigen Karton über meinem Kopf, auf dem affichiert war, welche Werte die EatCard „für Getränke" auflistet. Das empfand ich nun als eine kleine Inkonsequenz, weil die EatCard, sofern sie sich auf Getränke bezieht, in Wahrheit gar keine EatCard ist, sondern von Rechts wegen DrinkCard heißen müßte. Aber so spitzfindig wollen wir dann doch nicht sein.

Herr G. Schwätz hat mir auf die Bitte hin, einen Blick in die Börse zu werfen, um die in Umlauf befindlichen Cards präziser sprachlich cardographieren zu können, folgendes geschrieben: „Cardastrophe, wie's in meinem Geldbörsel kartentechnisch aussieht. Ich hab da die VideothekCard, die AllergieCard, die ÖAMTC-Card, eine Ansichts-Card von meinem Opa – und natürlich die Tiergarten-Schönbrunn-Jahrescard, auf die ich sehr stolz bin. Insgesamt nicht weniger als 14 Cards (die VisitenCards nicht mitgerechnet). Kein Wunder, daß sich meine Börseln immer nach kürzester Zeit atomisieren."

Edelknacker
Eine neue Attraktion im Wurstsortiment

Der Wiener Fleischhauer Radatz (→Die Beinschinkensemmel) hat eine neue Wurstattraktion in seinem Sortiment, nämlich „Die köstliche Kalbs-Knacker". Es handelt sich um eine „Edelknacker", die sich besonders für Wurstsalat und zur Jause eignen soll und wieder einmal den Beweis dafür erbringt, daß die Diversifikation der Warenwelt (→Aborigines-Weckerl, →Kopfweckerl, →Fußballbrot) nicht zu stoppen ist. Ganz besonders mag ich das Wort „Edelknacker", wobei man ja über alternative Formulierungen durchaus noch nachdenken könnte: Spitzenknacker, Exklusivknacker, Prestigeknacker …

Edel seien freilich nicht nur die Knacker. Auch die Pute wird sprachlich fallweise zur „Edelpute" geadelt. Ich schätze sie und halte sie in Ehren, weil sie im Gegensatz zur Nullachtfuffzehn-Pute, zur Wald-und-Wiesen-Pute, zur ordinären Normalpute einen derart exklusiven und glänzenden Nimbus um sich verbreitet, wie ihn eben nur das kühn vorangestellte Adjektiv „edel" zu verleihen vermag. Kein Wunder also, daß es in der Wörterwelt von Edel-Komposita nur so wimmelt, von den Edeldessous über Edelpilze, Edelfedern, Edelwürste, Edelprostituierte bis hin zu Edelmimen und Edelspeisen. Selbst einen „Edelspeck" habe ich in einer Gastrokritik im Internet gefunden: „Der Seeteufel löste große Begeisterung aus. Er wurde mit Lardo-Edelspeck und Pilzrisotto serviert und harmonierte mit dem fein strukturierten chilenischen Chardonnay."

Nicht ohne Edelmut verhielten sich auch die Redakteure der Website *PC Daily*, als sie die „Kensington Contour Terrain Notebooktasche" als „Edelbeutel" agnoszierten: „Damit das teure Gerät schadensfrei transportiert werden kann, braucht jedes Notebook eine passende Tasche, womit man bei einem weitreichenden Sortiment angelangt ist. Hier gibt es den teuren Edelbeutel für mehrere hundert Euro, aber auch günstigere Angebote in Höhe von 40 bis 50 Euro. Gerade wenn der Laptop nur wenige Male im Jahr den heimischen Arbeitsplatz verläßt, lohnt sich wegen des geringen Kosten-Nutzen-Faktors kaum ein teurer Spezialsack."

Ehe light
Hochzeit leichtgemacht

In der *Presse* befindet die Oberstrichterin Irmgard Griss: „In dem Moment, in dem man eine Ehe light wie in Frankreich schafft, entwertet man natürlich die Ehe." Das ist wieder ein schönes Beispiel dafür, daß das einem Nomen nachgestellte englische Adjektiv „light" schon lange nicht mehr auf Obstsäfte, Blaukäse, Mozzarella, Cola, Salamipizza und sonstige Lebensmittel beschränkt ist, sondern sich selbst bei solch intimen Angelegenheiten wie der Ehe als Alternativvariante breitgemacht hat.

Bei Google stößt man auf erstaunliche Light-Produkte: Von einer „Intensivstation light" am Grazer Landeskrankenhaus wurde berichtet, vom Radrennen „Glocknerkönig light" (das mit der kurzen Strecke!), von einer „Kostenrechnung light" (was immer das sein mag), von einem „Handyverbot light" (wurde ebenfalls in Graz ausgesprochen und besteht darin, Klingeltöne zu untersagen), einer „Hausarbeit light" an der Wiener Universität und so weiter und so fort. Das alles bestärkt den Verdacht, daß es kein Ding auf Erden mehr gibt, das nicht zugleich auch in einer Light-Variante existieren würde (Kündigung light, Rechtschreibung light, Schweinebauch light, Geschlechtsverkehr light usf.).

Merkwürdig an dieser Light-Manie: Das Leichte ist in unserer Gesellschaft durchgehend positiv konnotiert; von einer Wertschätzung des Schweren kann dagegen keine Rede sein.

Einegehn
Immer in der Nähe des Schmähs

„A bisserl was geht immer", hat schon der Münchner Weltweise Monaco Franze gewußt – und wer wollte sich dieser Ansicht, die in ihrer gesellschaftspolitischen Tiefe kaum auszuloten ist, verschließen? Über das Einegehn hingegen hat sich der Franze nicht geäußert, aber auch dieses Wort ist einer Betrachtung wert.

Sobald vom „Einegehn" die Rede ist, ist häufig etwas Schlitzohriges, ja Anrüchiges im Spiel: Wenn etwa Person A es darauf anlegt, daß bei Person B etwas einegeht, so kann man leicht versucht sein, im Verhalten des A etwas hinterfotzig Kalkulierendes zu erkennen. Ein Liebhaber, der die Geliebte nicht mit einem Strauß Rosen gewinnt, sondern schaut, was bei ihr einegeht, macht sich verdächtig. Es ist keineswegs verwunderlich, daß es ein intimes Naheverhältnis zwischen dem Einegehn und dem Schmäh gibt; ja, man wird wohl behaupten dürfen, daß der Schmäh (natürlich auch in seiner speziellen Variante als Häuslschmäh) überhaupt das bevorzugte Subjekt des Einegehns ist: Wer hätt' sich des denkt, daß so ein Häuslschmäh einegeht!

Ans Eingemachte
Ein Rückgriff aufs Wesentliche

„Also geht es im Zivilprozeß, den die FPÖ gegen ihre frühere Obfrau und Ex-Vizekanzlerin Susanne Riess-Passer angestrengt hat, ans Eingemachte, nachdem ein Vergleich nicht zustande kam." (*Der Standard*, 13. 10. 2006). Zur Redensart vom Eingemachten weiß das kluge *Große Lexikon der sprichwörtlichen Redensarten* von Lutz Röhrich folgendes zu berichten: „Es geht ans Eingemachte: d. h. an die letzte Reserve, an die lebensnotwendige Substanz; in übertragener Bedeutung: die Spargroschen müssen angegriffen werden, das Kapital wird aufgebraucht, die Rücklagen schwinden. Das ‚Eingemachte' (vor allem Obst und Gemüse) ist und war für viele die lebensnotwendige Reserve für den Winter, ganz besonders zu Zeiten, als es noch keine Obst- und Gemüseeinfuhren aus dem Ausland gab und der Vitamin- und überhaupt der Nahrungsbedarf in der sonnenarmen kalten Jahreszeit oder in Notzeiten nur durch eine solche Vorsorge gedeckt werden konnte. Das Eingemachte als ‚eiserne' Reserve wurde nur bei besonderem Bedarf angegriffen. Wenn es daher heißt: ‚Es geht ans Eingemachte', ist damit der Rückgriff auf die Substanz, auf das Existentielle und Wesentliche gemeint."
Wer Ohren hat zu hören, wird mitbekommen, daß vom „Eingemachten" in Zeiten von Koalitionsverhandlungen immer besonders häufig die Rede ist. Wohl dem, der genügend davon im Keller hat.

Einschenken
Ein Hoch der Schankmoral

Einschenken ist meist eine erfreuliche Tätigkeit: Es prickelt und perlt, wenn man den Champagner ins Kristallglas gießt. In jeder Bierwerbung wird dem Zuseher zischfrisch vorgeführt, wie es aussieht, wenn man sich ein Glas Helles einschenkt (als wüßten wir das nicht selbst!), und aufklärend wirkt es, wenn man jemandem reinen Wein einschenkt. In einem Fall hat das Einschenken allerdings eine entschieden weniger angenehme Note:

wenn man es nämlich in der Konstruktion „X hat Y (ordentlich) eingeschenkt" verwendet. In diesem Fall bedeutet „einschenken", daß man einer anderen Person aggressiv zusetzt, sie heftig kritisiert. Ein klassischer Fall wechselseitigen Einschenkens war das Sommergespräch mit Gabi Waldner und Peter Westenthaler, bei dem die Gesprächspartner einander nichts geschenkt, dafür aber umso heftiger eingeschenkt haben.

Mit dem „Einschenken" hat – in einem bestimmten Verwendungszusammenhang – wohl das stattgefunden, was Sprachwissenschaftler Bedeutungsverschlechterung oder Pejoration nennen. „Einschenken" ist nicht das einzige Wort, dem dieses Schicksal widerfahren ist. Die „Dirne" oder das „Weib" waren einmal respektierliche Bezeichnungen für das Mädchen und die Frau, und „stincan" (im Althochdeutschen) bzw. „stinken" (im Mittelhochdeutschen) hieß soviel wie „Geruch, Duft verbreiten" oder „Geruch wahrnehmen" *(Grimmsches Wörterbuch)*.

Bei meinen Internet-Nachforschungen zu diesem Stichwort bin ich auf den „Verein gegen betrügerisches Einschenken" (www.vgbe.de) gestoßen, der seit 1970 für eine Erhöhung der allgemeinen Schankmoral und „die gut eingeschenkte Maß" kämpft. Recht so!

Einwintern
Jahreszeitliche Vorbereitungsarbeiten

Mein Freund und Kollege Wolfgang Weisgram hat eine schöne Reportage geschrieben, welche das Einwintern eines Fußballplatzes zum Thema hat. Aus meiner Perspektive als Wörterbuchmann möchte ich dazu anmerken, daß mir das – selten zu hörende – Wort „einwintern" gefällt. Es bedeutet: eine Sache in einen Zustand bringen, in dem sie die Winterszeit möglichst gut übersteht. Einwintern kann man neben Fußballplätzen: Kübelpflanzen, Schwimmbecken, Canna-Knollen, Wollpullover, Motorräder, Gemüsebeete. Ungerecht ist, daß als einzige Jahreszeit der Winter das Privileg genießt, einem solchen Verbum Pate zu stehen, hingegen von einfrühlingen oder einlenzen, von einsommern und einherbsten niemals die Rede ist. Früher hat

es das einmal gegeben: In der Krünitzschen *Oeconomischen En-*
cyklopädie (erschienen 1773–1858) steht das schöne Verb „einherbsten" für „Getreide ernten" bzw. – noch schöner – für die
Weinlese, heute noch in den süddeutschen Anbaugebieten als
„herbsten" bekannt. Desgleichen gibt es, ebenfalls bei Krünitz,
„sömmern", u. a. in der Bedeutung „Von Gewächsen und Thie-
ren, welche man den Sommer durch erhält oder sie durch den
Sommer bringt, sagt man im gemeinen Leben gleichfalls, daß
man sie *sömmere* oder *sommere*, in welchem Verstande es in
aussömmern und *übersömmern* noch üblicher ist."
„Einwintern" ist natürlich nur ein einziges Beispiel für eine Un-
zahl prächtiger Verben mit der Vorsilbe „ein-". Sich eindieseln
bedeutet, sich mit einem Parfüm minderer Qualität zu besprü-
hen (→Nuttenbrause). Vorsicht bei Leuten, die sich bei jedermann einweimperln (österreichisch für: sich einschmeicheln) –
schwerer Tartuffe-Verdacht! Im *Zeitmagazin Leben* gab es dies
zu lesen: „Was tun? Arbeiten oder zeugen? Oder doch beides?
Beim Arbeiten: Lieber auf die Gewerkschaften vertrauen und
auf ein Vollerwerbsverhältnis spekulieren oder sich doch in pre-
kariatsähnliche Strukturen einfummeln, anstatt am Ende gar
nichts zu haben?"
Auch die Leser wußten auf manch hübsches „Ein"-Verb hinzuweisen: Eintrudeln ist eine Tätigkeit, die laut Max Goldt ausschließlich geladene Gäste beherrschen und praktizieren dürfen
(Leserin Susa). Einwerfen kann man nicht nur Fußbälle, sondern
– umgangssprachlich – auch Drogen (Leser jawe). Und das Ein-
schieben „ist ein Vorgang, den vor allem Sprechstundenhilfen
von Ärzten mit Kassen- und Privatpatienten durchführen. Klingt
mechanisch und ist es auch! Patienten, die mit den Ölen von
Krankenzusatzversicherungen gesalbt sind, gleiten leichter da-
zwischen als die übrigen!" (Leser JimmyPage).

Die Eitrige
Der gute Benimm am Würstelstand

Meinen Wiener Lesern wird dieser Eintrag nur ein müdes Gähnen
entlocken, aber ich muß auch an die Wien-Touristen aus dem

näheren und ferneren Umland denken, welche mit den hiesigen Sprachgepflogenheiten nicht so vertraut sind und trotzdem
einen guten Eindruck in der Bundeshauptstadt machen wollen. Dazu gehört, daß man das hierorts gängige Basisvokabular
wenn schon nicht aktiv, so doch passiv beherrscht. Also: Wenn
der Wiener am Würstelstand „a Eitrige mit an Schoafn, an Buggl
und an 16er Blech" ordert, so will er damit zum Ausdruck bringen, daß ihn nach einer Käsekrainer mit scharfem Senf, einem
Scherzel Brot und einer Dose Ottakringer Bier gelüstet.
Wer je den Farbton und die Konsistenz des Käses begutachtet
hat, wie er einer frisch angeschnittenen Krainer entweicht, dem
erschließt sich das gemütvolle Sprachbild von der „Eitrigen"
ohne Schwierigkeit. Ebenfalls leicht verständlich ist die Analogie des gekrümmten Scherzels mit dem „Buggl", d. h. dem
„Buckel". Etwas komplizierter verhält es sich mit dem „16er
Blech": Hier muß man wissen, daß sich das „16er" auf den
16. Wiener Gemeindebezirk bezieht, wo die Brauerei Ottakringer
ihren Standort hat.
Die Würstelstand-Bestellung existiert selbstverständlich in vielen weiteren Varianten und Abwandlungen, zumal sich das
Angebot dieser Institution ja nicht in Käsekrainern erschöpft.
Es gibt da zum Beispiel noch den „Ölichen" (den Ölpeperoni)
oder den „G'schissenen" (den Kremser Senf) und gewiß auch
noch manch andere eß- und trinkbare Ware. Möglicherweise
haben ja die p. t. Leser noch die eine oder andere heitere
Bestellformulierung parat, mit der man am Würstelstand bril-
lieren kann.
PS: In den zu diesem Stichwort eingegangenen Zuschriften wurde mehrfach der Verdacht geäußert, bei der „Eitrigen" und
ähnlichen Würstelstand-Ordern handle es sich um „Urban
Legends" ohne faktische Grundlage. Leser The Llama schreibt:
„Ich als Wiener habe noch *nie* einen anderen Wiener getroffen,
der am Würschtelstand *tatsächlich* ein 16er Blech und ‚a Eitrige
mit an Buggl' bestellt hat. Das ist meiner Meinung nach sehr,
sehr selten und genauso Teil dieses romantischen Wien-Bilds,
in das noch der Tod, Hofratswitwen etc. hineingehören, obwohl
sie allesamt nicht mehr dem aktuellen Wien entsprechen. Am
Stand bei der Volksoper hat einmal ein Herr ‚A Eitrige mit an

Buggl und a 16er Blech' bestellt. Der Verkäufer hat gesagt: ‚Sie san net aus Wien, gell?', worauf der Herr geantwortet hat: ‚Na, aus St. Pölten, aber woher wissens des?'. Antwort: ‚Weil des sogt ka Wiener!'"

Leserin ulkike stößt ins selbe Horn: „An meinem Würstelstand ist das so: Würstelverkäufer schiebt das Kinn vor und funkelt mich durch ruckartiges Hochziehen der Augenbrauen forschend an. Ich will ein Paar Würstel, worauf er zu sprechen beginnt: ‚Frankfurter oder Debreziner? Senf oder Kren? Süß oder scharf? Semmel oder Brot?' Er knallt den Pappteller auf die Theke, er knurrt eine Zahl mit Kommastelle, ich zücke die Geldbörse, und vor etwa vier Jahren hat er noch gesagt: ‚Hams es ned klaaner?' Was anderes hab ich von ihm noch *nie* (!) gehört."

Energieverbrauchseinsparmöglichkeiten
Eine lange grüne Wortschlange

Er hätte auch von den Möglichkeiten sprechen können, den Verbrauch von Energie (oder überhaupt nur: Energie) einzusparen, aber er hat „Energieverbrauchseinsparmöglichkeiten" gesagt. Dieses längliche Kompositum stammt vom Parteichef der Grünen, Alexander Van der Bellen, der damit einmal mehr bravourös bewiesen hat, daß sich im Deutschen, wenn man es denn darauf anlegt, ellenlange Wortschlangen bilden lassen, um die uns alle Engländer und Franzosen insgeheim beneiden – oder über die sie beim Erlernen des Deutschen klagen. Mark Twain hat in seinem köstlichen Büchlein *The Awful German Language* darüber eine längere Passage geschrieben: „Einige deutsche Wörter sind so lang, daß sie eine Perspektive aufweisen (...) Diese Dinger sind keine Wörter, sie sind Buchstabenprozessionen (...) ihr Erfinder hätte umgebracht werden müssen."

An den Donaudampfschiffahrtsgesellschaftskapitän, der im Volksglauben mit seinen 41 Buchstaben (in unreformierter Schreibung) immer noch als das längste deutsche Wortmonster gilt (zu Unrecht: Länger als lang geht im Deutschen immer), reichen die Energieverbrauchseinsparmöglichkeiten (37) zwar nicht ganz heran. Die Sache sähe freilich gleich ganz an-

ders aus, wenn man an Möglichkeiten denkt, Solarenergie einzusparen und sich also über Solarenergieverbrauchseinspar-
möglichkeiten (42!) Gedanken machte, und erst recht, wenn
man dem D'kapitän (→B'hofen) seine Witwe anhängte (mit
Fugen-s 47!).

Eng
Willkommen am Point of No Return

Fragen Sie nur einmal die Bawag oder den ÖGB: Die werden
Ihnen schriftlich bestätigen, daß sich die Dinge manchmal in
eine Richtung entwickeln, die man weder erwartet und schon
gar nicht erhofft hatte. Am Horizont ballen sich schwarze Wolken, Regengüsse prasseln hernieder, die Wege versinken im
Dreck, Perspektiven verschwinden.
Wie bringt man sprachlich zum Ausdruck, das sich eine solche
Entwicklung abzeichnet oder sogar schon eingetreten ist? Nun,
eine Möglichkeit besteht darin, festzustellen, daß es „eng" wird.
„Jetzt wird's eng für den BND und die politisch Verantwortli-
chen" schrieb die *Tageszeitung* im vergangenen Dezember, und
im *Standard* war unlängst zu lesen: „Beim Familiennachzug für
Einwanderer wird es in Wien heuer eng." Andi Goldberger soll
das „Eng"-Sprüchlein besonders häufig verwendet haben.
Leider kann Ihnen Ihr ratloser Chronist nicht erklären, woher
diese beklemmende Redewendung kommt – vielleicht aus dem
Höhlenforschermilieu, in dem es ja im wahrsten Sinn des Wortes häufig eng wird, wenn die Stalaktiten herunter- und die
Stalagmiten hinaufwachsen.

Enteiern
Ein Anschlag aufs Testosteron

Sie kennen das ja: Man surft im Web so vor sich hin, und nichts
zu suchen ist der Sinn, doch plötzlich stößt man auf ein Wort,
das die Aufmerksamkeit gefangennimmt und die linguistischen
Assoziationsketten rasseln läßt. Mir ist das unlängst mit dem

Wort „enteiern" so gegangen, welches ich bei einem Krimiblog der *Süddeutschen Zeitung* erstmals unter die Augen bekam und gleich auch, weil mir unbekannt, fälschlich als „Enteneier" las. Tatsächlich ist „enteiern" aber ein volkstümlich-derbes Synonym für das Wort „entmannen" – wobei die Vorsilbe ent- hier wie auch sonst häufig im Sinne von „wegnehmen", „entfernen" verwendet wird (entmotten, entstauben, entlausen usf.). Zwei Belegstellen bei Google lassen vermuten, daß das Wort besonders von richtigen Testosteronlackeln gerne gebraucht wird: „,Wir lassen uns nicht enteiern', beschrieb ein Mitarbeiter von Joschka Fischer die Gemütslage seines Chefs." „Michael Graeter (54), seit acht Jahren ‚Bunte'-Kolumnist, wollte sich nicht ins Handwerk pfuschen, oder – wie er sagt – ‚enteiern' lassen." Enteiern kann man ferner ein eierndes Rad oder eine eiernde Achse beim Auto, und schließlich habe ich im Internet auch noch die Meldung gefunden, daß der Osterhase enteiert worden sei. Im Interesse eines gedeihlichen Osterfestes wollen wir doch hoffen, daß dies eine Falschmeldung ist.

Entwackeln
Eine perfekt gefüllte Lücke

Aus zwei voneinander unabhängigen Quellen erfahre ich, daß ein Korbflechter auf der Freyung, einem Platz im ersten Wiener Gemeindebezirk, auf einem Stück Pappkarton einen besonderen Service anbietet: „Wir entwackeln Ihren Stuhl". Das Wort „entwackeln" gibt es dabei eigentlich gar nicht: Im achtbändigen *Großen Duden* klafft zwischen „entwachsen" und „entwaffnen" eine Lücke, und auch das vermaledeite Word-Rechtschreibprogramm zeichnet mir jedes Mal eine häßliche rote Korrekturlinie in diesen Text, sobald ich „entwackeln" schreibe.

Wohl aber gibt es im Internet ein paar hundert Belegstellen zum „Entwackeln": Das Wort wird als Gegensatzbegriff zum „Verwackeln" beim Fotografieren verwendet, etwa für Software, die verspricht, verwackelte Bilder in einen gebrauchsfähigen Zustand umzuwandeln. Wenn Sie mich fragen: Ich finde das von unseren Lexikographen so stiefmütterlich behandelte „Entwakkeln" eine prima Wortschöpfung, auch dann, wenn sie sich auf einen Reparaturservice für wacklige Stühle bezieht. Wenn man die Dienstleistung des Entwackelns mit anderen Worten anpreisen wollte, würde es sofort schrecklich umstandskrämerisch: „Wir prüfen die Verbindungen, zerlegen den Stuhl in seine Einzelteile, säubern oder erneuern die Verbindungen und verleimen den Stuhl wieder." Auf der Freyung ist eine sprachliche Lücke erspürt und elegant geschlossen worden. Perfekt. Wenn doch alles im Leben so einfach wäre. (Dank an Ch. & A. Z. sowie an A. aus der *Standard*-Redaktion für den Tip.) PS: Die Entwackel-Definition wurde der Website www.mannestischlerei.de entnommen, auf der man auch das hübsche Substantiv „Stuhlentwacklung" findet.

Erdrutschsieg
Gut abgehangene Politmetaphorik

Ein nicht mehr ganz taufrischer Klassiker abendländischer Politmetaphorik, der naturgemäß in Nachwahlzeiten häufig verwendet wird. Dabei ist ja der Inhalt des Begriffs eigentlich widersinnig, denn beim Erdrutsch geht's nach unten, und das meist kräftig: eine Erdrutschniederlage – vernichtende Niederlage – ja, aber ein Erdrutschsieg – ein vernichtender Sieg? Trotzdem taucht der Erdrutschsieg in Google über 33.000mal auf, die Niederlage ganze 295mal: Sage da noch einer, Sprache habe was mit Logik zu tun!

Zu anderen gut abgehangenen Ausdrücken wie „Patt", „Tauziehen" „Poker", „Rätselraten" oder „Scheideweg" paßt der Erdrutschsieg freilich. In Deutschland war 2005 die Nachwahlformel vom „Scheideweg" derart inflationär in Gebrauch, daß sich die *taz* dazu entschloß, einen „Scheidewegpreis" auszuloben, der dann aber nicht vergeben wurde, weil sich niemand bereit fand, ihn entgegenzunehmen. Bleibt zu hoffen, daß in dieser dichtbepackten Metaphernlandschaft nicht auch noch ein Erdrutschsieg auf den Scheideweg niedergeht.

Ernährungstechnisch
Eine weitverbreitete Wortkonstruktion

„Erst nach dem Essen regte sich in mir der Gedanke, ob Chilinudeln ernährungstechnisch die ideale Alternative zu indischem Essen sind", überlegt der Erzähler Thomas Glavinic in Thomas Glavinic' neuem Roman *Das bin doch ich.* In diesem Satz fällt sogleich das schöne Wort „ernährungstechnisch" auf, welches im gegenwärtigen Alltagsdiskurs keineswegs allein dasteht, sondern viele, viele Geschwister hat: „vermehrungstechnisch" etwa („Ich bin noch im vermehrungstechnisch optimalen Alter", ein wie die folgenden Beispiele aus dem Internet gefischter Satz), aber auch „kopulationstechnisch" („Wenn es kopulationstechnisch soweit sei, müßten die Sender aus Jugendschutzgründen ausblenden"), „trinktechnisch" („Bitte fragt jetzt nicht, wie das trinktechnisch in der Zeit von 14:00 bis 18:00 aussieht"), sauftechnisch („Er hat sauftechnisch die Sau rausgelassen") usw. usf. Auch die p. t. Leser wußten etliche Beispiele von technischem Vokabular beizusteuern: „formulierungstechnisch" etwa, „dialogtechnisch", „netztechnisch", und „erwiderungstechnisch". Ebenso aussagekräftig wie „–technisch" ist auch das Anhängsel „–mäßig", das „–technisch" als massenhaft verbreitetes Sprachphänomen chronologisch vorangegangen ist.

Leserin Raupe Rosenblatt erinnert in diesem Zusammenhang an „den besten Aufrißspruch ever", entnommen Franz Novotnys Film *Exit – Nur keine Panik* (1980): „Grüß Gott, die Damen, (...) kann man sich bei euch vaginamäßig ein bisserl wichtig machen?" Im Jahr 2008 wäre „vaginatechnisch" die wahrscheinlichere Variante.

Es geht nicht um ...
Götz im Politjargon

„Es geht nicht um ..." ist eine klassische Politikerfloskel zur Abwehr unangenehmer Interviewpartner. Sollte ausschließlich als Euphemismus für die in Wahrheit zugrunde liegende

Botschaft verstanden werden: „Mit dieser Frage können Sie mich am Arsch lecken."

Essi
Ein kindlicher Vokal

Es hat 35 Krügel im Schatten (mindestens!), der Chronist liegt mit geschlossenen Augen und gut eingecremter Haut auf seiner Bastmatte am Badeteich in Würnitz im Kreutal (NÖ) und genießt die Sonne und den Sommer. Lange gibt er sich einer wohligen Sommersonnentrance hin, die erst unterbrochen wird, als sich mit einemmal aus dem Hintergrundgemurmel die laute Stimme eines Mannes schält: „Willst was essi, Jaqueline?" Längere Pause. Jacqueline antwortet nicht.
Neugierig geworden, blinzelt der Chronist unter seinem weißen Strohhut hervor in die Richtung, aus der die Stimme gekommen ist. Eine Familienszene. Die Mutter liegt, das Gesicht nach unten gekehrt, schlafend auf einer Badedecke. Jacqueline, vielleicht zwei, zweieinhalb Jahre alt, sitzt, von der Hitze niedergedrückt, neben ihr und rührt sich nicht. Der Mann, offenkundig Jacquelines Vater – er hat eine schmucke Tätowierung (Herz mit Schwert) auf der linken Schulter –, läßt sich durch Jacquelines Schweigen nicht entmutigen und fährt mit einem konkreten Nahrungsangebot auf: „Willst vielleicht ein Wursti?" Jacqueline antwortet nicht, was darauf schließen läßt, Wursti will sie keines. „Oder ein Butterbroti?" Jacqueline schüttelt den Kopf. Also das Butterbroti auch nicht. Der Vater resigniert nur kurz. „Na gut. Heute abend gibt's dann eh ein Schnitzi."
Der Chronist schließt die Augen, stülpt sich den Strohhut übers Gesicht und denkt in der brütenden Julihitze scharf, aber erfolglos darüber nach, warum Kinder in Österreich kein Brot, keine Wurst und kein Schnitzel essen, sondern Butterbroti, Wursti und Schnitzi essi müssen. Würde das Kind zu Tode erschrecken, wenn man ihm ein Brot anböte, eine Wurst, ein Schnitzel gar? Und woher kommt die Überzeugung, daß es kein besseres Mittel zur kindgerechten Aufbereitung eines Sachverhaltes gibt als das, an die meisten Wörter, mit denen man ihn mitteilt, den

Vokal „i" anzuhängen? Anders gefragt: Was ist das Kindliche am Vokal „i"? Ein altes sprachliches Mysterium harrt noch immer seiner Lösung.

Et schmettera
Konversation, aber bitte mit Humor

Mehr als einmal habe ich in diesem Wörterbuch gezeigt, daß der Österreicher von einem unbändigen Hang zur humoristischen Ausdrucksweise beseelt ist. Betritt er einen Raum, in dem mehrere Personen anwesend sind, so spricht er sie mit →„Freunde der Berge" an. Ist von einem Intellektuellen die Rede, dann sagt er →„Intellektüller". Verabschiedet er sich von seinen Arbeitskollegen, dann tut er das gern mit den Worten →„Sog ma, es woa nix". Neu war mir allerdings das, was eine Bekannte unlängst an das Ende einer längeren Aufzählung gesetzt hat: nämlich die Formel „et cetera et schmettera", welche das banale „et cetera et cetera" auf das amüsanteste modifiziert.

Schade, daß ich diesen Partyknüller nicht schon früher kannte – aber ich nehme ihn unverzüglich in mein Konversationsrepertoire auf. Die p. t. Leser haben auf die Frage nach ähnlichen Schenkelklopfern reiche Ernte in ihren Scherzkisten gehalten: „Meine Vermehrung!", „Nicht schlecht, Herr Specht!", „Griaß eich, Schweinsbeich" (Grußformel), „Do sama mit die Christbama" (Formel, mit der sich – vor allem ungebetene – Gäste humorvoll einfinden), „an und Pfirsich" (als erheiternde Variante von „an und für sich"), „Freut mich sehr – Preiselbeer" sowie „Freut mich auch – Gartenschlauch".

Etwas andere Art
Peinlich im Trend

Für viele Leser hat dieses Wörterbuch die Funktion eines Kummerkastens, bei der sie ihre Beschwerden über peinliche Phrasen, penetrante Formulierungen und ähnliche sprachliche

Quälgeister loswerden können. Herr G. S. zum Beispiel (er spricht davon, daß er meine Inbox als „Blitzableiter" verwende) stößt sich an dem – seinem Empfinden nach wieder stärker werdenden – Trend, Ereignisse oder Produkte als solche der „etwas anderen" Art zu bezeichnen. „Abgesehen davon, daß man damit mit dem Holzhammer versucht, ein Alleinstellungsmerkmal vorzugaukeln, das meist gar nicht vorhanden ist, erinnert es mich auch noch allzu sehr an die erste Kampagne dieser Art, als nämlich McDonald's sich als das ‚etwas andere' Restaurant auf Kundenfang begab!"

Möglicherweise ist Herr G. S. nicht der einzige, bei dem das „etwas andere" sogleich Assoziationen an den →Schachtelwirt hervorruft – was allerdings die Menschen nicht daran hindert, weiter üppig von dieser Phrase Gebrauch zu machen: Ein kurzer Blick in Google wird den p. t. Leser sogleich darüber informieren, daß es auf der Welt von etwas anderen Gartenkalendern, etwas anderen Suchmaschinen, etwas anderen Hundeshops, etwas anderen Kondomgrüßen und etwas anderen Gourmet-Portalen nur so wimmelt. Eigentlich viel Lärm um nichts, denn „etwas" heißt ja nichts anderes als „ein wenig". Wir haben es also mit einem lauen Lüftchen zu tun, das sich zum Orkan aufplustert.

Die Eu
Wenn man von der EU spricht

Wenn man von der EU spricht, dann sagt man zuerst E und dann U. Von einem Gewährsmann habe ich allerdings erfahren, daß es in manchen österreichischen Landstrichen und Bevölkerungskreisen durchaus üblich sei, die „EU" anders auszusprechen, nämlich genau so wie den Zwielaut am Wortanfang von Eukalyptus, Eulenspiegel, Eumel, Euphrat oder Euter, als Eu also (zur besseren Unterscheidung von der herkömmlich ausgesprochenen E – U würde es sich womöglich empfehlen, diese EU durchgängig als „Eu" zu schreiben).

Was die tiefere Ursache dieser Ausspracheeigenheit sein könnte? Schwer zu sagen. Vielleicht hat sich der schulische Merksatz „Man spricht, wie man schreibt" zu tief ins Gehirn des Sprechers eingefressen. Vielleicht ist es hintergründige humoristische Verballhornung, vielleicht ahnungslose Zuschaustellung abgrundtiefer Ignoranz – wer weiß das schon? Aber wie auch immer: Die Vorstellung, daß in irgendeiner entlegenen österreichischen Gegend auf diese Art von der EU gesprochen wird, hat doch etwas Erheiterndes: „Hoscht scho gheat – mia san Präsident von da Eu."

Eugen
Ein Knabe als Interjektion

Bei dem Eugen, um den es hier geht, handelt sich nicht um einen Knaben oder Herren dieses Namens, sondern um eine von Wiener Jugendlichen gern gebrauchte Interjektion, die Mißmut, Indignation und Überdruß zum Ausdruck bringen soll: „Eu-gen – unser Matheprofessor ist schon wieder urdeppert." Das Wort wird mit gleich starker Betonung auf beiden Silben ausgesprochen, der Grad des Mißbehagens steht in direkt proportionalem Verhältnis zur Dehnung der Vokale („Eu-gen" für kleinen Mißmut, „Euuuu-geeeen" für ziemlich großen). Eugen wird als Synonym für „Oida" gesehen, wobei sich B. und I., die jugendlichen Gewährsleute Ihres Chronisten, einig waren, daß „Eugen" (Oigen?) der weniger ordinäre, weniger „prollige" Ausdruck ist. Er verhält sich also zu „Oida" wie „Leck mich am Ärmel", →„Sack Zement" oder „Scheibe" zu einigen vulgäreren Begriffen und Redewendungen. Falls Sie nächstens jemanden neben sich Eugen sagen hören, wissen Sie also, daß Sie es mit einem höflichen jungen Menschen zu tun haben.

Eulen
Ein tierischer Ausdruck für den Knödel

Diesen Ausdruck habe ich am Mittwoch, dem 7. 12. 2005, um 14 Uhr 15 von meinem Freund Thomas zum ersten Mal gehört, als wir im Restaurant Umar am Naschmarkt Calamares mit Rosmarinkartoffeln aßen und über Schreib- und Lektüreerlebnis-

se sprachen: „Das Buch kostet 29 Eulen." – „Wie bitte? Eulen?"
– „Ja, das sagen jetzt die Leute statt Euro." Ich: „Nie gehört."
Er: „Schon einige Male."
Wo aber kommen die Euro-Eulen her? War es die lautliche Nähe
von Geld- und Tiernamen, die den Erfinder inspiriert hat? Die
griechische Eule auf der Rückseite der Ein-Euro-Münze? Oder
ein chinesischer Tourist, der mit einem „Eulo" bezahlt hat? Wie
auch immer: Ich behaupte, daß dieses Wort Zukunftspotential
hat, darauf würde ich fünfzig Eulen wetten. Eulen sind nette Tiere, und es lassen sich viele herzige neue Sätze mit ihnen
drechseln: „Laß mir ein paar Eulen →rüberwachsen", „Für ein
paar Eulen mehr" usf.
Alternativvorschläge für „Eulen", die aus dem Kreis der p. t.
Leser beigetragen wurden: Euretten, Euronen, Euresen, Eumel
und Eier.

Fader Furzer
Blähungen bei den Beatles

Es wird Zeit, daß wir uns erneut dem Thema „Wie übersetzt man
Vulgäres aus dem Englischen?" zuwenden (→Deinen Arsch).
Roman Schliesser, der ehemalige Prominentenbeobachter der
Kronenzeitung, berichtet von der „Beatle-Scheidung": Heather
McCartney kann nicht mehr mit Paul, und Schliesser weiß auch
warum. „Paul ist so ein Langweiler", habe Heather einer Freundin geklagt, „der geht höchstens einmal ins Pub im Dorf mit
seinen Freunden. Er hat keine wirklichen Freunde, scheut Ge-
sellschaft. Er ist ein Geizhals, der kein Geld für Charities ausläßt.
Er ist, mit einem Wort, ein fader ‚Furzer' ..."
Fader Furzer? Ich nehme an, daß Frau McCartney im O-Ton den
Ausdruck „a boring old fart" verwendet hat, um den Charakter
des Gemahls zu beschreiben. Der „boring old fart" (auch BOF)
ist eine vor allem in Musikerkreisen geläufige Bezeichnung und
wird für Bands oder Sänger verwendet, denen der Draht zum
Zeitgeist verlorengegangen ist.
Wenn man den BOF allerdings im Deutschen mit „fader Fur-
zer" wiedergibt, also das Produkt („Fart") kurzerhand mit dem

Produzenten desselben gleichsetzt, dann ist das doch zuviel der übersetzerischen Freiheit. Das wäre gerade so, als würde man den Bäcker mit der Semmel oder den Fleischhauer mit dem Leberkäse identifizieren. Außerdem ist der „fade Furzer" keineswegs eine geläufige Redewendung. Herr Schliesser scheint auch durchaus selbst bemerkt zu haben, daß da etwas nicht stimmen kann, weshalb er den Furzer vorsorglich mit Anführungszeichen versehen hat. Besser wäre es gewesen, er hätte sich um ein passenderes deutsches Äquivalent bemüht. Ein Blick in Dornseiffs *Deutschen Wortschatz nach Sachgruppen* (Stichwort „Langeweile") hätte sich gelohnt: „Banause, Biedermeier, Bildungsphilister, Böotier, Fadian, Krämerseele, Langweiler, Leimsieder, Nachtwächter, Ölgötze, Philister, Schneiderseele, Umstandskasten, Umstandskommissar, Umstandskrämer, Schlafmütze, Schwätzer, Spießer, personifizierte Prosa, langweiliger Piter (rhein.), langweiliger, lederner Mensch."

Faule-Sau-Krankheit
Diagnose vom Schock-Doc

Zitat aus dem *Wellness-Magazin* (Ausgabe 06/08), wo unter dem Titel „Keine Chance den ‚Faule-Sau'-Krankheiten" dieses steht: „Der renommierte Sportwissenschafter und Humanmediziner Dr. Jürgen Weineck beschäftigt sich seit Jahren mit dem Thema Krafttraining. Der Münchner nimmt sich kein Blatt vor den Mund: ‚Alt werden wir alle, aber über den Zustand des Körpers im Alter entscheiden wir selbst. (...) Altersdiabetes nenne ich ›Faule-Sau‹-Diabetes, denn das ist die Konsequenz eines falschen Lebensstils, der aus zu wenig Bewegung und falscher Ernährung besteht.'"
Medizinisch gesehen mag diese Diagnose zutreffen. Ob ein Schock-Doc wie Dr. Weineck allerdings für jeden Patienten geeignet ist, steht auf einem anderen Blatt.

Faust aufs Auge
Eine doppeldeutige Redewendung

Aus dem Parlament erreicht mich eine Mail der Frau Abgeordneten M., welche die Leser auf eine interessante Sprachunsi-
cherheit hinweist: „Was bedeutet eigentlich ‚Das paßt wie die
Faust aufs Auge'? Ich persönlich war immer der Meinung, diese
Redewendung bedeute, daß etwas absolut nicht zusammen-
paßt, weil doch eine Faust wirklich nicht auf ein Auge gehört.
Nun mußte ich aber erfahren, daß für andere Menschen die Redewendung genau das Gegenteil bedeutet: Die Form einer Faust
passe genau in die Vertiefung des Auges. Sie meinen, daß ‚wie
die Faust aufs Auge' bedeute, daß etwas sehr gut zusammen-
paßt. Ich mache mir ernstliche Sorgen, welche Folgen diese ge-
genteilige Interpretation bei der Partnervermittlung hat. Vielleicht hat sie auch schon Generationen überdauernde Fehden
verursacht, ganz zu schweigen von einem Gespräch zwischen
zwei Nuklearforschern: Wenn der eine meint, ein bestimm-
tes Brennelement passe für einen bestimmten Reaktor ‚wie die
Faust aufs Auge', kann das zu einem Supergau führen!"
Der merkwürdige Doppelsinn dieser Redewendung ist sowohl
Ihrem Chronisten als auch dem *Duden* bekannt, der sie als „umgangsprachlich" bezeichnet und meint, daß sie „überhaupt
nicht passen" ebenso bedeuten kann wie „genau passen". Ich
kann es nicht belegen, vermute aber stark, daß die ursprüngliche Bedeutung das Nichtpassen war, welche dann aggressiv
in ihr Gegenteil umgedeutet wurde. Im Sinne von „Nichtpassen"
kommt die Redewendung bereits bei Luther vor: „Es reimt, wie
ein Faust auf ein Auge" (2. Moses). Bei Abraham a Santa Clara
heißt es: „Ein guter Soldat muß sich reimen wie die Faust auff
ein Aug." In Lutz Röhrichs *Großem Wörterbuch der sprichwörtlichen Redensarten*, dem diese beiden Zitate entnommen sind,
findet sich auch noch das hübsche finnische Idiom „Das paßt
wie der Sattel auf das Schwein".
Ein Hauch von Doppeldeutigkeit schwingt auch in der Formulierung, etwas passe „wie der Arsch auf den Nachttopf": Das meint
aber wohl eher „gut passen" – es sei denn, der Körperteil ist
unmäßig voluminös.

Femme Kristall
Sprachspiele vom Feinsten

„Femme Kristall" wird Fiona Swarovski von *News* und *Bild*-Zeitung genannt. Sie sollte sich nicht wundern. Wenn die Erbin eines Kristallimperiums, wie im Frühjahr 2005 geschehen, ausgerechnet auf einem Pariser Flughafen ihren Schlecker in Karl-Heinz Grasser (damals noch österreichischer Finanzminister) steckt, dann ist dies ein Event, das naturgemäß die Top-Sprachspieler der Nation zur Hochform auflaufen läßt: Femme Kristall! Merde alors! Cherchez la Swarovski!
Notabene: Einen französischen Wortwitz hat sich *News* aber entgehen lassen, nämlich den mit dem „Pfuinanzminister". So wird nämlich üblicherweise jener „Ministre des Phynances" ins Deutsche übersetzt, der in *Ubu Roi* von Alfred Jarry eine gewisse Rolle spielt. Möglicherweise ließe sich das Wortspiel im Zusammenhang mit KHG und seinem Liebesmelodram noch nachträglich produktiv machen. Für den Fall des Falles: Tantiemen bitte auf das Konto von *Winders Wörterbuch* überweisen.

Festsau
Ein Tier, das nichts anbrennen läßt

In einem hübschen neuen USA-Buch *(Amerika all inclusive)*, das meine Kollegin Eva Male publiziert hat, bin ich auf den doppelsinnigen Ausdruck des „Party animal" gestoßen. Damit sind die Symboltiere der großen amerikanischen Parteien gemeint, der Elefant, der für die Republikaner steht, und der Esel, der die Demokraten repräsentiert. Aber ein „Party animal" ist auch ein Mensch, der nichts anbrennen läßt und die Feste feiert, wie sie fallen. Male schlägt als deutsche Entsprechung für dieses Wesen den „Partytiger" vor, aber auch die „Festsau". Das ist ein Ausdruck, der Ihren Chronisten überrascht hat. Denn während ihm die „Drecksau" als Ausdruck für eine charakterlich oder hygienisch minderbemittelte Person bekannt war, ist ihm eine „Festsau" bis dato noch nicht untergekommen. Kann man die Fest-

sau herauslassen? Und gibt es womöglich noch andere süffige
Ausdrücke für Leute, die dem Charakterbild des „Party animal"
entsprechen?

Festtagsbaum
Du grünst nicht nur zur Weihnachtszeit

Politische Korrektheit schön und gut, aber man kann es auch
übertreiben. Nicht nur in Österreich, auch in den USA folgt
man dem Brauch, zur Weihnachtszeit Christbäume an öffentlichen Plätzen aufzustellen, so zum Beispiel vor dem Kapi-
tol in Washington. Im letzten Jahr hatten sich die Volksvertre-
ter allerdings dazu entschlossen, den betreffenden Christbaum
kurzerhand in einen „Festtagsbaum" umzutaufen, nur um ja
keine Sensibilitäten von Angehörigen anderer Glaubensgemein-
schaften zu verletzen.
Nun ist Ihr Chronist zwar ein überzeugter Befürworter eines
laizistischen Staatswesens, doch das scheint mir denn doch zuviel der Zimperlichkeit (Treffen sich zwei Buddhisten vor dem Ka-
pitol, sagt der eine zum anderen: „Ein Christbaum, wie schok-
kierend!"). Ich habe jedenfalls mit Genugtuung gelesen, daß sich
offenbar auch die Damen und Herren Abgeordneten zu dieser
Ansicht durchgerungen und den „Festtagsbaum" heuer wieder
auf Christbaum respektive „X-mas tree" zurückgetauft haben.

Fettlebe
Annehmlichkeiten in den höheren Ständen

Aus den Spalten der *Zeit* lachte dem Leser unlängst das Wort
„Fettlebe" entgegen, und zwar in einem Artikel, in dem von
der luxuriösen Lebensführung mancher Regierungsmitglieder
im südafrikanischen Pretoria berichtet wurde. Daß dem Chronisten persönlich die Fettlebe unbekannt war, führt er darauf
zurück, daß dieses Wort laut *Duden* „landschaftlich" verwendet wird, offenkundig aber in Landschaften, in denen er wenig
zu tun hatte. „Fettlebe" bedeutet „üppiges Leben, Wohlleben",

und ich erlaube mir hier den kleinen Kalauer, daß die Fettlebe oft nicht nur sprachlich um Haaresbreite von der Fettleber entfernt sein dürfte.

Bemerkenswert an der Fettlebe ist ferner, daß das Wohlleben mit fettem Essen gleichgesetzt wird – in Wahrheit dürften sich die oberen Zehntausend heutzutage weit weniger fett ernähren als die armen Leut. Im Englischen/Amerikanischen heißt es von einem (Politiker), der ordentlich absahnt, „he rides the gravy train" („er fährt mit dem Soßenzug"), während im Französischen durch Korruption erworbene Begünstigungen und Schmiergelder „pots-de-vin" sind, also „Weintöpfe". So hat eben jede Nation ihre eigene Vorstellungen davon, was das Annehmliche im Leben der höheren Stände sein soll.

Fettverschiebung
Lipide auf der Wanderschaft

Willkommen in der wunderbaren Welt der Schönheitschirurgie! In der *Neuen Post* lese ich, daß „Tiger" Tom Jones bereits mehrere Liftings hinter sich habe und von seinem Schönheitschirurgen vor einer neuen Operation gewarnt worden sei: „Wenn Du das noch einmal machst, springen Dir die Augäpfel aus den Höhlen." Jetzt, so die *Post*, probiere es der Tiger vorerst mit Faltencreme.

Das erinnert mich an einen alten Witz, den ich der p. t. Leserschaft unter diesem Stichwort als Bonus erzähle: Kommt eine ältere, mehrfach geliftete Dame zum Schönheitschirurgen und bittet um ein weiteres Lifting. Sagt der Schönheitschirurg: „Gnädige Frau, wenn Sie sich noch einmal liften lassen, haben Sie einen Spitzbart."

Daß Schönheitschirurgen Fettabsaugungen offerieren, war Ihrem Chronisten bewußt, nicht aber, daß wir diesem edlen medizinischen Zweig auch eine Operationstechnik verdanken, die mit dem herrlichen Kompositum „Fettverschiebung" bezeichnet wird. Und doch existiert diese: In der *Woman* erläutert die Dermatologin Haijnal Kiprov, daß es „hartnäckige Fettdepots" gebe, welche „weder durch Diät noch Sport verschwinden.

Ich helfe gerne dabei, solche Problemstellen durch Absaugen und Fettverschiebung zu modellieren". Typischer Wunsch beim Schönheitschirurgen: „Verschieben Sie mir doch 20 Deka Fett vom Bauch nach oben – meine Wangen sind zu hager."

Final
Ein letztes Wort verbreitet sich

Was auffällt: Das Eigenschaftswort „der (die, das) letzte" wird in letzter Zeit immer mehr durch das Wort „final" ersetzt (vor allem, aber nicht nur in der Zeitschrift *News*), so daß wir heute eher schon vom finalen Abendmahl sprechen sollten als vom letzten, vom finalen Dreck eher als dem letzten Dreck, dem finalen Mohikaner eher als dem letzten Mohikaner. Teilen die Leser diesen Eindruck einer recht penetranten Final-Epidemie?
PS: Die Leser teilten ihn und fühlten sich zu einigen weiteren kreativen Final-Bildungen ermuntert: „Finale gut – alles gut", „Das dicke Finale kommt noch", „Wer final lacht, lacht am besten", „‚Wie geht's?' – ‚Finales Mal ist es noch gegangen'", die „finale Ruhestätte" sowie die „Femme finale".

Frankreichs Sarkozy
Prototyp einer schnellen Informationswatschen

Warum verwenden Journalisten Formeln wie „Frankreichs Sarkozy" oder „Italiens Berlusconi"? Weil sie Platz sparen wollen. „Deutschlands Schröder" hat nicht einmal halb so viele Zeichen wie „der deutsche Ex-Bundeskanzler Gerhard Schröder", „Rußlands Putin" ist um Häuser kürzer als „der russische Ministerpräsident Wladimir Putin". Nachteil der Einsparung von Vornamen und Funktionsbezeichnung: klingt klobig und rotzig zugleich. Erzeugt bei sensiblen Lesern das Gefühl, sie bekämen eine schnelle Informationswatschen übers Ohr gezogen. Wendungen dieses Typs – nach dem sprachlichen Modell „Nachbars Struppi", „Müllers Esel" – haben zudem etwas un-

angemessen Besitzergreifendes an sich, als sei eine Persönlichkeit das Eigentum eines Landes.
Besonders problematische Einzelfälle: „Amerikas Bush" klingt
obszön, „Chinas Hu" zum Fürchten und „Wiens Häupl" nach einem Gemüse.

Frei
Was der Kunde nicht mitbekommt

Beim Greißler und im Supermarkt greift eine, mit Verlaub,
trottelhafte Mode um sich, nämlich die, mit Hilfe diverser Zusammensetzungen mit dem Adjektiv „frei" anzuprei-
sen, was in Lebensmitteln nicht drin ist. Daß sich an Zöliakie
Leidende über glutenfreie Produkte informieren wollen, leuch-
tet noch ein; daß pflanzliche Öle mit dem Vermerk „choleste-
rinfrei" versehen werden, schon weniger. Ein nur im Tierreich
vorkommendes Lipid ist per definitionem nicht in Rapssamen
oder Erdnußkernen enthalten, so daß der Hinweis auf 100 Prozent cholesterinfreie Erdnuß- oder Rapsöle ebenso sinnvoll
ist wie auf kernlose Erdbeeren oder erdölfreie Limonade. Die
amerikanische Lake Superior State University, die alljährlich
eine Referenzliste von „mißbrauchten, zuviel gebrauchten und
komplett sinnlosen Wörtern" herausgibt, berichtet, daß in den
USA Lebensmittel inzwischen schon damit beworben werden,
daß sie zu mehr als „97 % fat free" seien. Wenn sich das bei
uns herumspricht, werden wir es auch bald mit Fastenjoghurts
zu tun bekommen, die zu 99,9 Prozent fettfrei sind. Wetten
daß?

Fremdschämen
Neulich beim Fernsehen

Frau K. D. schreibt mir: „Bei der Lektüre diverser nutzloser Zeitschriften in der letzten Woche zweimal auf das mir neue Verb
‚fremdschämen' (jemand anderer handelt oder spricht in mir
peinlicher Weise) gestoßen, gestern gebrauchte es schon eine

Freundin! Wie lange dauert's, bis jeder es mindestens einmal pro Tag verwendet?"

Winders Wörterbuch meint: wohl nicht mehr lange, vor allem, weil uns das Fernsehen Tag für Tag Myriaden von Anlässen zum Fremdschämen gibt (schon einmal *Ich bin sexy* auf ATV gesehen?) Google listet im August 2008 sage und schreibe 96.000 Fremdschäm-Erwähnungen auf: „Schweres Fremdschämen befiel mich gestern, als sie ihr ‚Buch' vorstellte. Eine Art Sex-Ratgeber: ‚Baustelle Mann – Der ultimative Love-Guide'." „Aber den Tatort-Kommissar von gestern find ich blöd und so n bißchen Fremdschämen am Abend kann ja auch mal lustig sein." Auch die Nominalisierung zum „Fremdschämen" hat nicht lange auf sich warten lassen: Ein Fremdschämer ist, so vermute ich, wohl etwas Ähnliches wie ein Warmduscher oder Sitzpinkler: „Die Awardshow verspricht großartige Unterhaltung für passionierte Fremdschämer. Es moderieren Oliver Geissen und Yvonne Catterfeld."

Freunde der Berge
Heitere österreichische Anredegepflogenheiten

Die Zuschriften zum Stichwort →Oida Fux, das kürzlich in diesem Wörterbuch abgehandelt wurde, haben Ihren Chronisten in der Vermutung bestärkt, daß sich die Scherzanrede in unserem Land einiger Beliebtheit erfreuen muß. Der Österreicher empfindet offenkundig ein diebisches kommunikatives Vergnügen dabei, wenn er sein Gegenüber nicht mit dem Vornamen, sondern mit „oide Haut", „oider Schneebrunzer", „oids Heisl", „oide Heigeign" oder „oida Schwede" anspricht.
Ich bin in mich gegangen, um nach Exemplaren jenseits des „Oida"-Musters zu suchen und habe mich dabei an die Anrede „Freunde der Berge" (auch „Freunde der italienischen Oper") erinnert, welche an eine Gruppe gerichtet wird und etwa unter Arbeitskollegen Verwendung finden kann: „So, Freunde der Berge, jetzt miass ma ozahn." (Für deutsche Leser: „… jetzt heißt es das Arbeitstempo erhöhen", wörtl.: „anziehen").
Weitere Freund-Anredevarianten, die mir von der liebenswür-

digen Leserschaft zur Verfügung gestellt wurden, sind: „Freunde der Gummizwerge", „Freunde der Blasmusik" und „Freunde der seichten Unterhaltung".

Friedhofsblond
Was der Kopf so zu tragen hat

Der Volksmund kennt viele Wörter für das, was sich auf dem Kopf präsentiert: Je nach Beschaffenheit und Anordnung der Haare bzw. deren Abwesenheit spricht man vom Pony, dem Poposcheitel, der Hallelujazwiebel (für den Dutt), der Schmachtlocke, dem Wuschelkopf, der Hippiekapuze (für langes Männerhaar), der Platte oder der Kniescheibe, die durch die Frisur wächst: Dann kann man sich mit dem Schwamm frisieren. (Alle Belege aus Ernest Bornemans schönem, aber leider schon recht betagtem Wörterbuch *Sex im Volksmund*).
Hier bei *Winders Wörterbuch* sind in den vergangenen Wochen zwei haarige Mails eingegangen: Frau S. E. schreibt mir aus Salzburg: „Ich drehe momentan gerade ein Portrait über einen Obdachlosen und erfreue mich jedes Mal immens an seiner Ausdrucksweise. Gerade beim Lesen des Wörterbuchs dachte ich an seinen Ausdruck für ‚grauhaarig': friedhofsblond. Interessanterweise habe ich das plötzlich von überallher vernommen. Vielleicht paßt es ja ins Wörterbuch."
Herr R. K. wiederum berichtet von einem Weihnachtsessen im Kreise der Verwandtschaft, bei dem das Gespräch auf das Kranksein, das Altwerden und graue Haare kommt. „Da lehnt sich meine Cousine zu ihrem Bruder mit seinen kurzen, komplett schwarzen Haaren hinüber und sagt dann: ‚Ha! I siach schon a Sauborschtn.' Sie meinte, bei meinem – verzweifelt dreinsehenden – Cousin ein graues Haar (oder halt eben eine Sauborste) gesichtet zu haben."
Einen weiteren anschaulichen Begriff (für kreisrund ausfallendes Haar bzw. den dadurch freigewordenen Kopfhaut-Kreis) will ich den p. t. Lesern nicht vorenthalten: Dieses betrübliche Phänomen ist auch als „Wurstblatt" bekannt.

Frohes Schaffen!
Ein starker Abgang aus dem Büro

Ein klassischer Bürospruch, der den Kollegen, manchmal auch in den Redaktionsräumen des *Standard*, beim Abgang zugerufen wird. Der Witz dabei: Üblicherweise ist das Wort „schaffen" ja gloriosen künstlerischen Hervorbringungen vorbehalten (außer man ist Schwabe, Schweizer oder Vorarlberger, wo „schaffen" einfach „arbeiten" heißt). Geschaffen werden Symphonien (Beethoven! Neunte!), Romane (Thomas Mann! Der Zauberberg!) oder Gemälde (Michaelangelo! Das Jüngste Gericht!), nicht aber E-Mails, Excel-Dateien oder was der brave Angestellte an seinem Schreibtisch sonst noch so fabri- und produziert.
Durch die Verwendung der Formel „Frohes Schaffen!" im Bürokontext entsteht somit fast immer ein Moment ironischer Unstimmigkeit, welches einen großen Beitrag zur Erheiterung der gesamten Belegschaft leisten kann.

Frösche
Ein Fall von Unvollständigkeit

Unlängst gehört: „Der hat nicht alle Frösche im Teich" (zur Kennzeichnung einer Person, die der Sprecher für überspannt oder gar durchgeknallt hielt). Ich empfand das als eine charmante Variation des Sprüchleins von den Tassen im Schrank. Eine andere lautet: „Der hat nicht alle Saiten auf der Zither." Weitere charmante Mängel-Vermutungen, die mir von den p. t. Lesern mitgeteilt wurden: „Der hat nicht alle Latten im Zaun", „nicht alle Nadeln an der Tanne" und – deftiger – „nicht alle Eier in der Hose".

Funkloch
Häufiger als vor zwanzig Jahren

Manchmal wünsche ich mir ja, es gäbe ein kleines handliches Wortmeßgerät, das dem Volk aufs Maul schaut und mir am

Ende eines beliebigen Tages verrät, wie oft zum Beispiel heute in Österreich →Arschgeweih, →Russenluster oder →Zetteln gesagt wurde. Ein solches Gerät gibt es nicht und wird es nie geben, aber ich wette meinen nächsten Urlaubszuschuß darauf, daß das Wort „Funkloch" heute im zwischenmenschlichen Verkehr zehntausendmal so häufig gebraucht wird wie vor zwanzig Jahren.

Der Grund dafür ist sonnenklar: Damals gab es noch kein Handy, und die An- oder Abwesenheit von Funklöchern wurde allenfalls von Piloten, Funkern und ähnlich qualifiziertem Personal bemerkt. Heute, wo so gut wie jede und jeder mit einem Handy ausgestattet ist, wird natürlich auch das Funkloch wesentlich häufiger wahrgenommen und zum Thema gemacht. Mir wurde unlängst nach einer Fahrt auf der U-Bahnlinie U 4 bewußt, daß ich das Wort „Funkloch" in einem Zeitraum von zehn Minuten mindestens viermal verwendet hatte („Ich war in einem Funkloch", „Ich glaub', ich komm' in ein Funkloch", „Das war jetzt noch ein Funkloch", „Diese Scheiß-Funklöcher" etc.), während ich mir andererseits ziemlich sicher bin, daß mir das Wort „Funkloch" bis zu meinem dreißigsten Geburtstag höchstens drei- bis fünfmal über die Lippen gekommen ist (sofern ich es denn überhaupt in meinem aktiven Vokabular geführt habe). So ändern sich die Zeiten, auch sprachlich!

Für die Füße
Eine sinnlose Angelegenheit

Meine geschätzte Kollegin K. hat mir geschrieben, daß bei den Deutschen die Formulierung „Das ist für die Füße" im Schwange sei, um eine nutz- und sinnlose Angelegenheit zu bezeichnen. Dazu darf ich anmerken, daß diese Redewendung hierzulande ungebräuchlich ist. Eher würde man wohl sagen, die betreffende Sache sei für den Hugo, für die Wiascht (die Würste) oder, wenn man die untere Schublade nicht scheut, für den Arsch.

Ich muß gestehen, daß mir der Füße-Spruch nicht sympathisch ist, weil er eine unverdiente Abwertung dieser nützlichen Körperteile transportiert. Die Franzosen sind definitiv weniger fußfeindlich als die Deutschen; „c'est le pied" (wörtlich: „das ist der Fuß!") bedeutet: das ist hervorragend, ausgezeichnet; allerdings gibt es auch den Ausdruck „s'y prendre comme un pied", sich wie ein Fuß benehmen, nämlich ungeschickt, tölpelhaft. Im Deutschen existiert eine verschwenderische Vielfalt von Fuß-Redewendungen. Hier seien nur zwei weniger bekannte erwähnt, nämlich „zwei Füße in einem Schuh haben", was soviel bedeutet wie schwanger sein, sowie „sich einen weißen Fuß bei jemandem machen", was heißt: sich bei jemandem beliebt machen, einschmeicheln, eine Vorzugsstellung verschaffen. Das englische „to give a person the white foot" hat dieselbe Bedeutung (zit. nach Lutz Röhrich, *Das große Lexikon der sprichwörtlichen Redensarten*).

Für kleine Buben (Mädchen)
Sprachlich bemäntelter Gang zur Toilette

Auch das kommt vor: Wenn man einen (oder mehrere) Gesprächspartner darauf aufmerksam machen will, daß man die Unterhaltung kurz unterbrechen muß, weil man sich zu einem körperlichen Ausscheidungsvorgang gedrängt fühlt, dann stehen in zivilisierten Gesellschaften eine ganze Menge umschreibender Formulierungen zu Gebote, damit man diesen Sachverhalt nicht in brutaler Offenheit artikulieren muß. Das Arsenal klassischer Sätze („Ich muß mir schnell die Hände waschen", „Ich muß kurz austreten" etc.) wird seit einiger Zeit durch den Neuzugang „Ich gehe (oder: muß) für kleine Buben (oder Mädchen)" bereichert.
Ihr Chronist, in Fragen sprachlicher Etikette stets von großer Liberalität, will diese grammatikalisch forciert falsche Formel keineswegs sprachpolizeilich verboten wissen. Allerdings kann ich mir die Bemerkung nicht verkneifen, daß „für kleine Buben (oder Mädchen)" doch umso seltsamer wirkt, je länger die Leute, die sie verwenden, dem Kindesalter entwachsen sind. Als ich sie zuletzt von einer Journalistin in den Endvierzigern hörte, machte dies einen ausgesprochen albernen Eindruck auf mich.

Fußballbrot
Kicken leichtgemacht

Der Bäcker Ströck offerierte rechtzeitig zur Euro 2008 ein soge-
nanntes Fußballbrot (O-Ton: „Das Fußballbrot vom Meisterteam
– genau das richtige für alle Fans und Patrioten!"). Das Fußballbrot hieß nicht Fußballbrot, weil man es in der Gegend her-
umkicken würde – dazu eignen sich Fußbälle aus Leder besser –, sondern weil die Geschäftswelt möglichst elegant an die
Werbewirkung der Euro andocken wollte. Präsentiert wurde der
fußballförmige Laib auf riesigen Plakatwänden: Darauf sahen
wir Toni Polster und eine Riege von elf Ströck-Bäckern, die nach
Art eines Kicker-Teams posieren, wobei jeder von ihnen eines
dieser ominösen Fußballbrote in Händen hält.
Ich vermute, daß da, unter dem Aspekt der Wortneubildung
betrachtet, noch einiges auf uns zukommen könnte, was ein
Naheverhältnis von Sport und diversen Lebensmitteln behaupten soll, zumal die Bandbreite der Möglichkeiten atem-
beraubend ist: Beim Fußball bleibend, ließen sich Produkte ersinnen wie Fußballmilch, Fußballjoghurt, Fußballdöner,
Fußballhamburger, Fußballfritten, Fußballemmentaler, Fuß-
ballschweinsbratl, Fußballsauerkraut, Fußballknödel und so
weiter und so fort.
Geradezu gigantisch wird die potentielle Angebotspalette,
wenn man zusätzliche Sportarten ins Spiel bringt, also das
Handballbrot, das Basketballbrot, das Rodelbrot, Karatebrote,
Kugelstoßbrote, Diskuswurfbrote oder das Hundert-Meter-
Brustschwimmen-Brot. Der Fantasie des Bäckers ist, wie auch
unter dem Stichwort →„Aborigines-Weckerl" dargelegt, somit
kaum eine Grenze gesetzt: Citius, altius, fortius!

Fußhupe
Nicht tierlieb, aber anschaulich

Eine Wortspende aus dem Jahr 2006, die ich den Lesern nicht
vorenthalten wollte, zumal wir uns damals im chinesischen
Jahreszyklus im „Jahr des Hundes" befanden. Herr D. S., ein

deutscher Leser, schrieb mir, daß er in Berlin – berühmt für seinen Volksmund – den Ausdruck „Fußhupe" (für einen sehr kleinen Hund) aufgeschnappt habe. Das ist zwar nicht sehr tierfreundlich, aber eine anschauliche Kreation, die es an Originalität mühelos mit Kleinhund-Bezeichnungsklassikern wie „Rinnsaldampfer" oder „Kampfhamster" aufnimmt.

Gachagacha
Tierleben in Japan

Wenn Sie eines Morgens aufwachen und sich in ein Insekt verwandelt fühlen würden, in welchem Land wären Sie dann am liebsten zuhause? Zugegeben: Außer bei Kafka kommt das Szenario ja kaum vor, aber für den Fall des Falles rate ich: Verlegen Sie Ihre Verwandlung in das insektenfreundliche Japan: „Ein besonderes Merkmal des japanischen Sommers und Herbstes ist das Auftreten lärmender Insekten in großer Zahl. (...) Die Japaner mögen diese singenden Insekten seit alters her und halten besonders aktive Exemplare an schönen Spätsommer- und Herbsttagen in kleinen Käfigen in ihrer Nähe", schreibt Roy Andrew Miller in seinem Buch *Die japanische Sprache – Geschichte und Struktur.*
Eine Konsequenz der japanischen Insektenliebe ist ein hochentwickelter Wortschatz für Insektenlaute: „Es gibt in Japan viele Grillenarten; die als ‚matsumushi' (‚matsu' Kiefer, ‚mushi' Insekt) bezeichnete Art zirpt beispielsweise ‚chinchirorin', die als ‚suzumushi' bezeichnete Art ‚riinrin' (...). Die ‚korogi' genannte Grille zirpt ‚ririririri', und eine andere, besonders laute Art, die ‚kutsuwamushi', macht ‚gachagacha'." Bei den Heuschrecken gibt es den ‚umaoi', der ‚suitcho' macht; der ‚kirigirisu' hingegen ‚chongiisu'. „In Texten der Heian-Zeit heißt eine besonders laut zirpende Grillenart ‚kutsukutsu boshi', ‚der Bursche, der ‚kutsukutsu' macht."
Glückliche Japaner! Sie haben in jeder Lebenslage, wo es in einem Busch summt oder brummt, die passende Vokabel bereit, um diesen Laut auch korrekt zu bezeichnen. Wenn ich mich nicht irre, ist da das Deutsche mit seinen spartanischen Tier-

lautnachahmungen – Muh! Mäh! Oink! Grunz! – weit weniger
gut ausgestattet.

Gammelfleisch
Auf Gedeih und Verderb

Über das Gammelfleisch ist schon viel geschrieben worden,
trotzdem noch ein kleiner Nachtrag in Form einer trivialen Frage:
Wie haben wir denn eigentlich zu grünlichen Würsteln und
gräulichen Schnitzeln gesagt, ehe das Wort „Gammelfleisch"
in Umlauf kam? In den Zeitungen wird momentan häufig
das „Ekelfleisch" erwähnt, aber ich entsinne mich nicht, daß
mir das je zuvor einmal untergekommen wäre („Im Kühlschrank
liegt ein halbes Kilo Ekelfleisch"?). Lediglich das triviale „verdorbene Fleisch" war mir bekannt. Vielleicht kommen diese neuen Bezeichnungen ja daher, daß sich diese Art Fleisch
und Wurst erstmals in „gesellschaftlicher Dimension" darstellt
und daher einen Namen bekommen mußte; das halbe Kilo im
eigenen Kühlschrank lohnte die Anstrengung des neuen Begriffs nicht. Dazu kommt: Die Medien brauchen nun einmal
griffige und möglichst auch noch das Bewußtsein gleichsam
ansprechende (und aufheizende) Bezeichnungen. Der *Spiegel*
hat denn gleich auch noch einen „Ekel-Döner" nachgeschoben.

Ganz bei dir
Auf sprachlicher Tuchfühlung

Frau C. B. schreibt mir, daß sie es nicht gern hat, wenn ihr
von einem Gesprächspartner mitgeteilt wird, dieser sei ganz
bei ihr. Denn erstens ist Frau B. manchmal selbst nicht ganz bei
sich und empfindet es dann als doppelt aufdringlich, wenn ein
anderer bei ihr ist. Wenn sie aber ganz bei sich ist und noch ein
anderer dazukommt, dann besteht akute Gefahr, daß es schnell
zu →eng wird.
„Da bin ich ganz bei dir" existiert auch in der Höflichkeitsform

und lautet dann logischerweise „Da bin ich ganz bei Ihnen". Aber selbst in dieser leicht abgekühlten Variante verbreitet die Formulierung noch ein Quantum an Stallwärme, das nicht jeder zwischenmenschlichen Beziehung zuträglich ist. Christian Geyer, Feuilleton-Redakteur der *FAZ*, ordnete das Ganz-bei-Ihnen-Phänomen schon 2006 in ein breiteres Gesellschaftspanorama ein und schrieb von einer neuen Qualität der „Ranschmeiße", welche sich in der Ersetzung gewohnter Bekräftigungs- und Bestärkungsformeln („So isses", „Jawohl") durch das hochkonzentrierte „Hier bin ich ganz bei Ihnen" manifestiere. Zwar würde ich das Wort „Ranschmeiße" für meinen österreichischen Leserkreis durch das hiesige „Einschleimen" ersetzen – was aber die Diagnose einer um sich greifenden sprachlichen Distanzlosigkeit angeht: Da bin ich ganz bei Geyer.

Gate
Skandalöses in Washington und anderswo

Leser SterzinOz hat in einer Zuschrift auf das ungebrochene Fortleben jener Wortbildungen mit „-gate" hingewiesen, die seit dem Watergate-Skandal (1972 ff.) im Schwange sind, um skandalöse Vorkommnisse zu bezeichnen. In der Tat: Wenn man erst einmal auf die „Gates" sensibilisiert ist, dann stößt man allenthalben und allerorten auf sie: Die Pflegeaffäre eines ehemaligen österreichischen Bundeskanzlers wurde als „Nannygate" bezeichnet. Besonders „gate"-anfällig ist das britische Königshaus, in dem es nach „Camillagate" ein „Cannabisgate" gab (Hauptakteur: Prinz Harry) sowie ein „Mailboxgate" (Tratschreporter zapft Mobiltelefone von Mitarbeitern von Prinz Charles an).
Die gute Nachricht zum Schluß: Das legendäre „Nippelgate" um Janet Jackson hat im Sommer 2008 einen gütlichen Abschluß vor Gericht erfahren: Der Sender CBS sei nicht verantwortlich für den umstrittenen Auftritt, die 2004 verhängte Geldstrafe von 550.000 Dollar somit gegenstandslos. Ach, wenn doch jedes Gate ein solch glimpfliches Ende fände!

Gefühlt
Eine neue Floskel taucht auf

Herr Mag. G. schrieb mir im Sommer 2006: „In den letzten Tagen ist mir im *Falter* und im *Standard* ein Ausdruck aufgefallen, den ich bisher nur im Zusammenhang mit der subjektiv wahrgenommenen Temperatur kannte: ‚gefühlt'. Also die ‚gefühlte Temperatur' bei Wind im Unterschied zur gemessenen. Aber nun schreibt die Kolumnistin Doris Knecht im *Falter*, sie habe etwas ‚gefühlte 61 Millionen Mal' gesagt oder gemacht, und im *Standard* steht, es sei der ‚gefühlt siebte Wintereinbruch'. Vielleicht wird dieses Wort zur neuen coolen Ungenauigkeitsfloskel, so wie der Zusatz ‚sag' ich jetzt amal'. Wäre interessant, diese Entwicklung weiter zu verfolgen."
Dem hat der Chronist nichts hinzuzufügen – außer der Bemerkung, daß sich „gefühlt" zwei Jahre nach seiner ersten Erfassung hierorts mächtig ausgebreitet und im gesamten deutschen Sprachraum als modische Vokabel eingenistet hat. Was im August 2008 besonders häufig und besonders schmerzlich gefühlt wird, ist die Inflation („Gefühlte Inflation auf 11,6 Prozent gestiegen", www.wiwo.de). Die Stiftung Stadtmuseum Berlin bietet eine Ausstellung „Gefühlte Geschichte", und auf der Berliner Gratiskleinanzeigen-Website „Kijiji" sucht gar jemand eine Wohnung mit „gefühlter Großräumigkeit".

Geilomatisch
Ein Geschenk von Herrn M. M.

Das Wort „geil" kennt man, und zwar nicht nur in seiner ursprünglichen, auf die geschlechtliche Brünstigkeit bezogenen Bedeutung, sondern auch als ein weitverbreitetes umgangssprachliches Synonym für „gut, interessant, positiv" („Geiz ist geil", →„Österreich ist geil" etc.) Auch das Wort „automatisch" glaube ich den verehrten Lesern nicht erklären zu müssen – wohl aber darf ich sie auf eine neuartige Kreuzung aus beiden, nämlich auf „geilomatisch", hinweisen.

Neuartig war dieses Wort für den Chronisten, neuartig war es aber auch für Herrn M. M., der mir dieses geschrieben hat: „Sehr geehrter Herr Winder, heute bin ich über das Wort ‚geilomatisch' gestolpert. Ich habe das noch nie gelesen und schon gar nicht gehört. Google ist da aber anderer Meinung und gibt 1970 Treffer aus. Wenn Sie es brauchen können – ich schenke es Ihnen. Herzliche Grüße, M. M."

Herzlichen Dank! Ich habe noch ein paar andere Belegstellen aus dem Internet heruntergekletzelt (→Owekletzln) wie zum Beispiel: „Super!! Iron maiden sind so geilomatisch!!"; „Weniger geilomatisch finde ich, daß Öl- und Gaspreise mal wieder steigen."

Obwohl ich, wie gesagt, mit dem Wort keine Erfahrung habe, nehme ich an, daß es als Steigerung der ordinären Geilheit gedacht ist und soviel wie „besonders geil", „geiler als geil" oder „richtig geil" bedeuten soll. Und da selbst das manch einer oder manch einem nicht geil genug ist, sind auch schon regelrechte Übersteigerungen wie super-, hammer- und megageilomatisch im Umlauf. Hier spiegelt sich ein typisches Zeitphänomen: die Tendenz nämlich, einen anderen (bzw. etwas anderes) zu überbieten, indem man sprachlich immer noch eins →draufsattelt. Daß dieser Trend zur allgemeinen Hypersuperlativierung notwendig mit einer galoppierenden Sinnentleerung einhergeht, wird gerne in Kauf genommen.

Gendern
Einem Text das Generische austreiben

Vom Philosophen Platon stammt die Idee, daß es einst nur ein Geschlecht gegeben habe, ein mannweibliches, das die Vorzüge (und Nachteile) des weiblichen und des männlichen in sich vereinte. Das ist lange her, und seit aus den Mannweibern Männer und Frauen geworden sind, zieht diese Aufspaltung eine Reihe von zwischenmenschlichen, sprachlichen und politischen Konsequenzen nach sich. So gilt die sogenannte generische Verwendung von Substantiven – wenn man „Autor" oder „Schüler" dort schreibt, wo auch Autorinnen und Schülerinnen gemeint

sind – schon seit längerem als politisch anrüchig. Auf die Existenz des Verbums „gendern" („einen Text von sexistischen Formulierungen reinigen") wurde Ihr Chronist von Katharina K. hingewiesen. Katharina redigiert öfters Presseaussendungen für eine wichtige Institution der österreichischen Zivilgesellschaft, und unlängst wurde sie von einer Kollegin gebeten: „Hearst, tschender ma den Text no, fua ma eam außelossen." Ins Hochdeutsche übersetzt besagt dies etwa: „Bitte bringe diesen Text noch in eine politisch korrekte Form, ehe du ihn zur Publikation an die Österreichische Presseagentur schickst."
Gendern besteht in erster Linie im korrekten Anbringen des Binnen-I bzw. von Zwillingsformen wie „Journalistinnen und Journalisten", „Bäckerinnen und Bäcker" etc. Damit ist gewährleistet, daß schließlich ein nach allen Regeln der Kunst – fachmännisch und fachfrauisch – gegenderter Text in der APA erscheinen kann.

Gesamteutersiegerin
Neues aus der Welt der Viehzucht

Auf dieses prachtvolle, in den *Vorarlberger Nachrichten* erschienene Kompositum macht freundlicherweise Herr Dr. H. H. aufmerksam. Offenkundig handelt es sich um ein Wort aus dem Viehzüchtermilieu, in welchem es üblich sein dürfte, die Früchte der Zuchtanstrengungen durch den Vergleich von Fellen, Hörnern, Eutern, Schwänzen und ähnlichem zu objektivieren und schlußendlich mit Preisen zu krönen.
Ich zitiere aus der Website www.rinderzucht-braunvieh.de: „Mit einer Tierschau feierte der Verband in Trient sein 50jähriges Jubiläum. Gesamtsiegerin wurde die Kuh Perla von Carlo Amistadi aus Roncone. Der Vater Victor ist ein Edmund-Sohn aus einer Pete-Rose-Kuh. Reservesiegerin und Gesamteutersiegerin wurde die Kuh Mema von Beppino und Luciano Dalprà aus Valsugana. Clipper ist ein Zoldo-Sohn aus Ponte Vecchio Jetway Uva. Gesamtsiegerin bei den Jungrindern und Kalbinnen wurde Jemy Nadia von Laura Succetti aus Roncone vor einer Pronto-Tochter."

Winders Wörterbuch kann nicht umhin, sich den Glückwün-
schen an Mema von ganzem Herzen anzuschließen: Möge sie
weiter wachsen und gedeihen!

G'fäulter Schmäh
Ein humortechnisches Defizit

Es sind wahrlich keine großen verbalen Neuigkeiten, die ich den
p. t. Lesern unter diesem Stichwort vorstelle. Wer aber dieses
Wörterbuch regelmäßig verfolgt, der weiß ja, daß der Chronist
nicht davor zurückscheut, fallweise auch ältere Wortexemplare
vor dem Publikum auszubreiten, wenn er sich davon einen be-
lehrenden und erheiternden Effekt verspricht.
In einer Journalistenrunde wurde unlängst die Einschätzung
laut, daß ein Kollege, der Redakteur X. Y. (nein, ich sage nicht,
um wen es ging!), einen „g'fäulten Schmäh" habe. Damit war
gemeint, daß es dem betreffenden Herrn an Esprit mangle, und
nachdem jeder einzelne der Journalisten noch schnell für sich
die letzten Artikel des Betreffenden innerlich Revue hatte passieren lassen, kam man zur Übereinkunft, daß der Schmäh von
X. Y. tatsächlich eines sei, nämlich g'fäult.
„G'fäult" ist ein prächtiges Wort, welches durch seine schie-
re lautliche Zusammenstellung – das giftige anlautende „gffff"
und das wie in einer Aufwallung von Ekel träge in die Länge gezogene „äu" – einen außerordentlich plastischen Eindruck von
Widerwärtigkeit zu erzeugen vermag. Insofern würde ich mir
persönlich viel lieber nachsagen lassen, daß ich ein humorloser
Mensch sei als einer mit einem g'fäulten Schmäh.

Gönnen
Sprechen Sie Werbung?

Herr E. St. hat mich auf die ungebrochene Popularität des Wer-
beslogans „Man gönnt sich ja sonst nichts" hingewiesen. In der
Tat: Fette 75.800 Belegstellen bei Google im August 2008 sind
ein beredter Nachweis für die exorbitante Verbreitung dieses

Sagers, der gerne dann herangezogen wird, wenn man sich ein sündhaftes Vergnügen genehmigt (dicke Havanna, vierfacher Whisky, Eispalatschinken mit Schlagobers und ähnliches) und das schlechte Gewissen über den luxuriösen Ausritt beschwichtigen möchte. Soweit ich dies anhand einer kurzen Internetrecherche überprüfen konnte, wurde das Sprüchlein durch eine Schnapswerbung aus dem Jahr 1993 weithin populär. Sie zeigt den Schauspieler Manfred Krug, wie er sich ein Fläschchen Aquavit aus dem Eisfach seines Kühlschranks angelt und dazu bemerkt, daß man sich ja sonst nichts gönne.

Herr G. Schwätz berichtete in diesem Zusammenhang von einer evangelischen Kirche in der Rüdigergasse zu Wien, an der auf einem Banner mit den Worten „Evangelisch – man gönnt sich ja sonst nichts!" recht verblüffend um neue Gläubige geworben wird.

Good-bye, Cellulite
Im Gespräch mit der Orangenhaut

Seltsame Moden reißen bei den Produktnamen ein. Bei Nivea gibt es eine Creme, die der Cellulite ein herzliches „Good-bye" wünscht und sich so mit dem kosmetischen Wehweh unterhält, das sie zu kurieren verspricht. Die Nachricht von der Existenz dieses Produktes hat derart eingeschlagen, daß sich in der zugehörigen Fernsehwerbung gleich vier spindeldürre Models spontan einen abtanzen müssen. Was kommt demnächst? Bonjour, Zahnfleischschwund? Mach's gut, Karies? Adieu, Diarrhöe?

Griff ins Klo
Ein Häuslschmäh sozusagen

Der „Griff ins Klo" ist beliebt. Nicht als tatsächlich vollzogener Griff natürlich, sondern als sprachlicher Ausdruck dafür, daß eine Sache gründlich schiefgegangen ist (fast 90.000 Treffer bei Google!). Ein paar konkrete Belegstellen aus dem Internet: „Dieser Tag, dieser Tag, dieser Tag ist wie ein Griff ins Klo"

(Textzeile aus einem Lied des Sängers Hermann van Veen); „Ein ziemlicher Griff ins Klo ist Erfolgsregisseur Steven Spielberg und Scientology-Anhänger Tom Cruise da gelungen" (Filmkritik über *Krieg der Welten*); „Zum Abendessen bleibe ich heute im eigenen Restaurant, es wird im *Lonely Planet* hoch gelobt. Meine Auswahl heute ist leider voll der Griff ins Klo, das Chicken Curry ‚Rakhine Style' ist ziemlich mies mit vielen Knochen" (aus einem Bericht über eine Burma-Reise).

Wenn Sie das Klo in einer gepflegten Unterhaltung sprachlich umgehen wollen, empfehlen sich die bekannten Alternativen, mit denen man zum Ausdruck bringt, daß einem bei bestimmten Vorhaben kein Glück beschieden war: Schuß in den Ofen, Pleite, außer Spesen nichts gewesen, Reinfall und so fort.

Grillage
Heiße Fragen zur Wurst auf dem Rost

Herr A. B. schreibt mir: „Eine meiner Meinung nach neue Kreation, der ich immer wieder begegne, ist die sogenannte ‚Grillage' (gesprochen Grillaaasch). Diese soll zweifelsohne das beschreiben, was ich im allgemeinen unter einem Grillabend, einem Grillfest oder auch einer Grillerei verstehe. Natürlich wäre es möglich, daß sich die ‚Grillage' auf meinen engen Bekanntenkreis beschränkt – dem widerspricht allerdings die Tatsache, daß ich sie schon aus verschiedenen Quellen zu hören bekam. Auch auf Google finden sich neben anderen Verwendungen (z. B. für ein Dessert) Hinweise auf die von mir genannte: ‚Last Grillage this year: Heute mit ein paar Leuten das letzte Grillfest für dieses Jahr gefeiert.' Nun frage ich mich: Seit wann gibt es sie und woher kommt sie, die Grillage, und wird sie gar die bisherigen Ausdrücke verdrängen?"

Zwei gute Fragen, aber nicht leicht zu beantworten. Ob sich ein neues Wort im Sprachgebrauch durchsetzen wird, entscheidet das richtige Leben, und was das für uns oder den deutschen Wortschatz bereithält, ist bekanntlich nicht vorhersehbar. Weder im zehnbändigen *Duden* noch in sonst irgendeinem gängigen Wörterbuch habe ich die „Grillage" gefunden, lediglich die „Grillade" (für: Grillgut) ist bekannt. Im Internet kommt die Grillage, wie Herr A. B. geschrieben hat, häufig vor, und in einem Kochrezept auf der Homepage des WDR steht zu lesen, daß „in Zucker gebräunte Mandeln als Grillage oder Krokant bezeichnet werden". Im Französischen bezeichnet „Grillage" das Rösten von Erzen, ein Drahtgitter oder ein Gitterwerk (in dieser Bedeutung ist „Grillage" auch im *Duden. Das Große Fremdwörterbuch* aufgeführt). Bei meiner kleinen Wörterbuchrecherche bin ich auf die Information gestoßen, daß das Wort „grillen" um 1920 aus dem Englischen ins Deutsche gewandert sei. Offen bleibt die Frage, ob schon zuvor – allerdings unter einer anderen Bezeichnung – im deutschen Sprachraum Fleisch, Wurst und Gemüse auf den Rost gepackt und gebraten wurde oder ob sich das Grillen damals erst zum Massensport entwickelte und in der Folge den Import eines neuen Wortes nötig machte.

Grindig
Mehr als nur mit Aussatz behaftet

Und wieder ein Beitrag zu unserem Forschungsprojekt „Wörter – wo sie zuhause sind und was man exakt mit ihnen meint". Diesmal: „Grindig" (Nein, Google, ich meinte nicht „Grundig"). Das Wort gibt es natürlich schon seit langer, langer Zeit. Laut *Grimmschem Wörterbuch* läßt es sich bereits im Althochdeutschen belegen. Es bedeutet „mit Aussatz behaftet" und wird zumeist auf Menschen bezogen. Wenn es auf ein Tier angewendet wird, ist „grindig" auch Synonym für „räudig". Die Brüder Grimm schreiben, daß „zahlreiche sprichwörter und redensarten bezeugen, wie verbreitet der kopfgrind zumal in früheren zeiten war": „grind, unflat, leuse und flöhe sind des faulen tägliche geste", „wo grind ist, da ist jücken", „zu einem bösen grind gehört eine scharfe lauge", „wer wird einen fremden grind kratzen?" (Die Kleinschreibung ist original Grimm – Anmerkung des Autors.)
Es wäre interessant, zu wissen, seit wann „grindig" den engeren Bedeutungsbereich des Aussätzigen hinter sich gelassen hat und

zu einem allgemeineren Ausdruck des Ekels und des Abscheus in weiten, vor allem jugendlichen Bevölkerungskreisen geworden ist, worauf sich „grindig" exakt beziehen kann, wo es verwendet wird und wie es sich zu konkurrierenden Begriffen wie „ätzend", „tiaf" oder „räudig" verhält – ob es also zum Beispiel Dinge gibt, die zwar grindig sein können, nicht aber tiaf und vice versa. Zur Inspiration ein paar aus dem Internet gefischte Beispiele: „Das Niveau hält leider nicht, was das Ambiente des Lokals verspricht. Dieses Clubbing ist uns doch eine Spur zu grindig und tiaf, und wir beschließen, ohne Kamera und Fotografen in das Wiener Szenelokal Flex zu jetten." „Studierende haben kein Problem damit, die Psychologie-Ringvorlesung im Austria Center zu absolvieren: ,Das ist wenigstens nicht so grindig wie das Audimax'." „Heit ham ma wieda mal ,the ring' ang'schaut, der is echt so grindig!!!"

G'schmackig
Am Rande des Abgeschmackten

Aus drei Gründen wird man keine Schwierigkeiten haben, „g'schmackig" für eine recht abgeschmackte Formulierung zu halten: Erstens ist es eines jener Wörter, das, wie „lecker" oder „vollmundig", in primitivster Weise an den oralen Trieb appelliert. Zweitens: weil es mit seinem markanten Suffix „-ig" wortbildungsmäßig und lautlich in nächster Nähe zu ebenso unangenehmen Wörtern wie „grindig", „g'führig" oder „prollig" steht („gamsig" ist allerdings charmant). Drittens ist „g'schmackig" deshalb abgeschmackt, weil es schlagartig die Atmosphäre jener Werbespots evoziert, welche auf die Anziehungskraft eines erlogenen österreichischen Landlebens setzen, wo sich die Bauern bei Geheimtreffen auf dämmrigen Waldlichtungen wechselseitig schwören, daß sie ihren Käse auch im kommenden Jahr mindestens ebenso g'schmackig und naturecht produzieren werden wie schon heuer. Das ist die Gegend, wo sich nicht nur Fuchs und Hase, sondern auch DJ Ötzi und Harald Prünster gute Nacht sagen, und das Szenario des Werbespots ist fast immer dasselbe: Winterlicher Fichtenwald,

kleines blondbezopftes Mädchen mit blauen Augen und rosa
Bäckchen schreitet einen beschneiten Waldweg hügelan, um
schließlich oben in einer jener Milka-Tender-Backstuben an-
zukommen, wo ihm ein grundgütiger alter Verkäufer mit adrett
gestutztem Rauschebart und verschmitztem Lächeln den super-
guten neuen Keks, die supergute neue Käseecke oder das supergute neue Knabberwürstchen aushändigt, so daß das Mädchen, nachdem es einen Bissen genommen hat, glaubwürdig
mit seligem Blick in die Kamera sagen kann: „Jööööö, ist des
g'schmackig." Jauchzer und Jodler, strahlender Sonnenschein,
Apotheose. So richtig g'schmackig halt.

Guaraná
Neue Kreativleistungen auf dem Wellness-Sektor

Guaraná, eine brasilianische Lianenart mit roten Früchten, ist
ein Gewächs, von dem vor ein paar Jahren noch kein Mensch in
Österreich je etwas gehört hatte, sieht man von ein paar hoch-
spezialisierten Botanikern vielleicht einmal ab. Weil aber das
Wort Guaraná – vor allem mit seinem prätentiösen Accent aigu
– so exotisch und „exclusiv" wirkt, hat es sich als die exakt richtige Zutat für eines jener Wellnessgetränke erwiesen, die sich
seit einiger Zeit mit atemberaubender Geschwindigkeit in den
Getränkeregalen der Supermärkte vermehren und die Teufels-
mixer in den Lebensmittelkonzernen zu immer merkwürdigeren
Kombinationen veranlassen.
Merke: Das typische Wellnessgetränk muß entweder eine an sich
sonderbare Zutat enthalten: Guaraná, die Frucht des Moringa-
Baums, Olivenblatt-Extrakt oder den Saft der Noni-Frucht (alles
Zutaten von real existierenden Produkten!). Oder: Wenn schon
die Zutaten nicht sonderbar sind, dann muß es wenigstens ihre
Zusammenstellung sein: Apfelessig plus Holunder, Malve mit
Artischocke, Walderdbeere mit Pfeffer. Im Idealfall werden son-
derbare Zutaten in sonderbaren Kombinationen dargereicht:
Weißen Tee plus Yuzu Citrus gibt es bei Rauch, während Vöslau-
er mit Rose plus Granatapfel auftrumpft. Darauf muß man erst
einmal kommen.

Für mich schmeckt in diesem ganzen Saftrepertoire ohnehin alles gleich, aber ich würde für mein Leben gern selbst einmal mitmischen, wenn eine solche neue Produktlinie kreiert wird. Hier meine ersten Vorschläge: Yamswurzel—Weidenröschen, Nivea-Creme—Quecke, Betelnuß—Roter Lehm sowie Büffelgras—Schweinsgrammeln.

Güsenbauer
Umlautjongleure am Werk

In seiner beruflichen Haupteigenschaft als Redakteur des *Standard* verleibt sich Ihr Chronist tagtäglich ein mehr oder minder dickes Schüppel in- und ausländischer Zeitungen ein. Bei dieser Tätigkeit stößt er dann regelmäßig auch auf putzige Namen wie zum Beispiel jenen „Alfred Güsenbauer", von dessen Wahlsieg *Le Monde* am 11. 10. 2006 zu berichten wußte. Daß es sich nicht um einen Verschreiber handelte, wurde daraus ersichtlich, daß Herr Güsenbauer in dem betreffenden Artikel gleich dreimal namentlich erwähnt wurde (einmal sogar in einer dicken, fetten Schlagzeile). Im selben Artikel wurde auch der Name des noch amtierenden Bundeskanzlers erwähnt, und wer wie ich angenommen hätte, daß der „Wolfgang Schussel" heißt, der irrt. Nix da: Wolfgang Schüssel. So ist der Franzose eben: Mal schreibt er falsch, mal schreibt er richtig, immer bereit zu einem unberechenbaren Umlaut-Schabernack, wenn es um einen deutschen Namen geht.
Von Leuten, die sich in Italien auskennen, habe ich mir sagen lassen, daß auch der Italiener zu dieser kleinen Marotte neigt und gerne Wörter wie „Mozartkügel" oder ähnliches schreibt. Wer sich allerdings über die französischen oder italienischen Umlautjongleure lustig machen will, sollte zuerst einmal seine eigene orthographische Meisterschaft beweisen und die Namen des polnischen Premierministers oder des neuen UN-Generalsekretärs astrein und fehlerlos buchstabieren. Dann reden wir weiter.

Gusi-Hunderter
Namensgeber und Nehmer

Ich stelle mir vor, wie es sein wird, wenn dereinst, in ferner Zukunft, sagen wir im Jahr 2100, ein Historiker auf den Ausdruck „Gusi-Hunderter" stößt. Ich nehme an, er wird dann relativ mühselig entschlüsseln müssen, wer der „Gusi" überhaupt war und warum just ein Hunderter nach ihm benannt wurde. Mit dem Ederer-Tausender, benannt nach Brigitte Ederer, der ehemaligen österreichischen EU-Staatssekretärin, wird es nicht minder schwierig sein. Interessant, daß offenbar immer nur die vermeintlichen Geber solcher politischer Zuwendungen auch als Namensgeber von Hundertern und Tausendern auftreten dürfen (was ist eigentlich mit den namenlosen Zehnern? Zwanzigern? Fuchzigern?), während die Nehmer (Finanzminister vor allem) meines Wissens nie als Namensstifter des Geldes, das sie einem abknöpfen, in Erscheinung treten. Ein rätselhaftes Phänomen, das es auch irgendwann einmal zu ergründen gälte.

Guugurusuru
Eine starke Marke

Ja, was zum Kuckuck ist denn das? Ein neues Gen, das für die Entstehung der Fettleibigkeit verantwortlich ist? Eine tibetanische Meditationsformel? Das Summen der Tsetsefliege? Weder weder weder noch. Vielmehr handelt es sich um die japanische Übersetzung des Wortes „ergoogeln", verrät uns Peter Schlobinski in der *Zeit*: Der Hannoveraner Linguist und Literaturwissenschaftler befaßt sich seit Jahren mit linguistischen Analysen Neuer Medien, und daß man dabei öfters auf Google stößt, versteht sich von selbst. „Google ist weltweit eine derart starke Marke, daß sie schon alle Schritte durchgemacht hat: vom Substantiv über das Verb googeln bis hin zur Verbindung mit Präfixen wie ergoogeln. Und das nicht nur im Deutschen. Im Japanischen heißt es zum Beispiel guguru oder guugurusuru. In China sind mit gege (Lied zur Ernte) und guge (Skelett)

zwei Homonyme unter Internet-Nutzern verbreitet, die allerdings nicht verbal gebraucht werden."
Wie Schlobinski andeutet, gibt es natürlich auch im Deutschen
einen ganzen Sack mit Ableitungen von „Google": neben googeln und ergoogeln auch ausgoogeln und so fort. Ein Leser hat
mich unlängst auf „googlehupfen" aufmerksam gemacht, was
in Wahrheit auch nicht viel mehr bedeutet als das einfache
„googeln", dafür aber das Gemüt durch einen kleinen Gratis-
Wortwitz erfreut.

Hammergeil
Ein rundum nützliches Handwerkszeug

Selig sind die Bekloppten, denn sie brauchen keinen Hammer
mehr: Der Hammer ist nicht nur ein nützliches Handwerkszeug
zum Einschlagen von Nägeln, auch sprachlich macht er einiges
her. Als Ausdruck der Überraschung, Bewunderung, aber auch
der Bestürzung ist er weit verbreitet: „Das Handy ist ein echter Hammer", „Die DVD ist ein Hammer". Wer mit dem Hammer
allein nicht das Auslangen findet, hat die Möglichkeit, gar zum
„Überhammer" zu greifen und seine Einschätzung mit einem
zusätzlichen Steigerungsmoment zu versehen: „Du bist nicht
nur sexy, sondern hast auch eine Wahnsinnsstimme – echt der
Überhammer." „Der Streifen ist der Überhammer – für mich
persönlich einer der besten US-Horrorfilme der letzten Jahre."
„Wenn man die CD 1 in seine Playstation einwirft, kommt der
Überhammer."
Auch dem Adjektiv „hammergeil" (→Geilomatisch) ist der
Hammer Pate gestanden, wobei ich die Vermutung hege, daß
unsere Freunde in Deutschland dieses Wort häufiger verwen-
den dürften als die Österreicher („Ich find' einfach die ganze
CD hammergeil"). Leser B. Baldwieder ist darüber nicht amü-
siert: „Dieses Dieter-Bohlensche ‚hammermäßig' verseucht
seit ‚Deutschland sucht den Superstar' anscheinend ganz
Deutschland. Dieser blöde Ausdruck geht mir extrem am
Hammer."

Hamsterpfötchen
Sarkastisches Kratzen an der Wand

„Sind Gesten zwecks Unterstreichung des verbalen Ausflusses auch ein Fall für Ihr Wörterbuch?" fragt Frau Dr. U. S. in einer E-Mail an. Nun, üblicherweise nicht, aber in diesem Fall mache ich gerne eine Ausnahme: „Wenn Menschen im Gespräch andeuten wollen, Sie meinen etwas ironisch oder sarkastisch, winkeln sie neuerdings die Unterarme an, recken sie in Kopfhöhe und deuten, in hamsterpfötchenähnlicher Gebärde mit gekrümmtem Zeige- und Mittelfinger an einer imaginären Wand kratzend, ein symbolisches Anführungszeichen an. Stellt derartiges Verhalten eine Verbeugung vor der Gebärdensprache der Gehörlosen oder bloß eine willkommene Möglichkeit dar, sich ein bißchen kindisch in der Öffentlichkeit zu benehmen? Schon gesehen bei einer eleganten Dame mittleren Alters, im Lehmann am Graben, leider noch nicht bei Politikern."
Das ist schön beschrieben, auch wenn ich bezweifle, daß die zur Diskussion stehende Gebärde wirklich so neu ist, wie Frau Dr. S. meint. Ich erinnere mich an einen alten Germanistikprofessor in Innsbruck, der seine Zitate schon vor mehr als zwei Dezennien durch beharrliches An-der-Wand-Kratzen eröffnete bzw. schloß. Es wäre aber natürlich durchaus möglich, daß das gekratzte Anführungszeichen erst heute so richtig breitenwirksam wird.

Hamstervorhaut
Humor am AKH

Am Wiener AKH fliegen im Herbst 2007 die Fetzen, daß es nur so seine Art hat. Dem staunenden österreichischen Medienpublikum eröffnet das die Möglichkeit, ein wenig Einblick zu gewinnen, mit welchen Worten man sich denn in ärztlichen Kreisen wechselseitig traktiert, wenn eher kontroversielle Sachverhalte diskutiert werden. Bemerkenswert etwa die Diktion des Intensivmediziners Professor Dr. Z., der sich (in der Zeitschrift *News*) über Kollegen mokiert, die nicht einmal wüßten, wie man einem Patienten richtig den Bauch befühlt, dafür aber „über die isolierte Hamstervorhaut habilitiert haben".

Interessieren würde mich ja, ob es sich bei dieser lustigen Wortwahl um einen privaten Scherz von Professor Z. handelt oder ob die Hamstervorhaut in Medizinerkreisen regelmäßig herangezogen wird, um die fachliche Borniertheit eines Kollegen zu charakterisieren, etwa nach dem Muster: Sagt Doktor A. zu Dr. B.: „Mein Gott, ist dieser C. ein Kretin!" Dr. B. zu Dr. A.: „Das glaub' ich! Der hat sicher über die isolierte Hamstervorhaut habilitiert." (Beide lachend ab.) Wie auch immer: „Hamstervorhaut" klingt nach Professorenhumor von Feinsten! Und schön, daß am AKH trotz allem noch geschmunzelt wird!

Handyfonieren
Telefonieren mit einem populären Gerät

Zur Geschichte des Wortes „Handy" gibt es Massen von Material im Internet (zum Saufuattara, zum Säuefüttern, würde man in Vorarlberg sagen). Ich verzichte daher darauf, mich in dieses Thema tiefer einzulassen, und beschränke mich auf die Feststellung, daß es sich bei diesem Wort um einen sogenannten Scheinanglizismus handelt, ein Wort, das zwar englisch klingt, es aber mitnichten ist: Wer im englischsprachigen Raum von seiner „Handgurke" als einem „Handy" sprechen würde, riskierte, mißverstanden oder belächelt zu werden: In Amerika heißt dieser populäre Apparat „cellular phone" oder „cell phone", in Großbritannien „mobile (phone)" – wobei ich nicht ausschließe, daß das nur geographische Näherungswerte sind und manchmal auch in Washington D. C. „mobile" gesagt wird bzw. in London „cell phone". Das englische „handy" bedeutet soviel wie „bequem, geschickt, passend, anstellig" – und eine nette Redewendung, die sich der p. t. Leser in diesem Zusammenhang vielleicht merken mag, ist „this comes in handy" – das kommt gelegen, das paßt, das ist praktisch.

Ihr Chronist möchte Sie auf das Wort „handyfonieren" hinweisen, welches ihn unlängst von einem Werbeplakat der Firma Yesss (was für ein zischfrischer Name!) her angesprungen hat.

Unter ökonomischen Gesichtspunkten ist gegen „handyfonieren" nichts einzuwenden, weil es knapper ist als das umständliche „mit dem Handy telefonieren". Daß ich dennoch Probleme hätte, dieses Wort in den Mund zu nehmen, liegt in erster Linie daran, daß es mich stark an die unsägliche Scherzbezeichnung „hallofonieren" (für: telefonieren) erinnert – ich werde also weiter „mit dem Handy telefonieren" sagen, wenn denn die Differenzierung zwischen Handy und Festnetz überhaupt nötig ist. Bei meiner Internetrecherche zu diesem Stichwort bin ich auch auf das Wort „handynieren" gestoßen: Es bedeutet dasselbe wie „handyfonieren" und scheint bei Google immerhin 267mal auf. Ich bin ihm allerdings noch nie auf freier Wildbahn begegnet.

Wer zum Thema „Scheinanglizismen" weiterforschen will, sei auf folgende Internetseite verwiesen: www.humanlanguages.com/rlerfeng.htm. Näheres zur Wortgeschichte von „Handy" gibt es z. B. unter www.u32.de/handy.html.

Hauspantscherl
Erotische Umtriebe mit Tücken

In einer netten Tafelrunde am Wochenende wurden allerlei Neuigkeiten aus der Bekanntschaft ausgetauscht. Dabei war auch die Rede davon, daß Herr X. und Frau Y. vor kurzem ein „Hauspantscherl" miteinander eingegangen seien. „Hauspantscherl" ist ein gemütvolles ostösterreichisches Wort für ein sexuelles Verhältnis zwischen Mitarbeitern ein und desselben Betriebes, gleichgültig, ob es sich um ein Medienunternehmen, eine Hagelversicherung oder das Gesundheitsministerium handelt. Es gibt auch einen weniger beschönigenden hochdeutschen Ausdruck dafür, nämlich den – wo ist die Kiste mit den Asterisken? – sogenannten Hausf**k.

Die Geschichte hat gezeigt, daß das Hauspantscherl (vulgo der Hausf**k) häufig mit Risiken behaftet ist, sei es, weil die beteiligten Personen gezwungen sind, die wahre Beschaffenheit ihrer Beziehung vor den Kollegen zu verbergen, sei es, weil die Arbeitsleistung in Mitleidenschaft gezogen wird oder weil der Chef

Hauspantscherl generell nicht gutheißt. Daher auch das Sprich-
wort „Hausf**k bringt Unglück", welches vor der unreflektier-
ten Kopulation am Arbeitsplatz warnt.
Das Wissen um die Tücken des Hauspantscherls ist keineswegs
auf den deutschen Sprachraum beschränkt, sondern eine Er-
fahrungstatsache, die international gewürdigt wird. In den USA
heißt die entsprechende Verhaltensmaßregel „Never fuck the
company", und von einem Musiker habe ich gehört, daß es für
gemischtgeschlechtliche Popbands eine modifizierte Variante
gibt, die da lautet: „Never fuck the singer." Auf eine vornehme
britische Umschreibung hat Leser Owil8 hingewiesen: „Don't
dip your pen in the company ink."

Heinzi
Den Typen beim Namen nennen

Wenn man ein Ding nicht identifizieren kann oder will, dann
sagt man „Gib mir einmal das Dingsbums da her". Wenn man
einen Menschen nicht identifizieren kann oder will, dann sagt
man „Kennst du die Frau dort drüben?" oder „Hast du den
Typen schon einmal gesehen?"
Alternative Möglichkeit, die ich unlängst von einem jungen
Kollegen gehört habe: Man greift zur Koseformen des Namens
„Heinz" und sagt: „Wer ist denn dieser Heinzi da im Fernsehen?"
Der „Heinzi" ist nicht der einzige Eigenname, der auch für andere Zwecke als zur Benennung einer konkreten Person Verwendung findet. Bekannt ist der „Hansl", der schale Rest im
Bierglas, der „Hugo", für den zu arbeiten sich nicht lohnt, sowie
der „Jimmy", genauer: der „Oberjimmy", auf den mich Frau
D. aufmerksam machte, für eine Person, die auf einem Gebiet über spezielle Expertise verfügt („Beim Pokern bin ich der
Oberjimmy"). Für Katzen, deren Namen man nicht kennt, hat
sich die Bezeichnung „Mieze" eingebürgert, bei den Hunden
ist es – in Bayern und Österreich – der „Wastl" (hochdeutsch:
Sebastian): „Die geht jeden Morgen draußen mit ihrem Wastl
vorbei."

Heißkäserich
Eindeutschen bei McDonald's

Aus dem wohltuend unaufgeregten Buch *Speak german!*, in dem sich der deutsche Journalistenpapst (!) Wolf Schneider mit Sinn und Unsinn der Anglizismen auseinandersetzt, habe ich unlängst erfahren, daß die härteste Fraktion der Eindeutscher das Wort „Heißkäserich" als Ersatz für den „Cheeseburger" einführen möchte. Schneider hält das, zu Recht, für überzogen. Krampfhafte Verdeutschungen sind ebenso töricht wie das gewaltsame Anglo-Geschwurbel, mit dem jeder Großkonzern seine Personalabteilung in ein Human Resources Department umbenennt.

Zutreffend ist freilich, daß sich bei McDonald's vielerlei Anglo-Speisen herumtreiben, die den kollektiven Eindeutsch-Eifer ständig anstacheln. Aus dem ohnehin schon recht deutsch anmutenden Hamburger allerdings ein sprachlich noch deutscheres Produkt zu machen, das ist wahrlich keine leichte Aufgabe.

Herausforderungen
Eine echte sprachliche Challenge

Mein verehrter Kollege J. berichtet aus Brüssel, daß kaum ein anderer Begriff im Gestrüpp der EU-Bürokratie so üppig wachse und gedeihe wie die „Herausforderung" (das gilt natürlich auch für seine Entsprechungen in den anderen EU-Amtssprachen: „challenge", „défi" und so fort).

J. beanstandet zu Recht, daß die Fügung „eine Herausforderung annehmen" eine schlechte Übersetzung aus dem Englischen ist, weil man im Deutschen Herausforderungen nicht annimmt, sondern sich ihnen stellt. Das ist aber nicht alles, was man der Herausforderung vorwerfen kann.

Der Begriff ist deshalb so überaus erfolgreich, weil er es erlaubt, auf kommode Art real existierende Probleme – und oft genug solche, die man selbst verursacht hat – sprachlich aus der Welt zu schaffen. So könnte zum Beispiel eine Firma, die jahrelang gesundheitsschädlichen Dreck in die Luft bläst und dafür kritisiert wird, durchaus die Stirn haben, sich aus der Verantwortung zu stehlen, indem sie einfach behauptet, daß sie dies als „Herausforderung" ansehe, sich „noch intensiver" um den Umweltschutz zu bemühen.

Ein klassischer Schmäh: Das Problem ist – wenn auch nur sprachlich – aus der Welt, und darüber hinaus erweckt man auch noch einen zupackend-aktiven Eindruck, weil man ja gewillt ist, „Herausforderungen anzunehmen". Die Herausforderung ist ein politisch verdächtiger Begriff. Wo zu oft von ihr die Rede ist, sollten die Warnlampen zu blinken beginnen.

Herumzicken
Gereizte Laune bei Damen und Herrn

In ihrer *VOR*-Kolumne beschreibt die Journalistin Martina Rupp die Leiden eines Freundes, der vor seinem 40. Geburtstag die Torschlußpanik bekommt und aus diesem Grund tatsächlich anfängt, heftig „herumzuzicken". Kann das mit rechten Dingen zugehen?

Die Zicke ist bekanntlich eine weibliche Ziege, so daß sich beim Chronisten beim Lesen dieser Kolumne kurzfristig ein Moment der Unsicherheit einschlich, ob denn ein Mann tatsächlich herumzicken könne oder ob das nicht ähnlich paradox ist wie eine Frau, die bockt. Die Wörter „bocken" (bzw. „herumbocken") gibt es natürlich durchaus, und vielleicht ist „herumzicken" sogar die „gegenderte" (→Gendern) Entsprechung, die sich nun ungehemmt breitmacht, allerdings nicht zum Ruhme des weiblichen Geschlechts. Es scheinen freilich feine Bedeutungsnuancen zu bestehen: „Herumbocken" hat etwas entschiedener Trotziges, „zicken" etwas unbestimmt Affektiertes.

Eine kleine Google-Recherche hat mir gezeigt, daß die Damen und Herren Internetnutzer mit dem Wort „herumzicken" recht liberal hantieren. Herumzicken können nicht nur Frauen („Angelina Jolie zickt herum", „meine Freundin zickt herum", „meine Diva zickt herum"), sondern auch Männer („Lukas zickt herum", „Garfield zickt herum", „der alte Zauberer zickt herum") und vor allem Computer samt Zubehör („die Bluetooth-Tastatur zickt herum", „der Server-Manager zickt herum").

PS: Zur Erläuterung für Nicht-Wiener: Das *VOR*-Magazin ist die Monatspostille der Wiener Verkehrsbetriebe, die in fast jeder Bim baumelt.

Der Herzen
Ein Wort für den Kardiologen

Von Herzen gerne übergebe ich das Wort an Herrn C. C., der mir da folgendes schreibt: „Schon aufgefallen? Einige Prominente schaffen es immer wieder, das zweifelhafte Attribut ‚der Herzen' angeheftet zu bekommen. Aktuelles Beispiel: James Bond der Herzen.

Da frag' ich mich, was zeichnet einen ‚… der Herzen' aus? Große Aorta? Rasender Puls? Leider muß ich Sie diesmal um Ihren Job bringen (ich hab nämlich schon selbst recherchiert), welche Herzen es laut Google noch gibt:

- Kaiserin der Herzen (Sissi)
- Europameister der Herzen (Stadt Innsbruck bewirbt sich um diesen Titel)
- Weltmeister der Herzen (Schumi)
- Hilfsprojekt der Herzen (Das größte Hilfsprojekt, das die *Kärntner Woche* je ins Leben gerufen hat!)
- Ascher der Herzen (Kate-Moss-Gedenkaschenbecher)
- Siegerin der Herzen (‚Zahlen-Pfusch beim Grand Prix der Volksmusik! Monika Martin mußte ihren Pokal, einen hübschen Bergkristall, live und vor laufender Kamera wieder rausrücken …')

Wo ist da die Grenze? Vielleicht bei den Kardiologen der Herzen?"

Gute Frage.

Hillicopter
Fahrzeuge mit persönlicher Note

Ach, wieviel grauer wäre doch die Welt, wenn wir unseren Volksmund nicht hätten! Ob in Südafrika oder Norwegen, ob in Tasmanien oder Feuerland, ob in Österreich oder den USA: Sprachspielerisch begabte Völkerschaften lassen sich selten eine Gelegenheit entgehen, immer wieder einmal ein treffliches Neuwort zu kreieren und so aufs angenehmste zum linguistischen Fortschritt beizutragen.

Die Amis zum Beispiel haben nicht lange gefackelt und den Helikopter, mit dem Hillary Clinton im Frühjahr 2008 engagiert, wenn auch letztlich erfolglos von Wahlkampfauftritt zu Wahlkampfauftritt flog, in einer charmanten Mischung von Hilly und Heli „Hillicopter" getauft (gesetzt den Fall, der ehemalige Direktor des Kunsthistorischen Museums in Wien, Wilfried Seipel, wäre hierzulande mit einem Helikopter herumgeflogen, so hätte man den natürlich sofort „Willicopter" genannt).

Der Hillicopter ist nicht das einzige Fahrzeug, das nach seinem Benutzer benannt ist. Zu erwähnen ist hier vorab das legendäre Papamobil, mit welchem der Pontifex Maximus die Scharen der Katholiken zu durchpflügen pflegt.

Hingucker
Ein Wort zum Wegschauen

Herr (oder Frau) A. schreibt mir: „Sehr geehrter Herr Winder! Ich denke, daß Sie mit Ihrem Wörterbuch einen ‚Hingucker', um nicht zu sagen einen ‚richtigen Hingucker' geschaffen haben. (‚Schau – ein Winders Wörterbuch!' ‚Und mit so vielen Seiten!') Allerdings begegnete mir der unsägliche Hingucker bisher nur im Print, auf den diversen Society- und Modeseiten diverser Medien, lediglich eine Dame im Schuhverkauf hat ihn in meiner Gegenwart auch schon ausgesprochen." Herzlichen Dank a) für den Tip und b) für das Kompliment.

Zur semantischen Wertung des „Hinguckers" ist zu bemerken, daß das Wort in dieser Verwendung jedenfalls indiskutabel ist, denn es gehört einer Wortbildungsgruppe an, die ein Aktivum bezeichnet. Gemeint ist hier aber das Gegenteil – um es am Beispiel zu zeigen: Ein Hingucker wäre – sprachlogisch – ein Mann, der einer Frau auf die Schuhe oder auf noch Interessanteres schaut; de facto sind aber im Gegenteil die Schuhe oder das noch Interessantere die Hingucker. Eine verquaste Sache – und wohl gerade daher für gewisse Medien und Werbung interessant.

Hinten sind die Enten fett
Die Hoffnung stirbt zuletzt

Als deutscher Bundeskanzler war Gerhard Schröder im Sommer 2005 bei George W. Bush zu Gast und hat dort, nach seiner persönlichen Prognose für die nächste Bundestagswahl befragt, mit einer hübschen niedersächsischen Redewendung geantwortet: „Hinten sind die Enten fett." Damit wollte Schröder zum Ausdruck bringen, daß er sich von den mageren Umfrageergebnissen nicht ins Bockshorn jagen lasse, sondern zuversichtlich sei, daß ihm der deutsche Wähler im Herbst dennoch das Vertrauen schenken werde. Das ursprüngliche Anwendungsgebiet der Redewendung ist, soweit ich dies aus verschiedenen Internetquellen erschließen konnte, das Kartenspiel: Wenn beim Skat anfangs nur wertlose Stiche gemacht werden, kommen die Stiche mit den höheren Punktzahlen zwangsläufig später, d. h. „hinten sind die Enten fett". Schröder hat das zweckoptimistische Enten-Sprüchlein übrigens schon bei den Wahlen 2002 mehrfach zum besten gegeben – damals zu Recht. Im Herbst 2005 war die SPD-Ente dann allerdings auch hinten recht mager.

Hirsch
Menschlich-animalische Verhältnisse

Was denkt sich der Leser, wenn er in der *Zeit* liest, daß der Münchner Bürgermeister den Wechsel in den Hirschen getrieben hat? Wenn es ihm so geht wie mir, dann denkt er sich, daß er soeben auf eine Lücke in seinem Vokabelbestand gestoßen ist. Kein Wunder, denn – ich zitiere aus der *Zeit* – „außerhalb Bayerns wissen nur wenige Menschen, daß es sich bei einem Wechsel um einen Zapfhahn handelt und bei einem Hirsch um ein Holzfaß mit etwa 200 Litern Inhalt". Ebenso wissen auch nur wenige Menschen außerhalb Wiens, daß der „Hirsch", im Wiener Dialekt auf ein humanes Wesen angewendet, gleich zwei, einander leicht widersprechende Bedeutungen hat: „Hirsch" meint nämlich einen „flinken Menschen", aber auch einen „Tölpel" (Wolfgang Teuschl, *Wiener Dialekt-Lexikon*). Das ist widersprüchlich, weil sich Tölpel, mit der Ausnahme von Forrest Gump vielleicht, ja üblicherweise eher durch eine gewisse Langsamkeit auszeichnen, also das Gegenteil von flinken Menschen sind.

Da schon vom (sprachlichen) Verhältnis von Mensch und Tier die Rede ist: In A. Storfers Buch *Im Dickicht der Sprache* (ich habe dieses Werk unter →„Sterni leuchtunt" erwähnt und empfohlen) bin ich auf ein Kapitel mit dem Titel „Tiernamen als Krankheitsnamen" gestoßen. Darin legt Storfer detailliert dar, daß es – was mir bisher nicht bewußt war – für viele menschliche Krankheiten animalische Bezeichnungen gibt: den Krebs natürlich, aber auch den Wolf, den Star, die Grillen, die Polypen, den Frosch, der im Hals sitzt, den Vogel, den man im Kopf hat, sowie einige weniger geläufige Tierarten: Der Krampf der Gebärmutter soll im Volksmund auch „Krot" (Kröte) heißen, während der „Bock" ein volkstümlicher Ausdruck für die Gicht ist.

Hochkarätig besetzt
Kein strahlender Diamant

„Hochkarätig besetzt" ist eine Formulierung, die hochgradig nervt (danke an Singultus und Christian Sch. für den Hinweis). Wo immer in einem Text von einer Podiumsdiskussion, einem Symposium oder einer Veranstaltung berichtet wird, ist die Wahrscheinlichkeit, daß diese „hochkarätig besetzt" sind, extrem hoch. Die Engländer nennen dieses Phänomen

„collocation": Wörter, die einander magnetisch anziehen und gleichsam nur Hand in Hand unterwegs sind. Man sollte es sich zweimal überlegen, ehe man sich mit ihnen einläßt – nicht so sehr, weil der Duden das auf einen Menschen bezogene „hochkarätig" als umgangsprachlich qualifiziert, sondern weil es gar so nach Denkfaulheit klingt.

Hier die Ergebnisse einer Mini-Internet-Recherche über das, was im Sommer 2008 und den Jahren zuvor als „hochkarätig besetzt" galt: der Elsebad-Beach-Cup; drei neue Lehrstühle an der Wirtschaftsinformatik der TU München; das Berni-Großmann-Turnier in Hohenlimburg; der Fernsehfilm *Stauffenberg*; der Rostocker Springertag; das zweite Zentral- und Osteuropa-Wirtschaftsforum in Velden; das Publikum bei der Ehrung der besten Köche im Witzigmann & Roncalli Bajazzo in Frankfurt am Main sowie der Film *Eine Couch in New York*, eine Liebeskomödie über einen transatlantischen Wohnungstausch, „hochkarätig besetzt" mit Juliette Binoche und William Hurt.

Notabene: Die Engländer wissen im übrigen wohl zu diffenzieren zwischen der direkten und der übertragenen Bedeutung: „high-carat" versus „high-class".

Holzofen Leberkäse
Ein ziemlich hinkender Vergleich

Im Sommer 2007 fuhr man in Wien häufig mit der Straßenbahn oder dem Auto an gigantischen Werbeplakaten vorbei, welche eine überdimensionale angebissene Leberkäs-Semmel zeigten. Der Text zum Bild: „Mein Name ist Leberkäse. Holzofen Leberkäse."

Menschen, die mit der Populärkultur vertraut sind, wissen selbstverständlich sogleich, worauf diese Worte anspielen: nämlich auf die Art und Weise, wie sich 007, der Welt berühmtester Geheimagent, einzuführen pflegt: „Mein Name ist Bond. James Bond" – zunächst der Nachname, und dann erst, nach einer bedeutungsvollen Kunstpause, wird der Vorname nachgeliefert.

Leider muß der Chronist hier wieder kritisch werden und darauf hinweisen, daß die werbende Parallelsetzung von 007 und

Holzofen Leberkäse nicht optimal funktioniert. Denn erstens ist „Holzofen" im Gegensatz zu „James" kein Vorname, und ich nehme einmal an, daß jeder Standesbeamte einen Baum aufstellen würde, wenn man sich ihm mit dem Ansinnen näherte, ein Neugeborenes „Holzofen" zu taufen. Zweitens läßt sich Leberkäse nur schwerlich zu Spionagetätigkeiten einspannen, drittens liegt er nicht mit schönen Frauen im Bett, viertens spielt er nicht Roulette, fünftens kann er nicht Karate, und sechstens fährt er nicht mit einem Aston Martin.

Man sieht also: Der Vergleich hinkt. Behauptet wenigstens dieses Wörterbuch. Winders Wörterbuch.

Hopfenkaltschale
Auch im Beisl wird gelacht

Der Homo Austriacus ist ja ein humorvoller Mensch. Wie in den vergangenen Wochen unter freundlicher Beteiligung der p. t. Leserschaft diskutiert wurde, neigt der Österreicher zu allerlei Scherzanreden im zwischenmenschlichen Verkehr (→Freunde der Berge, →Oida Fux). Selbstverständlich macht dieser Drang zur humoristischen Ausdrucksweise auch vor einer so wichtigen Institution wie dem Wirten nicht Halt. Ihr Chronist saß unlängst im Beisl und hörte, wie ein Gast am Nebentisch eine „Hopfenkaltschale" bestellte, somit auf scherzhaft verbrämte Art zum Ausdruck brachte, daß ihn nach einem Krügel Bier gelüste.

Daneben gibt es an Bierbehältnis-Synonymen das „16er Blech" (Die →Eitrige) und die „Hüsn" (Hülse, hier: Bierflasche), die aber eher am Würstelstand als beim Wirten ausgefolgt werden. Ihrem Chronisten ist auch noch der Ausdruck „Ansermenü" (Einsermenü) bekannt, als heitere Umschreibung für ein Krügel Bier und einen Schnaps, die der Gast anstelle eines regulären Mittagessens zu sich nimmt. Damit der Wirt allerdings auch richtig versteht, was mit dem „Ansermenü" gemeint ist, und nicht etwa tatsächlich mit einer Suppe daherkommt, muß der Gast in diesem Etablissement bereits als Süffel eingeführt sein.

Das Arsenal der humorvollen heimischen Wirtshauskonver-

sation (in jeder deutschsprachigen Region eine eigene Betrachtung wert) ist damit aber längst nicht ausgeschöpft.
Alternativen zur Hopfenkaltschale sind der „Hopfentee", der
„Hopfenblütentee" und das „Hopfenkompott" sowie – gleich-
bedeutend, aber ohne Hopfen – das „Glasweckerl", die „Vase"
oder die „Hülsenfrucht". Die Deutschen sagen zum „Ansermenü" gerne „Herrengedeck" bzw. „Herrenhandtasche" zum
Sechserträger. Der „Liquid Lunch" ist die britische – und amerikanische – Variante des Einsermenüs: „With all the lay-offs that
morning, it was rough. I hit the bar around the corner for a liquid lunch." (www.urbandictionary.com)

Hopsi
Eine magische Formel zur schnellen Fehlerbereinigung

Es ist immer ratsam, ein Wort parat zu haben, das einen flugs
in bessere Stimmung bringt, wenn die Dinge schieflaufen, man
einen Fehler aus der Welt schaffen muß oder generell nicht
gut drauf ist. Karl Kraus erwähnt, daß die Schlaraffen einander schon vor hundert Jahren in Wien „Lulu" zuriefen, wenn sie
vom harten Tagesgeschäft ausspannen wollten. Bei Mary Pop-
pins hieß das Wort „Superkalifragilistigexpialigetisch", aber es
gibt noch andere dieser Zauberformeln, wie ich mich unlängst
bei einem Einkauf in einem Wiener Fotoladen (zwei Abdeck-
kappen für Objektive verschlampt) vergewissern konnte. Beim
Abschluß des Geschäfts ein kleiner Zwischenfall: Der Verkäufer
verrechnet sich um fünf Euro zu meinen Ungunsten; eine innere
Stimme raunt mir zu, daß mich der Schlingel übers Ohr hauen
will. Als ich ihn auf seinen Fehler hinweise, entfährt ihm nicht
etwa ein Wort des Bedauerns, wie das ein mißtrauisch gewor-
dener Kunde in dieser Situation wohl erwarten könnte. Stattdessen sagt er laut und deutlich „Hopsi" und schiebt mir dann
den korrekten Auszahlungsbetrag über den Ladentisch. Hopsi!
Ein Wunder, daß sich dieses Prachtwort nicht viel größerer Beliebtheit im öffentlichen Diskurs erfreut. „Hopsi" ist nicht nur
die magische Formel, mit der sich jeder Fehler im Handumdrehen aus der Welt expedieren läßt, sondern es verleiht zusätz-

lich eine liebreizende Aura des Unschuldig-Kindlichen, mit der
der Hopsi-Sager bei seinem Gegenüber sogleich einen Stein im
Brett hat: Ich bin klein, mein Herz ist rein – wie kannst du mir
da böse sein? Im Ernst: Alle, denen „Verzeihung" zu förmlich
und „Hoppala" zu intellektuell ist, sollten es in Zukunft einmal
mit „Hopsi" probieren.

Hose
Anderer Leute Popos

Am Sonntag mit ein paar Bekannten den Kahlenberg erklom-
men, als plötzlich hinter einer Kurve ein sehr, sehr wohlbeleib-
ter Herr auftauchte, dessen gigantischer Hintern mondgleich
vor uns auf dem Wege erglänzte. Nicht genug, daß dieses Gesäß
allein kraft der ihm innewohnenden Fleisch- und Speckigkeit
ein ästhetisch zweifelhaftes Schauspiel (Marke: Zirkuselefant)
geboten hätte. Nein: Sein Besitzer hatte es auch noch für op-
portun gehalten, sich in eine weiße Kunststoffhose zu kleiden,
die, hauteng anliegend, wie sie war, sich bis in die Popofalte
hinein verkroch und die Gesäßkonturen aufs schärfste akzentu-
ierte. Ein sarkastisch veranlagter Herr aus unserer Gruppe kommentierte diesen Anblick aber mit einer Bemerkung, die mir bis
dato nicht bekannt gewesen war: „Arsch essen Hose auf."
Der cineastisch geschulte Leser wird in diesem Kommentar natürlich sogleich eine Anspielung auf Rainer Werner Fassbin-
ders Filmtitel *Angst essen Seele auf* erkennen, welcher hier zur
Charakterisierung einer leicht schockierenden Kleidungsgepflo-
genheit zweckentfremdet wurde. Das scherzhafte Moment der
Redewendung resultiert in erster Linie daraus, daß der besagte
Körperteil von der Natur aus keineswegs zum Essen eingerichtet
wurde, sondern just zum Gegenteil davon.
Eine Blitzrecherche unter Bekannten hat mich belehrt, daß
„Arsch essen Hose auf" auch in der derberen Variante „Arsch
frißt Hose auf" existiert – wobei hier freilich die feine Anspie-
lung auf Fassbinder verlorengeht. Anwendungsgebiet beider
Varianten sind nicht nur Hosen, sondern auch Stringtangas und
verwandte Kleidungsstücke. Auch eine gewisse phänomenolo-

gische Nähe zum →Maurerdekolleté ist zu erkennen. „Read my lips" hingegen ist ein derber Kommentar zu einer Dame, deren Beinkleider *sehr* eng anliegen.

Hufe
Selbstvertierung leichtgemacht

Der Philosoph Schopenhauer hat sich einst darüber erbost, daß die Sprache unterschiedliche Begriffe für ihrem Wesen nach identische Lebensäußerungen von Menschen und Tieren parat hält. Tiere sind nicht schwanger, sondern trächtig, sie essen nicht, sondern fressen, sie gebären nicht, sondern werfen und so fort. Schopenhauer hielt dies für einen rechten Skandal, weil in seinem Denken zwischen dem Menschen und dem Tier keine so scharf gezogene Grenze bestand, als daß sie diese Unterscheidung gerechtfertigt hätte.
An Schopenhauer mußte ich vor kurzem denken, als ich einen Knaben aus dem weiteren Familienkreis sagen hörte, daß er sich „die Hufe schneiden" müsse. Da es sich bei besagtem Knaben nicht um einen Kentauren handelt, sondern um ein ganz normales Menschenkind, verwendete er den Ausdruck „Hufe" hier natürlich nicht im eigentlichen Sinn, sondern als scherzhafte Metapher für seine Zehennägel. Es handelte sich somit um einen klassischen Akt der sprachlichen Selbstvertierung, der weniger häufiger vorkommt als die Zuschreibung tierischer Eigenheiten an andere („So eine Sau!", „Dieser blöde Hund", →„Zickenalarm" usf.).
Zwei weitere klassische Selbstvertierungsformeln, auf die die p. t. Leser aufmerksam machten: „Ich sortier' mir die Federn" (für: kämmen) sowie „Ich komme im Schweinsgalopp".

Hüftgold
Speckig um die Mitte

Sommer ist die Zeit des Hüftgolds. Erbarmungslos legen Bikinis und Badehosen die Speckkringel und Fettflügel bloß, die man

sich das Jahr über angefuttert hat und die nun, provokativ aus-
ladend, die Körpermitte umrunden. Manche sagen „Schwimmreifen" dazu. Die Engländer denken an den Geschlechtsverkehr und sprechen scherzhaft von „love handles". Die Australier
haben für überhängende Fettmassen den Begriff „muffin tops"
erfunden, der vom *Macquarie Dictionary*, dem australischen
Nationalwörterbuch, 2006 zum „Wort des Jahres" gewählt
wurde (ein Muffin ist ein Gebäck mit einer typischen ringartigen
Teigkrause, die knapp oberhalb des Papierförmchens, in dem
der Muffin steckt, ins Freie dringt). Wiederum andere nennen
die Muffin tops, Love handles oder Schwimmreifen eben „Hüftgold". In Berlin gibt es ein Modelabel namens Hüftgold, in Düsseldorf ein Café Hüftgold.
Je mehr vom Hüftgold schwingt und schwabbelt, desto mah-
nender runzelt der Arzt die Stirn. Erlaubter Bauchumfang:
höchstens 88 Zentimeter bei Frauen, höchstens 102 bei Män-
nern. Hüftgold, das diese Maße sprengt, ist ungesund. Besonders der „Apfeltyp", der klassische Hüftgoldträger, gibt zur medizinischen Sorge Anlaß: Es droht das metabolische Syndrom
(oder Syndrom X) mit erhöhtem Blutdruck, erhöhten Blutfetten
und erhöhtem Blutzucker. Der zur Anlagerung von Popo- und
Oberschenkelgold tendierende „Birnentyp" hat auch seine kosmetischen Probleme, aber weniger riskant als Hüftgold ist Oberschenkelgold allemal.
Das *VOR*-Magazin, die Zeitschrift, die in den Wiener Bims baumelt, berichtet in einer Ausgabe, daß Tatjana Batinic, Miss Austria des Jahres 2006, Hüftgold geschlemmt habe. Dazu sieht
man ein Foto von Frau Batinic, auf dem sie sich mit einer Ku-
chengabel ein Stück Torte einverleibt. Das ist eine interessante Anwendungsversion des Wortes, weil mit diesem Hüftgold
nicht das am Körper sichtbare Resultat des Schlemmens gemeint
ist, sondern eine kalorienreiche Speise, die zur Produktion von
überschüssigem Körperfett beiträgt. Mit demselben Recht könnte man natürlich auch Speck und Spiegelei, Bratwurst und gebackenen Emmentaler „Hüftgold" nennen. Der besseren Unter-
scheidbarkeit halber wäre es in solchen Fällen vielleicht doch
angezeigt, nicht bloß von „Hüftgold", sondern von „Hüftgold in
spe" oder „Hüftgold in the making" zu sprechen.

Hui

Eine immer praktische Interjektion

Unlängst bin ich wieder einmal auf die hübsche Redewendung „Außen hui, innen pfui" gestoßen. Dazu folgendes: Die Interjektion „hui" hat, laut dem *Deutschen Wörterbuch* der Brüder Grimm, eine ganze Menge von Bedeutungen. Ich zitiere auszugsweise:

„1) im allgemeinsten sinne etwas schnelles, plötzliches malend; gewöhnlich einsilbig kurz gesprochen, auch huj geschrieben. Es steht

a) zufrühest zu raschem handeln antreibend

b) den plötzlichen ausbruch einer freude begleitend

c) ermunternd

d) als einleitung zu einem widerspruch, als zeichen der nichtberücksichtigung von etwas vorher gebrachten

e) auch als zeichen einer überraschung

f) sehr häufig leitet ‚hui‘ einen plötzlichen einfall, einen schnell auftauchenden gedanken ein

g) in der neuern sprache gewöhnlich, allgemein grosze geschwindigkeit malend

h) in der reimenden verbindung ‚hui und pfui‘, einen plötzlich hervorbrechenden ekel bezeichnend.

2) hui ist, nachweislich seit dem 16. jahrh., auch als substantiv viel gebraucht

3) hui, adjectiv, meist prädicativ in der formel ‚hui sein‘, schnell überhin sein" (Die Kleinschreibung ist original Grimm – Anm. d. Autors).

Ein Blick ins Internet hat mich gelehrt, daß „hui und pfui" auch hundertfünfzig Jahre nach den Grimms immer noch mächtig im Umlauf ist, und zwar nicht nur in der genannten Außen-Innen-Wendung, bei der die wohlgeratene äußere Beschaffenheit einer Sache (sagen wir einmal, eines knusprig braun gebackenen Wiener Schnitzels) seiner inneren Mißratenheit gegenübergestellt wird (sagen wir einmal, dem blutigen, knorpeligen Fleisch desselben), sondern auch sonst in mannigfaltigen Zusammenhängen und Variationen: „DVD hui, Musik pfui", „Düsseldorf hui, London pfui", „Gewinn hui, Ausblick

pfui", „Telekom – im Ausland hui, im Inland pfui", „1-a-Bör-
sentips-Kolumne: Banken pfui, Gold-Aktien hui", „Schalke
hui, Werder pfui".

Ein Hund
Unberechenbar und schwer zu meistern

Herzlich willkommen im Jahr 2007! Als im letzten Jahr, kurz vor
Weihnachten, die „Excalibur City" an der niederösterreichisch-
tschechischen Grenze in Flammen aufging (wer's gern pathe-
tisch hat, kann ja auch sagen: „ein Raub der Flammen wurde"),
da meinte ein Kollege des Chronisten, als die Meldung über die
Agenturen kam, lapidar: „Des Feia is a Hund." (In der Übersetzung für die, die des Wienerischen nicht mächtig sind: „Das
Feuer ist ein Hund.") Mit dieser Wendung wird ausgedrückt,
daß man es mit einer unberechenbaren, schwer zu meisternden
und potentiell gefährlichen Kraft zu tun hat, vor der man sich
in acht nehmen sollte. Den entsprechenden Hund sollte man
sich daher auch nicht als Pudel, Chihuahua oder Mops vorstellen, sondern als Dobermann, Schäferhund, Rottweiler, Pitbull
oder dergleichen. Gehört habe ich auch schon, daß der „Sex ein
Hund" sei (von einem verheirateten Herrn geseufzt, der Schwierigkeiten hatte, seine entsprechenden Triebe nur im dafür vorgesehenen ehelichen Rahmen auszuleben).
Im Bairischen ist die Wendung „A Hund is er scho" eine Huldi-
gungsformel für ein tatkräftiges Mannsbild, das durchaus
schlitzohrig und auch nicht immer treu auf Gesetzesboden
agiert (also: Sowohl ein taktisch geschickter Trainer als auch F. J.
Strauß können diesen Titel für sich beanspruchen). Da schwingt
immer so ein wenig Ruch mit. Stoiber, Beckstein oder gar Hu-
ber sind keine Hunde, eher schon könnte Karl-Heinz Grasser
einer sein.
Und auf Frauen läßt sich der Hund sicher nicht gendermain-
streamen: A Hündin is scho? Nein.

Hurra, die Gams!
Ein Gebirgstier, das in verschiedenen Revieren zuhause ist

„Hurra, die Gams!" ist ein Ausruf, der in verschiedenen Sprach-
gebieten siedelt: Auf dem der volkstümlichen Musik wird er in
aller Ernsthaftigkeit dazu verwendet, eine imaginäre alpine
Kulisse, wie sie für dieses Genre charakteristisch ist, herbeizu-
beschwören. „Hurra, die Gams" heißt ein Song auf dem Debüt-
album der „Grubertaler" (Eigenwerbung: „vielversprechend,
klangvoll eingängig, stilgerecht ausdrucksstark"), und „Hurra,
die Gams" heißt eine CD der „Edelweiß-Piraten". Daneben wird
„Hurra, die Gams!" aber auch als triumphierender Ausdruck
verwendet, mit dem man beim Bauernschnapsen die Trümp-
fe auf den Tisch klopft.. Von diesen ländlichen Gebieten aus ist
die Gams inzwischen auch in die städtische Jugendsprache hin-
übergewandert, wo sie selbst von Leuten, die noch nie in ihrem Leben eine Gams zu sehen bekommen haben, als ironisch
verbrämte Freudenbekundung verwendet wird. Für diese Verwendungsart lassen sich etliche Internet-Belegstellen finden:
„Hurra die Gams! Ich bin wieder im Training!" „Hurra, die Gams!
Es gibt neue Cocktails!"

Bei Hurrikans
Ein Ort, an dem es drunter und drüber geht

Vor einiger Zeit hat mir der Wind ein lehrreiches, ziemlich schräges Buch aus dem Eichborn-Verlag auf den Schreibtisch geweht.
Es trägt den lapidaren Titel *Alk*, geschrieben hat es Simon Borowiak, der vor seiner Geschlechtsumwandlung Simone Borowiak
hieß, Redakteurin bei der Satirezeitung *Titanic* war und in den
90er Jahren den erfolgreichen, später dann mit Iris Berben ver-
filmten Roman *Frau Rettich, die Czerni und ich* verfaßt hat. In
Alk schildert Borowiak im überdreht humoristischen Tonfall der
Neuen Frankfurter Schule Ursachen und Folgen des Alkoholmiß-
brauchs, der Bogen spannt sich vom Schwips bis zur Lebertrans-
plantation. Bemerkenswert an dem Buch ist vor allem der ex-
treme Kontrast zwischen Inhalt und Form, und wenn Borowiak

in heiterstem Duktus über irreversible Gehirnschädigungen oder tödliche Vollräusche schreibt, dann weiß der Leser nicht, ob er lachen oder weinen soll, bzw. das Lachen bleibt ihm im Halse stecken. Borowiak kennt sich bei dem Thema übrigens nicht nur theoretisch, sondern auch praktisch aus und kann Erfahrungen aus mehreren Entzugsanstalten beisteuern.

In einer Passage des Buches, das die Auswirkungen sukzessiver Alkoholzufuhr auf das menschliche Gehirn schildert, heißt es, beim schweren Rausch sehe es in Körper und Geist aus wie bei „Hurrikans unterm Sofa". Die Formulierung kannte ich ebensowenig, wie Google sie kennt (vielleicht existiert sie auch nur in Borowiaks Privatvokabular), aber es ist klar, was damit gemeint ist: Ein Ort, an dem turbulent-chaotische Verhältnisse herrschen. Ausgesprochen kreativ formuliert! In Deutschland kennt zwar jedermann den sinngleichen Ausdruck „wie bei Hempels unterm Sofa/Bett", aber keiner kann erklären, warum gerade dieser Name für chaotische Verhältnisse steht.

Während „Hurrikans Sofa" auf das Chaotische einer Örtlichkeit abstellt, gibt es auch eine Reihe von Ausdrücken, die lebhaftes Aus und Ein oder ein Gedränge kennzeichnen, allen voran natürlich „Da geht's ja zu wie in einem Taubenschlag". Meine selige Oma Philippine pflegte in ihrem urtümlichen Bregenzer Dialekt zu sagen: „Do goht as zua wia z'Himmls vorduß", da geht es zu „wie vor dem Himmel", einem Ort also, an dem beträchtliches Gedränge herrscht, weil jeder in selbigen hineinkommen möchte.

Im Französischen gibt es den Ausdruck „On entre comme dans un moulin", „Man kommt hier herein wie in eine Mühle", d. h. es herrscht ein rechtes Ein und Aus, es geht drunter und drüber.

Im amerikanischen Englisch sagt man „It's like Grand Central Station", während in Großbritannien Piccadilly Circus und Waterloo Station als Inbegriff des Trubels gelten („It's like Piccadilly Circus, like Waterloo Station").

Ich freu' mich!
Ein fader Einblick ins Gefühlsleben

„Ich freu' mich", sagen die Politiker nicht immer, aber immer öfter. Warum sie dies tun? Weil sie uns damit signalisieren wollen, daß sie keine kalten Opportunisten mit grotesk überhöhten Pensionsansprüchen sind, sondern warmherzige, gefühlvolle Menschen, die ihren Job aus schierem Gefallen an der Sache tun und sich dabei auf die jeweils anstehenden →Herausforderungen freuen wie kleine Kinder auf den Weihnachtstag. 2005 eröffnete Finanzminister Karl-Heinz Grasser seine Budgetrede mit den Worten: „Ich freue mich, Ihnen heute den Bundeshaushalt 2006 vorzulegen." Ich hab' mich gefreut, ihm nicht zuhören zu müssen.

Natürlich nutzt auch die Werbung diese abgestandene Wendung. Galeria Kaufhof hat in Deutschland seit längerem schon das Motto: „Ich freu' mich drauf". Klingt, obwohl schon früher in Gebrauch, dem „I'm lovin' it" des →Schachtelwirts sehr ähnlich.

Ich-hab-mich-lieb-Jacke
Von eigenwilligem Zuschnitt

Für Leute, die so heftig →auszucken, daß sie mit anderen Mitteln nicht mehr zu bändigen sind, gibt es ein Kleidungsstück, das unter dem Namen „Zwangsjacke" bekannt ist. Mit seinem eigenwilligen Zuschnitt sorgt es dafür, daß der darin Untergebrachte in seiner Bewegungsfreiheit so eingeschränkt wird, daß er weder sich selbst noch anderen Schaden zufügen kann. Herr P. D. von der TU Graz schreibt mir dazu, daß die Zwangsjacke auch als „Nichtraucherjacke" bzw. als „Ich hab-mich-lieb-Jacke" bezeichnet werde. „Leider weiß ich nicht, woher diese Kreation stammt, ich hab sie beim Bundesheer in Kärnten gehört und hob mi fürchterlich obprackt." („obprackt", österr. für: „ich habe mich königlich amüsiert".)

Beides ist fein beobachtet: Weder wird man in einer Zwangsjacke gemütlich rauchen können, noch ist das Moment der Selbstumarmung zu übersehen.

Ichling
Mit einem ausgeprägten Ego

Im *Stern* warnt Horst Seehofer vor einer „Gesellschaft von Ichlin-
gen". Wie der CSU-Mann diesen deutschen Uraltbegriff für den
Egoisten für sich wiederentdeckt hat, weiß ich nicht, aber eine
kleine Google-Recherche zeigt, daß der „Ichling" gar nicht so
selten verwendet wird – immerhin 23.000 Einträge. Eine direkte
Auswirkung des Überhandnehmens der Ich-AGs vielleicht?
„Ichling" klingt wie einer der berühmten Verdeutschungslisten
entnommen, die Sprachgesellschaften und -vereine seit dem
17. Jahrhundert immer wieder produziert haben. In der Liste des
Allgemeinen Deutschen Sprachvereins (gegründet 1865) taucht
es als Alternative zu „Egoist" tatsächlich auf, aber es ist natürlich älter. Im *Deutschen Wörterbuch* der Brüder Grimm wird
als Quelle Jean Pauls *Frieden-Predigt an Deutschland* von 1827
zitiert. Das Schöne ist, daß dieses Wort frischer und nachdrück-
licher wirkt als das abgegriffene „Egoist". Da hat der Seehofer
einmal die entsetzliche Politikersprache aufgebrochen.

Ihres Vertrauens
Eine Phrase, der man mißtrauen sollte

Auch eine jener Formeln, die man schon sechstausend Mal
gelesen hat und eigentlich ungern das sechstausenderste
Mal liest (Dank an T. für den Tip!). Ein kurzer Blick ins Internet
belegt den inflationären Gebrauch dieser Phrase sowie einen
ungebremsten, durch alle Berufsgruppen reichenden Trend,
sich der Kundschaft als Vertrauensleute anzubieten: „der Be-
statter Ihres Vertrauens", „die Detektei Ihres Vertrauens", „der
Frauenarzt Ihres Vertrauens", „die Partnervermittlung Ihres Vertrauens", „das Möbelhaus Ihres Vertrauens" und so weiter und
so fort.
Ist ähnlich abgestanden wie die Behauptung, eine Ware sei
„vom Feinsten", und sollte daher von der Sprachpolizei mit
einem Strafmandat nicht unter 20 Euro geahndet werden. Die
Leser werden vielleicht noch andere Phrasen auf dem Herzen

haben, die ihnen besonders strafwürdig erscheinen. Zuschriften wie immer erbeten an das Wörterbuch Ihres Vertrauens.

In mir
Großaufmarsch im Innenleben

Zwei Seelen wohnen, ach, in meiner Brust, und vielleicht sind es sogar drei, vier oder noch mehr. Um diesen Sachverhalt sprachlich dingfest zu machen, gibt es die Formulierung „in mir". Ihr Chronist hat unter diesem Stichwort ein wenig bei Google herumgestöbert und ist dabei auf einige Bestandteile gestoßen, die offenbar in mehr als einer Seele prototypisch vorhanden sind. Weit verbreitet ist natürlich „das Kind in mir" – körperlich haben wir das Kind hinter uns gelassen, in der Psyche lebt es weiter.

Sehr häufig gibt es „das Tier in mir", wobei hier gerne weiter differenziert wird. Berichtet wird von der „Katze in mir", dem „Hund in mir", dem „Stier in mir" (Vorsicht: nicht provozieren!), der „Schlange in mir" sowie dem meist als problematisch empfundenen „Schwein in mir" oder auch dem „Schweinehund in mir". Es gibt den „Kämpfer in mir", den „Killer" und den „Mörder in mir", aber zum Glück auch den „Engel in mir", der zur Zurückhaltung aufruft.

Seltsamerweise gibt es auch *Das Meer in mir* – klingt gut, ist aber von den Größenverhältnissen her dubios; weniger seltsam ist *Die Liebe in mir*. Beide Filmtitel zeugen allerdings davon, daß man sich beim Übersetzen mit dieser Floskel der Mühe enthob, ein wirklich treffendes Äquivalent zu suchen, denn *Mar adentro* und *Reign over me* sind damit nur unzulänglich erfaßt.

Intellektüller
Mit dem Umlaut Scherz treiben

Auch ein guter Scherz: Man spreche ein Wort wie „Intellektueller" nicht comme il faut aus, als „Intellektu-eller" also, sondern ziehe das u und das e beherzt zum Umlaut „ü" zusammen

und erheitere seine Zuhörer mit diesem unerwarteten Verfremdungseffekt. Beim Wort „Intellektüller" ergibt sich der Zusatz-
witz, daß man von einem, der es verwendet, annehmen müßte, daß er weiß, wie man es ausspricht. Tut er dies nicht, so
haben wir es nicht nur mit einem simplen Verfremdungseffekt
zu tun, sondern mit einem Verfremdungseffekt zur Potenz.
Auch am Wort „aktuell" habe ich den Ü-Scherz schon vorexer-
ziert gehört („diese Geschichte ist wirklich nicht mehr aktüll"),
und auch andere Lautkombinationen lassen sich bei Bedarf so
zusammenziehen: Ich erinnere mich an eine alte *Titanic*-Num-
mer, in der André Heller recht ungalant als „Pöt" bezeichnet
wurde. Und auch die p. t. Leser hatten manch launiges Fundstück aus ihren Scherzkisten beizusteuern: eventüll (auch: even-
tunnel); manüll; August von Kotzebü; Edgar Allen Pö; Manül,
Samül und Luis Bunül; bisexüll sowie Pürto Rico und Venezüla.

Iraqnophobia
Leiden am Mittleren Osten

Dieses englische Wort, für das sich leicht eine deutsche
Entsprechung („Irakophobie") konstruieren läßt, ist, wie das
→„Pandephonium", dem Buch *Word Fugitives* von Barbara
Wallraff entnommen. Es bezeichnet die Furcht vor dem Irak oder
vor Irakern und soll um das Jahr 1990 herum entstanden sein,
als Saddam in Kuwait einmarschierte. Damals war auch der
Spinnenangst-Thriller *Arachnophobia* in den Kinos.
Die Irakophobie ist seit längerem vor allem in der US-
Regierung verbreitet, sie wird allerdings sukzessive durch irano-
phobe Schübe abgelöst. Eine ellenlange Liste sonstiger Phobien,
von der Ablutophobie (Furcht vor dem Baden oder Waschen)
bis zur Zoophobie (Furcht vor Tieren), liefert die Website
www.phobialist.com.
Fazit: Es gibt buchstäblich nichts auf der Welt, wovor man
sich nicht fürchten könnte. Selbst Knoblauch (Alliumphobie),
die Schwerkraft (Barophobie), Fahrräder (Cyclophobie) oder
der Papst (Papaphobie) können Hasenherzen in Angst und
Schrecken versetzen.

Irgendwie
Ein sprachlicher Aufprallschutz

Jawohl, auch dieses Wort muß – auf wiederholte Anregung vieler Leser – endlich einmal irgendwie hier behandelt werden. Es gibt ja nicht wenige Menschen, denen es irgendwie auf die Nerven geht, wenn ihre Gesprächspartner ständig „irgendwie" sagen. Doch irgendwie sollte man auch nicht vergessen, daß „irgendwie" auch irgendwie die Funktion eines sprachlichen Airbags ausübt – eines Aufprallschutzes, um das, was man sagt, nicht allzu hart klingen zu lassen.

Wenn ich sage: „Der X ist ein Trottel", so ist dies eine Aussage von ungebremster Beschimpfungswucht – sage ich hingegen, daß der X „irgendwie ein Trottel" ist, so impliziert dies umgekehrt, der X sei eben nur irgendwie ein Trottel, was soviel heißt, daß er irgendwie auch keiner ist. So ergeht denn von Seiten des Chronisten die milde Aufforderung an die Leser, mit „irgendwie" nicht allzu streng ins Gericht zu gehen. Denn, wie manch anderes Wörtchen auch, mag „irgendwie" dem Hörer auf Dauer gewaltig auf die Nerven gehen, doch andererseits spielt es halt auch seine kleine bescheidene Rolle im großen linguistischen Welttheater, wenn auch nur irgendwie. Und die wollen wir ihm doch nicht mißgönnen, nicht wahr?

Irritainment
Sonderbare Fernsehformate

Häufig, wenn ich mich von Kanal A bis Kanal Z quer durch das köstliche Angebot des Fernsehens zappe, ereilt mich der Gedanke: Kruzitürken, bin ich froh, daß ich das alles nicht anschauen muß. Dieses Mißbehagen ist – ich gebe es zu – diffus, aber es ließe sich durchaus auch noch nach der Art des Dargebotenen differenzieren. Im *Zeit*-Feuilleton hat Redakteur Peter Kümmel in einem Artikel über das neue Harald-Schmidt-Beiwagerl Oliver Pocher auf die Existenz sonderbarer neuer Fernsehformate hingewiesen, als da wären „das Irritainment (Irritation plus Entertainment), das Adrenaline Television (Katastrophenberichte), die Shockumentary (echte Unfälle, Überfälle, Operationen) und die Dramality (irreale und reale Szenen im Gemisch)." Mir persönlich kann das Irritainment ebenso gestohlen bleiben wie die Dramality, aber ich gebe gerne zu, daß diese Bezeichnungen nützlich sind, wenn man als Zuschauer wissen will, mit welchem TV-Greuel man es gerade zu tun bekommt.

PS. Leser the lazy crazy ist anderer Meinung und stellt die Notwendigkeit einer feineren Differenzierung des TV-Angebotes in Frage, indem er schreibt: „Früher hat man/frau einfach ‚So a Schas' gesagt und den Fernseher abgedreht."

Irxnpepi
Wird leider häufig ausrasiert

Herr A. F. hat mich auf das gloriose Wort „Irxnpepi" aufmerksam gemacht, mit welchem die Achselbehaarung gemeint ist. Zur Erläuterung für Leser von außerhalb Wiens: Die Irxn ist ein Altwiener Ausdruck für die Achsel(n), besonders die Achselhöhle (von mittelhochdeutsch: üechse). Sie kommt auch in der Zusammensetzung „Irxnschmalz" zur Anwendung, und hier wiederum in der Redensart „Darfst hoid 's Irxnschmoiz ned spoan" – was eine Ermunterung zu stärkstem Krafteinsatz ist (zitiert nach Mauriz Schuster/Hans Schikola, *Das alte Wienerisch. Ein kulturgeschichtliches Wörterbuch*).

Der Pepi wiederum ist ein Ausdruck – ungeklärter Herkunft – für ein künstliches Haarteil, was im konkreten Fall für eine zusätzliche humoristische Note sorgt, da es ja eher unüblich ist, bei mangelnder Achselbehaarung zu einem Achselhaartoupet zu greifen. Da es seit einigen Jahren in weiten Bevölkerungskreisen en vogue ist, sich die Achseln auszurasieren, wird wohl auch der Irxnpepi in Vergessenheit geraten. Jammerschade.

Jagatee
In Schriftform völlig daneben

Im Juni 2007 wurden die Leser von den Medien darüber informiert, daß der österreichische Landwirtschaftsminister Josef Pröll in der Streitsache „Jagatee" mit seinem deutschen Kollegen Horst Seehofer „eine konstruktive Lösung gefunden hat": Demnach bleibt der „Jagatee" für österreichische Produkte in der EU künftig als geschützte Bezeichnung reserviert. Ähnliche Produkte deutscher Herkunft können sich künftig „Hüttentee" nennen.

Der Chronist muß hier leider hinzufügen, daß er mitnichten ein Freund des „Jagatees" ist, sondern in Wahrheit ist ihm dieser genauso zuwider ist wie andere Ausdrücke dieser Art, die es zwar in der mündlichen Sprache geben mag, die aber sofort pseudo-österreichisch und pseudoländlich wirken, wenn sie ins Schriftliche übertragen werden. Ich denke hier etwa an den im Burgenland herumfahrenden „Gmoa–Bus", auf den mich ein Leser vor geraumer Zeit hingewiesen hat. Und wenn ich dann gar in einem Restaurant lesen muß, daß der Koch „a feins Pfandl" auftischt, dann habe ich das schon gefressen. Auch den Lesern sind einige solcher abartigen Verschriftlichungen sauer aufgestoßen: die „Stubn", die „Schmankerln", „mei liabste Weis'" sowie – eine Sternstunde des Grauens – das „Supperl".

Jau
Eine Novität in Wien

Erstaunlich, welche sprachlichen Merkwürdigkeiten im Lauf der Jahre durchs Land ziehen. Im Frühjahr 2005 griff die Sitte, „Jau" statt „Ja" zu sagen, in Österreich hörbar um sich („Gehst Du heute mit ins Kino?" „Jau!"). Wie verbreitet die Jausager waren und noch sind? Auf jeden Fall so verbreitet, daß ein Kabelbetreiber, offenbar ohne Besorgnis um die Verständlichkeit seiner Botschaft, mit dem Wortspiel „Kabel? Jau!" auf Plakatwänden in ganz Wien für seine Dienstleistungen werben konnte. Das Wort ist dabei alles andere als wienerisch, sondern es stammt von der Waterkant und aus dem Ruhrpott, wo es, einem Internetlexikon über die Ruhrgebietssprache (www.ruhrgebietssprache.de) zufolge, dem Zweck dient, bei einer Unterhaltung eine Stimmung burschikoser Nähe herzustellen. Interessant, aber wie so oft kaum zu beantworten ist die Frage, auf welchen Wegen sich solche Novitäten verbreiten. Ob es die neuen deutschen Gastarbeiter als Importartikel mitgebracht haben oder ob es durch das Österreichfenster eines deutschen Privatsenders hereingerutscht ist, wird wohl ungeklärt bleiben.

Kackknödel
Eine nicht ungefährliche Spezialität

Bei der Lektüre des *Sonntag-Kurier* hat es mich gerissen, als ich in der Frühstücksrubrik lesen mußte, daß Beppo Mauhart, ehedem Chef der österreichischen Tabakwerke und des österreichischen Fußballbundes, in seiner Eigenschaft als Hobbykoch gerne „Kackknödel" zubereitet, wenn ihn denn seine Gattin an den Herd läßt. Erst dachte ich mir, es handle sich um einen Druckfehler für „Hackknödel", aber eine kleine Internet-Recherche hat mich eines Besseren belehrt: Kackknödel sind eine beliebte oberösterreichische Spezialität, die aus völlig unverdächtigen Zutaten wie faschiertem Fleisch und Butter zubereitet wird und auch das Gefallen von Gourmet-Papst Christoph Wagner gefunden hat: „Der Horror für mich war früher, am Samstag in die Schule zu gehen, weil ich da Physik und Mathematik gehabt habe. Was mich an diesen Tagen aufrechtgehalten hat, war, daß ich nach der Schule jeden Samstag von meiner Mutter Kackknödel bekommen habe." Alles sehr appetitlich also, aber ich finde, daß der Kackknödel doch ein gewisses Gefahrenmoment in sich birgt. Wer den Abend mit der Ankündigung anfängt, „Erst gibt's eine Nudelsuppe und danach frische Kackknödel", der riskiert vielleicht den einen oder anderen pikierten Blick, und womöglich kommen ihm gar die Gäste früher als lieb abhanden.
Aber wie auch immer: Sonderbare Speisenbenennungen (arme Ritter, Mohren im Schlafrock, verlorene Eier) gibt es sonder Zahl. So gesehen wird man wohl behaupten dürfen, daß der Kackknödel nur die Spitze eines Eisbergs ist – allerdings von beträchtlicher appetitzügelnder Wirkung.

Kaiserinnenschmarren
Geschlechtergerechte Speisenbezeichnungen

Wenn schon →gendern, dann gleich richtig: Dies mag sich jene feministisch inspirierte Dame gedacht haben, welche ich unlängst bei einem Gespräch belauschte und die auf die Frage, was sie denn zu Mittag gegessen habe, ohne Anflug von Ironie und wie aus der Pistole geschossen antwortete: „Einen Kaiserinnenschmarren."

Chapeau! Auf die Idee, daß das ganze Feld der Speisenbezeichnungen ein Tummelplatz muffigster Sexismen ist, die schnellstens bereinigt gehörten, hätte man schon früher kommen können. Wie packen wir's an?

Vorschlag eins (weniger radikal): Sämtliche Speisenbezeichnungen nach präpotent herausgestellten männlichen Komponenten – wie etwa dem „Kaiser" im „Kaiserschmarren" – absuchen und sie durch ein feminines Gegenstück ersetzen (Arme Ritterinnen, Mohrinnen im Hemd, Drei-Husarinnen-Torte usf.).

Vorschlag Nummer zwei (der radikalere): Nicht beim natürlichen Geschlecht Halt machen, sondern auch das grammatikalische Geschlecht von Speisen ins Gender Mainstreaming einbeziehen, auf daß jede Speise fürderhin gerecht in einer femininen und einer maskulinen Variante existiere. Beispiele: Der Salat und die Salatin, der Teig und die Teigin, Rindslungenbraten und Rindslungenbrätin, Pizza und Pizzerich, Grießknödel und Grießknödelin, Cremerich und Creme, Nudlerich und Nudel, Reis und Reisin usf. So, wie ich meine Leser kenne, werden sie zu diesem Vorhaben einer Kultur der geschlechtergerechten Speisenbezeichnungen gewiß auch noch den einen oder anderen Vorschlag beizusteuern haben.

Kampfschweißeln
Olfaktorische Freuden im →Proletenschlauch

Das Kampftrinken kannten wir bereits; im *Kurier* hat die geschätzte Kollegin Doris Knecht vor kurzem den Begriff des Kampfschweißelns eingeführt, welches sich, wie ich aus oftmaliger Er-

fahrung bestätigen kann, in Wiens öffentlichen Verkehrsmitteln
in der Tat größter Beliebtheit erfreut. Die wahre Mörderkombi liefert für mich der jausnende Kampfschweißler mit Pizzastück (tritt
gehäuft in der U 6 auf), der den Mitreisenden demonstriert, was
es bedeutet, wenn sich das Odeur der Quattro formaggi mit den
sieben Wohlgerüchen der Achselhöhle vermählt. Weitere olfaktorische Details meiner U-Bahn-Fahrten erspare ich den Lesern,
dafür aber verrate ich ihnen noch ein paar schöne neue Kampf-
Komposita: der Kampfhund, der Kampftrinker, der Kampfposter,
das Kampflesen (Bachmann-Preis), das Kampfsingen (Song Con-
test), die Kampflesbe und der Kampfplauderer.

Kann etwas
Die Könner nehmen überhand

Ihr Chronist wird gleich von zwei Lesern darauf hingewiesen,
daß sich die Formulierung „Das kann etwas" im Sprachgebrauch
so rapide ausbreitet wie sonst nur die Vogelgrippe. Frau E. – sie
unterrichtet an einer HTL – hat bemerkt, daß bei Ihren Schülern sowohl Musikgruppen wie auch Jausenbrote oder ein neues Leiberl (österreichisch für: T-Shirt) „etwas können", und, wie
Frau E. hinzufügt, „manchmal sogar ziemlich viel".
Auch Herr G. H. stößt immer wieder auf diesen „Ausdruck der
Hochachtung für Gegenstände oder Ereignisse. Besonders be-
fremdet hat er mich unlängst im Teegeschäft Haas & Haas, als
plötzlich sogar ein Grüntee etwas ‚konnte', speziell angesichts
des erschwinglichen Preises, wie mir die Verkäuferin versicher-
te." Möglicherweise läßt sich daraus der Schluß ziehen, daß inzwischen jedes x-beliebige Objekt zu einem potentiellen Könner geworden ist.

Kann's nicht sein
Ein Satz in vielen Spielarten

Herr M. W. schreibt mir: „Lieber Herr Winder, soweit ich sehen
konnte, gibt's noch keinen Wörterbucheintrag für die (seit ca.

einem Jahr – oder schon länger?) um sich greifende Wendung ‚Das kann's ja bitte nicht sein' in allen ihren Spielarten, z. B. ‚Das kann's aber jetzt nicht sein …', ‚Das kann's doch bitte nicht sein …', ‚Des kauns owa bitte ned sei …' usw.
Der große Vorteil des Satzes: er ist universell einsetzbar (denn das ‚das' kann für so gut wie alles stehen) und bringt in nur wenigen Worten große Entrüstung und Widerstandswillen zum Ausdruck. Sein Nachteil ist aber: Er ist vollkommen sinnfrei! Wie man ihn auch dreht und wendet, für sich allein ist er eine hilflose, traurige Gestalt, mehr Schein als Sein quasi. Ich bitte Sie daher, alles zu tun, was in Ihrer Macht steht, um ihm den Garaus zu machen! Ich – und viele meiner Freunde – werden es Ihnen danken."
Herzlichen Dank für den Tip – nur: sprachliche Mordaufträge kann der Chronist natürlich nicht entgegennehmen, er will ja nicht mit dem Gesetz in Konflikt kommen. Ich leite den inkriminierten Satz aber gerne an die p. t. Leser weiter, die ihn ja durch konzertierte Nichtachtung und Nichtnutzung „aushungern" können.

Karottenballett
Orangefarbener Tanz zur Morgenstunde

Der gute alte Wiener Volksmund überrascht doch immer wieder mit seiner Kombination aus originellen Wahrnehmungen und süffisanten Formulierungen. Mit dem „Karottenballett" (nein, Google, ich meinte nicht „Karottensalat") sind die graziösen Mitglieder der MA 48 gemeint, welche in ihrer orangefarbenen Arbeitskluft zur Morgenstunde dafür sorgen, daß der Müll nicht in den Innenhöfen vermodert, sondern ordnungsgemäß entsorgt wird. Mit „Ballett" wird wohl das elegante Führen des Besens gemeint sein, das, sofern es mehrere Personen gleichzeitig tun, durchaus ballettartige Züge tragen kann (Dank an Frau S. G. für den Tip!). Und ein besonderes Lob ergeht an jenen anonymen Internetnutzer, der auf die Idee gekommen ist, das BZÖ mit seiner orange Parteifarbe als „Haiders Karottenballett" zu bezeichnen – die Eleganz der Bewegung dürfte ihm freilich abgehen.

Kehrforce
Aus der Wiener Stadtverwaltung

Leser M. Z. schreibt mir: „Da Sie immer auf der Suche nach zweckdienlichen Hinweisen auf bemerkens- und erörternswerte Wörter für ihr geschätztes Wörterbuch sind, möchte ich Ihnen diese beiden aus den unendlichen Weiten der Wiener Stadtverwaltung nicht verheimlichen. Da wären einmal die ‚Waste-Watcher' vulgo Müllsheriffs, ein von der Wiener Stadtregierung geplantes, 30köpfiges ‚Organ der öffentlichen Aufsicht', das gegen Sperrmüll, herrenlose Einkaufswagerl oder Hundekot aktiv werden soll. Daneben hat sich die Stadt Wien den nicht minder schönen Ausdruck ‚Kehrforce' einfallen lassen für eine noch einzuführende Spezialeinheit, wenn nicht gar Elitetruppe innerhalb der Straßenreinigung. Interessant wäre es, zu wissen, ob die Stadtregierung für solche Ausdrücke ein eigenes Kreativbüro unterhält." Das wäre es in der Tat. Vielleicht gibt es ja ein Mäuschen in der Stadtverwaltung, das uns einen Tip gibt, wie solch knackige Wortspiele zustande kommen.

Keks des Jahres
Nur die Härtesten kommen durch

„Unser Keks des Jahres ist der Leibniz Choco Latte Macchiato": Das druckt die Firma Bahlsen auf die Packung ihres gleichnamigen Dauerbackwerks. Es ist ein beinharter firmeninterner Wettbewerb, ehe geklärt ist, welcher Keks aus dem Bahlsen-Sortiment seine Mitkekse aus dem Rennen schlagen konnte und fürderhin mit dem Titel „Unser Keks des Jahres" renommieren darf. In einem ersten Schritt kosten sich die besten Kekskenner Deutschlands durch den aktuellen Jahrgang: Ohne Gleichen heuer besonders knackig, mit einer filigranen Nougatnote im Abgang. Waffeletten mit sortenspezifischer Nase, ausbaufähig auch bei jahrelanger Lagerung. Chokini charakterlich ausgeprägt, allerdings mit brenzligen Untertönen. Der Bahlsen-Vorstand zieht sich mit diesen Expertisen zu einem tagelangen Konklave zurück, auf dem sich die Chokini- und die Ohne-Gleichen-Fraktion heuer so erbittert bekriegt haben, daß die Latte-Macchiatio-Fraktion schließlich als lachender Dritter aus dem Rennen hervorging. Weißer Rauch aus dem Backofen: Habemus „Unseren Keks des Jahres"! Bei Bahlsen weiß man, was Wettbewerb heißt. Keine Gnade für den weichen Keks, nur die Härtesten kommen durch.

Kirschgrün
Farbenlehre am Steuer

Frau B. D. überfuhr unlängst eine rote Ampel und wurde daraufhin von ihrem Beifahrer ermahnt: „No, des wor oba scho kirschgrün." Weder Frau B. D. noch Ihr Chronist kannten diesen Ausdruck (sondern lediglich das gleichbedeutende Pendant „Das war aber schon dunkelgelb"), aber es ist immer wieder schön, wenn man etwas dazulernt.

Klassiker
Ausnahmsweise einmal nicht Goethe

Der Chronist war unlängst in ein Gespräch mit zwei Damen vertieft, als es mit einem Male in der Handtasche der einen Dame laut zu klingeln begann. Obwohl sie sofort geistesgegenwärtig den Reißverschluß öffnete und sich in Windeseile durch den voluminösen Tascheninhalt wühlte, war die Zeit doch zu kurz, und als sie endlich ihr Handy herausgefischt hatte und in Händen hielt, da hatte der Anrufer auch schon aufgelegt. Ärgerlich, so etwas. Die zweite Dame aber kommentierte die Szene mit der trockenen Bemerkung: „Ein Klassiker!" Gemeint war in diesem Kontext natürlich nicht Beethoven, Mozart, Goethe, Heine, Schiller oder Schubert, sondern die häufig auftretende Situation, daß man sein Handy so gedankenlos oder töricht verstaut hat, daß man es bei einem Anruf nicht rechtzeitig findet.
Ein Klassiker ist hier das, was man beim Fußball eine „Standardsituation" nennt, eine nach der Lebenserfahrung häu-

fig wiederkehrende, „klassische" Situation. Daß ein Fehler am Auto nicht mehr auftritt, sobald der Mechaniker in seine Nähe kommt, ist ebenso ein Klassiker wie das Phänomen, daß ich meine Netzfahrkarte für die Straßenbahn just immer dann vergessen habe, wenn ich von einem Kontrolleur (vulgo Schwarzkappler) danach gefragt werde.

Klaubeutel
Die Zeitung zum Nulltarif

Zweiter Teil der kleinen Beutelkunde in *Winders Wörterbuch* – vom →Kulturbeutel war schon im vergangenen Jahr die Rede. Schockierend: Es soll Menschen geben, die an Sonn- und Feiertagen aus den bekannten Plastikbeuteln Zeitungen entnehmen, ohne den dafür vorgesehenen Preis zu entrichten. Schockierender noch: Diese Sitte scheint derart verbreitet zu sein, daß sich für diese Behältnisse im Volksmund inzwischen der Ausdruck „Klaubeutel" eingebürgert habe. (Diesen Hinweis verdanke ich Frau B. D., die mit ihrem Freund um die Wette neue Wörter an mich schickt. Solche Mitstreiter bei der Erschließung des gegenwärtigen Wortschatzes kann man sich nur wünschen!)

Koffer
Ein ungeliebtes Behältnis

Am Montagvormittag mit der U-Bahn vom Westbahnhof in die Herrengasse gefahren, als plötzlich zwei Touristen – Mann und Frau um die Vierzig – mit mehreren monströsen Koffern in den vollbesetzten Waggon drängen. Hektische Bewegung kommt in die Passagiere, Kofferkanten stoßen gegen Schienbeine, es wird gepufft, geschoben, geschimpft.
In diesen drangvollen und gereizten Momenten wurde dem Chronisten wieder einmal klar, weshalb der „Koffer" ein Schimpfwort ist. Dabei wissen wir als etymologisch gebildete Menschen vielleicht ja sogar, daß dieser eine „Koffer" sprachge-

schichtlich gar nicht vom Behältnis herrührt. Es gibt den Koffer in der Bedeutung „Kiste, Truhe". Dieser wurde im 14. Jahrhundert aus französisch „coffre" (Lade, Koffer) entlehnt, das seinerseits wieder aus dem lateinischen „cophinus" (Weidenkorb) stammt *(Kluge. Etymologisches Wörterbuch der deutschen Sprache)*. Der andere Koffer, der Depp, der Idiot, der ungeschlachte, unzivilisierte Mensch, soll dagegen ja vom arabischen „Kafir" (für: Ungläubiger) herkommen.

Ich habe schon bei anderer Gelegenheit (→Toastbrot) darauf hingewiesen, daß sich der Koffer auch im Französischen nur geringer Wertschätzung erfreut. Dort heißt es nämlich von einer idiotischen Angelegenheit oder einer idiotischen Person, sie sei „con comme une valise", idiotisch wie ein Koffer. Eine Variante dieser Redewendung lautet „con comme une valise sans manche", also idiotisch wie ein Koffer ohne Griff, was besonders treffend erscheint, als ja ein Koffer ohne Griff noch um einiges idiotischer ist als ein Koffer mit Griff. Ich für meinen Teil war jedenfalls glücklich, daß die eingangs erwähnten Touristen nicht auch noch mit grifflosen Koffern in die U-Bahn drängten. Sein Unwesen treibt der „Koffer" auch als Synonym für den Darmwind („einen Koffer abstellen"), und „herumkoffern" bedeutet „planlos herumfuhrwerken".

Koks-Kate
Ein wohlfeiler Stabreim aus der Boulevard-Werkstätte

Wenn Spitznamen halbwegs treffend sind und ihrem Opfer anhaften, können sie verheerende psychische Wirkungen entfalten. Bereits in den Schulen entwickeln manche Kinder ein diabolisches Geschick, andere mit der Vergabe solch gehässiger Kennzeichnungen zu drangsalieren. Aus diesen Leuten werden dann später häufig Boulevardjournalisten, die – wie seinerzeit in der *Bild*-Zeitung – blitzartig eine „Katie Kugelbauch" aus dem Köcher ziehen, wenn die Schauspielerin Katie Holmes schwanger wird. Haha! Hauptleidtragende des geballten Boulevard-Humors war längere Zeit das Model Kate Moss, welches nach dem Ruchbarwerden seiner Freizeitvorlieben nicht nur lukrative Jobs bei Burberry und Co. verloren hat, sondern auch noch umgehend die „Cocaine Kate" umgehängt bekam (weil sich dieser wohlfeile Stabreim problemlos ins Deutsche übersetzen läßt, ließ auch die „Koks-Kate" nicht lange auf sich warten). Strafverschärfend an Spitznamen vom Koks-Kate-Typus ist, daß sie Assoziationen zu Halbweltbezeichnungen wie „Zinker-Ede" oder „Schränker-Fred" hervorrufen – oder zu berühmt gewordenen „Sozialschmarotzern" wie „Florida-Rolf", „Viagra-Kalle" und „Yacht-Hans". Auch „Florida-Rolf" stammt übrigens aus der *Bild*-Werkstätte: Damit kampagnisierte das Blatt im Jahr 2003 gegen den Pensionisten Rolf John, der sich seine Sozialhilfebeiträge in die USA hatte überweisen lassen.

Kopfweckerl
Futter für Intelligenzbestien

Und ewig waltet des Bäckers Kreativität (→Aborigines-Weckerl, →Fußballbrot). Wenn Sie einen rechten Trottel kennen, dann empfehlen Sie ihm doch den Verzehr eines „Kopfweckerls", welches neuerdings vom Bäcker Mann fabriziert wird. Mit seiner Mischung aus Dinkel, Haferflocken, Sojamehl, Walnüssen, Kürbiskernen, Bestandteilen des Apfels, grünem Tee, Weintraubenkernen und Topfen soll das Kopfweckerl explizit für die Ankurbelung des Gehirnstoffwechsels erdacht sein und sogar nicht alltägliche Dumpfgummis in Intelligenzbestien verwandeln. Beworben wird das Kopfweckerl mit dem Konterfei eines Albert-Einstein-Lookalikes, das, wie der berühmte Physiker auf dem berühmten Foto, der Welt den Schlecker entgegenstreckt, aber, anders als Einstein, auch noch ein fladenförmiges Brot vor der Denkerstirn kleben hat. Schwer zu verstehen, wie es Einstein ohne Kopfweckerl schaffen konnte, die Relativitätstheorie zu entwickeln. Ich warte jetzt auf das Augenweckerl, das mir das Brillentragen erspart, und das Fußweckerl, das mir beim Joggen Beine macht.

Krankenhausg'spritzer
Alkohol für empfindsame Naturen

Frau A. D. teilt mir zum Thema „Jahreszeitlich sich verändernde Speisen und Getränke" mit, daß auf einer steirischen Alm auf Verlangen der Gäste ein „Krankenhausg'spritzter" serviert werde: „Nicht nur alkoholschwach in der Mischung, sondern auch mit warmem Wasser auf angenehm laue Trinktemperatur gebracht – das Richtige für empfindsame Naturen!" Ich darf dazu anmerken, daß mir persönlich schon der „Sommerg'spritzte" (ein Sechzehntel Wein auf drei Sechzehntel Mineral) zu memmenhaft erscheint – aber: Jedem Tierchen sein Pläsierchen!

Krawaffel
Verblüffung in der Redaktion

Ich hoffe, daß ich Ihnen jetzt kein Betriebsgeheimnis verrate, aber im *Standard* gibt es eine Kollegin, welche das Eintreffen von besonders verblüffenden Agenturmeldungen mit dem Überraschungsruf „Krawaffel!" zu kommentieren pflegt. Ob „Krawaffel!" eine bloße Privatformulierung oder ob sie in weiteren Gesellschaftskreisen in Gebrauch ist, habe ich nie ermitteln können; aber ich mache keinen Hehl daraus, daß ich „Krawaffel!" (Nein, Google, ich meine nicht „Kartoffel") seines schillernden lautlichen und semantischen Andeutungsreichtums wegen für eine gelungene Wortbildung halte. Neben der „Waffel" und dem „Krawall" schwingt darin auch eine klassische Formel aus dem Milieu des Kasperltheaters mit („Krawuzikapuzi!"), aber selbst gelinde Assoziationen an stärkeren verbalen Tobak („Kruzifix!", „Kruzitürken!") werden bei „Krawaffel!" wach.
An die Vorstellung dieses Wortes möchte ich die generelle Bemerkung knüpfen, daß stilbewußte Menschen natürlich nicht nur bei der Wahl ihrer Kleidung oder ihrer Nahrung wählerisch sein sollten, sondern auch bei der Wahl der Worte, mit denen sie ihre Überraschung ausdrücken. Es muß nicht immer ein „I maan, I traam!", ein „Do schau her!" oder ein „Do legst di nie-

der!" sein, sondern man könnte ruhig auch einmal „Lecko-o-mio", (Dank an Herrn Adolf Ogi für den Hinweis), „Morbleu!" oder „By Jove!" sagen. Auch die p. t. Leser konnten etliche Formeln verraten, die sie im Verblüffungsfalle aus ihren Wortschatztruhen hervorkramen: „Na, bist du genormt!", „I glaub, I häng wo", „Leck Fettn!", „Na prack, Laterne!", „Olle Hurn solln Feuer brunzen!", „Bist du gelähmt!" sowie „Na servas, Kaiser!"

Kreischies
Verstand aus, Lärm an

Der jüngsten Ausgabe des Teen-People-Magazins *Popcorn* (liegt hier herum, weil sich Tochter Judith auf dem laufenden halten muß) entnehme ich, daß es momentan zwischen den Fans von US5 und Tokio Hotel „knirscht und kracht". „Frust, Wut, Haß – die Harmonie ist dahin. Droht jetzt ein neuer Fan-Krieg?"
Was heißt da drohen – so wie *Popcorn* die Sache schildert, ist der Krieg längst im Gang. Ausgelöst hat ihn die schreiende Ungerechtigkeit, daß Tokio Hotel erst zwei „Comet Awards", dann die „Eins Live Krone" und schließlich auch noch den „Bambi" abräumten, so daß für US5 aber auch rein gar kein Preis mehr übrigblieb. „,Wären Tokio Hotel nicht da, hätten Jay & Co. die Trophäen bekommen', behaupten jetzt enttäuschte US5-Fans."
Und damit nicht genug. In ihrem abgrundtiefen Zorn haben sie damit begonnen, die Fans der gegnerischen Band wüst zu beschimpfen: „Diese Kreischies sind doch alle bekloppt!"
Dieser Geschichte entnehme ich
1) die Erkenntnis, daß die Gepflogenheit, sich über seine Lieblingsband und als Feind der Lieblingsband anderer zu definieren, auch vierzig Jahre nach den Stones und Beatles keineswegs ausgestorben ist;
2) das Wort „Kreischies", das mir bis dato nicht bekannt war. Es liefert die treffende Beschreibung einer Verhaltensweise, die nicht nur unter Pubertierenden weit verbreitet ist: den Verstand ausschalten, den Mund aufmachen und dann ohne Rücksicht auf Verluste loslärmen. Auch unter Talkshowbesuchern, Me-

dienleuten und Politikern findet man ohne Schwierigkeiten prototypische Kreischies. Mir jedenfalls fielen eine Menge ein.

Kulturbeutel
Ein Beweis für den Fortschritt

Als Wörterbuchautor ist man Tag und Nacht im Dienst und immer auf der Suche nach neuem Stoff, den man den p. t. Lesern zur Kenntnis bringen kann. Ihr Chronist ist momentan auf Reisen und schickt diese Eintragung aus weiter Ferne, doch als er vor einigen Tagen den Koffer packte, da schoß es ihm plötzlich durch den Kopf, daß der Waschbeutel, in den man Zahnbürste, Aspirin und sonstige Reiseaccessoires stopft, im Volksmund auch als „Kulturbeutel" bezeichnet wird. In der Tat: Dieser Beutel mag zwar häßlich sein wie die Sünde, aber er ist auch von ungemeinem Nutzen und ein klarer Beweis für den zivilisatorischen Fortschritt des Menschengeschlechts, das in seiner Frühzeit weder elektrischen Strom, fließend Warmwasser, geschweige den Kulturbeutel kannte. Wenn ich mich nicht irre, ist auch das Wort „Kulturstrick" für die Krawatte im Umlauf.

KundenCorner
Ein Gruß aus der Ecke

Herr G. H. schreibt mir: „Verehrtester Magister Winder, wieder einmal stieß ich auf ein Wort, das mir einer Erwähnung in Ihrem werten Lexikon nicht unwürdig erscheint: Das (?) KundenCorner der VORTEILScard der ÖBB. Ich finde den Begriff an sich kühn: Was stellt man sich denn unter ‚Corner' so vor? Landläufig ist es ja eher das ‚Winkerl', in dem schlimme Schüler stehen müssen. Oder werden VORTEILScard-Benützer ins Eck gestellt? Ins linke oder rechte? Linguistisch höchst interessant finde ich ja diese zarte Andeutung einer Alliteration, die aber dann letztendlich doch keine ist. Und bei gemischtsprachigen Begriffen wie diesem ist ja auch die Artikelbildung schwierig. Die ÖBB selbst schreiben auf ihrer Homepage: ‚Ihr VORTEILScard KundenCorner bietet [...]', aber beim Lesen sträuben sich dann doch meine Nackenhaare. Ich hoffe, daß das das (die?) einzige ‚Corner‘ in freier Wildbahn ist!"

Danke für den Hinweis. Der wunderliche anglo-deutsche Bastard (→World of Accessoires) KundenCorner ist keineswegs allein auf weiter Flur; auch in Deutschland und zumal bei der Bahn centert und countert es über die Maßen: Statt Schaltern hat die Deutsche Bahn neuerdings Counter, und dem Kunden-Corner entspricht das deutsche KundenCenter, mit dem gleichen neckischen großen C inmitten des Wortes. Die exzentrische Großschreibung wird man sich wohl damit erklären dürfen, daß ÖBB und DB ihre Kunden für Trottel halten, die ohne diese orthographische Krücke nicht zum Verständnis dieser Komposita in der Lage wären. Welchen Vorteil es mit sich bringt, erprobte deutsche Wörter wie Ecke, Karte oder Schalter durch Corner, Card oder Counter zu ersetzen, ist schleierhaft, aber wahrscheinlich liegt dem die Absicht des Bahnmanagements zugrunde, einem biederen Verkehrmittel wie dem Zug wenigstens sprachlich den Anschein von Hipness zu geben. In Deutschland hat Bahnchef Mehdorn 2007 dafür den Schmähtitel „Sprachpanscher des Jahres" ausgefaßt – bereits seinem Vorgänger war diese Ehre zuteil geworden.

PS: Leserin Susa schrieb dies: „Aber natürlich ist derdiedas KundenCorner nicht derdiedas einzige Corner in freier (deutschsprachiger) Wildbahn. Corner gibt's an jeder Ecke! Literatur Corner, Kinder Corner und Jugend Corner, Press eCorner bei der AUA, Reiki Corner, Technik Corner, sogar Computerschach Corner. Und weil das alles ja englisch ist, ganz ohne Bindestrich!" Danke für den schönen Hinweis.

Kwetschn
Und wieder ein Moment der Heiterkeit

Aus unserer beliebten Serie „Die scherzhafte Auflockerung der österreichischen Alltagsrede durch willentlich falsch ausgesprochene Wörter". Heute: Die „Kwetschn". Gemeint ist nicht die „Kwetschn" im Sinne von „Ziehharmonika", sondern die Verballhornung des englischen Wortes „Question", und zwar in der Phrase „That's the Kwetschn", die ab und an von heiteren Gemütern in die Unterhaltung eingestreut wird. Für Amüsement ist damit garantiert gesorgt. „To be or not to be, that's the Kwetschn" habe ich zwar noch nie gehört, aber wer weiß, vielleicht treibt sich das ja auch irgendwo auf der freien Sprachwildbahn herum.

La Lemper
Ein Hauch von Preziosität

Beim Friseur gesessen, auf den Haarschnitt gewartet, zur *Wienerin* gegriffen und darin den Ausdruck „La Lemper" gelesen. Bezieht sich auf den Musicalstar Ute Lemper; das preziöse „La" soll, so vermute ich, eine Aura des ganz Speziellen, Einzigartigen, Unvergleichlichen hervorrufen. Aber es muß halt auch den richtigen Damen gelten: La Callas, La Bartoli. Bei aller Wertschätzung für Lemper – die Google-Recherche zeigt klare Rangunterschiede.
Der Chronist hat auch schon „La Schiffer" gehört und gelesen („Mit ihrem eleganten Auftritt bewies La Schiffer, daß sie zu Recht zur Haute Couture gehört"): Das ist nun im Gegensatz zu den o. g. Damen einfach peinlich, und nicht nur wegen des Namens. Beim Ausprobieren der Lalala-Konstruktion stellt sich schnell heraus, daß sich diese nicht für jedermann eignet. Höchstens so la la klingen z. B. La Ferrero-Waldner, La Stenzel und La Merkel (La Ypsilanti hingegen strahlt einen gewissen exotischen Charme ab). Fraglich auch, ob es die männliche Version zur Popularität bringen könnte: Le Schüssel, Le Gusenbauer, Le Westerwelle und so fort. Ich denke: eher nicht.

Lang Lang
Chinesische Namensgenüsse

Nachwuchs bei den Pandabären in Schönbrunn, die österreichische Boulevardpresse steht kopf und will sich vor Begeisterung nicht mehr einkriegen. Auf die Gefahr hin, als tierfeindlicher Spaßverderber abgestempelt zu werden: Also ich habe dieses rattenartig-fleischrosa Bärentier (wenigstens in den ersten Stadien nach der Geburt) als alles andere denn süß und knuddelig empfunden – aber über Geschmack läßt sich bekanntlich nicht streiten.

Wie auch immer: Das Land steht jetzt vor einem Problem, nämlich dem, wie das Tier heißen soll, und wenn ich nichts verpaßt habe, ist bisher noch kein verbindlicher Taufname gefunden worden. Nach meinem Empfinden sollten Pandabären unbedingt auf chinesische oder wenigstens pseudochinesische Namen („Tao Tao", „Kung Fu" etc.) hören.

Bezeichnungen wie „Lumpi", „Wastl", „Petzi" oder „Mecki" dünken mich für Bären dieser Art stillos, und außerdem bereitet es dem Kindskopf →in mir Freude, wenn ich real existierende, spektakuläre chinesische Namen wie „Lang Lang" vernehme (den des umstrittenen jungen Pianisten) oder auch ersonnene wie „Ping Pong" (so heißt bekanntlich eine Figur in Michael Endes berühmtem Kinderbuch *Jim Knopf und Lukas der Lokomotivführer*).

Zu meiner Entschuldigung: Bei aller Heiterkeit über Lang Lang und Ping Pong ist mir bewußt, daß die Chinesen ihrerseits vor Lachen auf dem Boden rollen, wenn sie hören, daß jemand in Österreich Christoph Winder heißt.

Langfingersaison
Die Badezeit hat begonnen, warnt die Krone

Wer im Krapfenwald-Bad oder sonstwo ins „kühle Naß" springt, sollte sich vorher vergewissert haben, daß es kein „Langfinger" auf sein „Geldbörsl" unter dem Badetuch abgesehen hat. Im sprachlichen Universum der *Krone* ist der „Langfinger" ein charakteristischer Abgesandter aus dem Reich des Bösen, genauso wie der „Unhold", der „Wüstling" und der „Feuerteufel" (zum Reich des Guten gehören bekanntlich alle „Vierbeiner", Dakkel, Katzen, Kleinkinder und Hans-Peter Martin). Das Bemerkenswerte an den „Langfingern" und Konsorten ist, daß sie im

allgemeinen Sprachgebrauch so gut wie ausgestorben sind –
Ihr Chronist kann sich beim besten Willen nicht daran erinnern,
daß er in den vergangenen Jahrzehnten in Österreich je anderswo als in der *Krone* von einem „Langfinger" gelesen hätte. Und
auch nicht gehört: Eine Gesprächseinleitung vom Typus „Du,
gestern hat mir in der Straßenbahn ein Langfinger das Börsl gestohlen" dürfte so häufig sein wie ein weißer Elefant. Aber das
ficht die *Krone* in ihrem geriatrischen Starrsinn nicht an. Die Jugend vergeht, Geschlechter sinken dahin, Reiche fallen in Schutt
und Asche: Die *Krone* aber wird an ihrem „Langfinger" festhal-
ten bis zum Jüngsten Tag.

Langlebigkeitsrisiko
Eine Gefahr und ihr Gegenmittel

Das Wort „Langlebigkeitsrisiko" hat Ihr Chronist zum erstenmal
im Finanzteil der *FAZ* gelesen. Es bezieht sich auf das Pech jener
Greise, die immer noch leben, wenn die Auszahlungen aus dem
Aktien- oder Rentenfonds für ihre private Altersvorsorge langsam zur Neige gehen. Zum Glück gibt es ein todsicheres Mittel,
um das Langlebigkeitsrisiko blitzartig zu minimieren: einfach
schnell sterben.

Leberkäs
Aus der Welt der Vorarlberger Architektur

Es ist nicht noch nicht allzu lange her, da beschlossen die Stadt-
väter von Bregenz, die schöne Vorarlberger Metropole gewaltig zu reformieren. Sie ließen den Bahnhof kurzerhand abrei-
ßen und ein paar hundert Meter entfernt wieder aufbauen, und
dort, wo der Bahnhof zuvor gestanden war, da errichteten sie
ein prachtvolles Stadtentwicklungsgebiet, dem es auch an einer
Fußgängerzone nicht fehlte. Inmitten dieser „Fuzo" klotzten sie
aber einen bombastischen Gebäudequader zwischen Kaiser-
straße und Bodenseeufer hin und ließen diesen so wunderbar
mit rosaroter Farbe anstreichen, daß der Quader fürderhin im

Stadtbild erglänzte wie ein riesenhafter Fleischklotz. Die Bregenzer Bürger aber, die den Fleischklotz sahen, nannten ihn sogleich den „Leberkäs", und diesen Namen trägt er heute noch. Auch andere Stadtbewohner versehen architektonische Meisterleistungen mit liebevoll-entlarvenden Bezeichnungen: Das Bundeskanzleramt in Berlin heißt „Waschmaschine" und der Womacka-Brunnen auf dem Alexanderplatz „Nuttenbrosche". Das Karl-Marx-Denkmal in Chemnitz (ein 6 m hoher Kopf des Denkers) heißt im Volksmund schlicht „der Nischel", was ein kraftvoll-derbes sächsisches Wort für Kopf, Schädel ist, und das zylinderförmige Hochhaus, welches das Stadtzentrum von Jena weit überragt, hatte schon zu DDR-Zeiten den schönen Namen „Penis Jenensis".

Von allen Gebäudespitznamen, die ich kenne, halte ich aber den „Leberkäs" immer noch für einen der schönsten und treffendsten: ein Wort zum Hineinbeißen.

Lebkuchenfrühchen
Traurige Schicksale in der Vorweihnachtszeit

Hin und wieder stoße ich bei der Lektüre von Zeitschriften, Zeitungen oder sonstigen Quellen, aus denen ich meine verbalen Novitäten schöpfe, auf ein Wörtlein, bei dem selbst mir, dem hartgesottenen Chronisten aller möglichen und unmöglichen linguistischen Absonderlichkeiten, eine Zähre der Rührung ins Auge steigt. Eines dieser Wörtchen habe ich in einer kulturkritischen Glosse in der *FAZ* gelesen: das „Lebkuchenfrühchen". Gemeint sind jene armen kleinen Lebkuchen, die weit vor ihrer Zeit, im Oktober oder im September gar, von findigen Geschäftsleuten in die Regale geräumt werden, in der Hoffnung, bei sentimentalen Kunden ein paar verfrühte vorweihnachtliche Kaufimpulse auszulösen.

Eine traurige Sache, wenn dann die unreifen Aachener Printen, Basler Leckerli, Bentheimer Moppen, Pulsnitzer Pfefferkuchen oder Mariazeller Lebzelten im kalten Schein der Neonröhren fröstelnd vor sich hin schlottern. Man möchte sie streicheln, die unglücklichen Backwaren! Noch trauriger: Die

Lebkuchenfrühchen stehen mit ihrem Schicksal keineswegs alleine da, auch mit Keksfrühchen, Adventskranzfrühchen und Christbaumkugelfrühchen bekommt es der Konsument in dieser Zeit tagaus tagein zu tun. *Winders Wörterbuch* quittiert diese beweinenswerte Entwicklung mit einem tränenfeuchten, aber aus ganzem Herzen kommenden: Schnief.

Lecker Jungs
Deutsch-österreichisches Zungenstreichen

Ich kann es nicht empirisch belegen, würde aber darauf wetten, daß die Verwendung der Wörter „lecker" und „lecken" in Österreich einer der größten Aufreger für all jene ist, die auf eine sprachliche Grenzziehung zu unserem Nachbarland Wert legen. In Österreich wird geschleckt, das Lecken überlassen wir unseren bundesdeutschen Freunden. Robert Sedlaczek hat in seinem prächtigen Buch *Das österreichische Deutsch* einiges Material zum Lecken und Schlecken zusammengetragen. Demnach sind „schlecken" und „lecken" etymologisch eng verwandt. Die ältesten Belege von „lecken" („mit der Zunge über etwas streichen") reichen ins 8. Jahrhundert zurück. „Schlecken" ist jüngeren Datums und wird in Deutschland auch verwendet, allerdings im Sinne von „genäschig lecken, naschen". Umgekehrt ist aber in anderen Wendungen auch in Österreich das „Lecken" der Standard, so etwa in der Redensart „die Wunden lecken" oder im Götz-Zitat, wo ebenfalls geleckt, nicht geschleckt wird. In Deutschland (und vielleicht auch in Österreich?) ist es Mode geworden, das Adjektiv „lecker" dem Hauptwort, auf das es sich bezieht, in unflektierter Form voranzustellen, so daß man von „lecker Würstchen" oder, wie in der Jugendzeitung *Mädchen*, von „lecker Jungs" lesen kann. Möglichweise hat da das Niederländische mitgespielt. Aber das würde ja nur die weitaus vielfältigere Bedeutung erklären, die offensichtlich einfach vom Adjektiv „lekker" auf das deutsche „lecker" übertragen wird. Ein paar lingustisch-kulinarische Kostproben hierfür aus dem Internet: „Am Nachmittag gab's 'n lecker Würstchen bei meiner Tante", „Bis jetzt sieht's bei uns (...) noch richtig nach lecker

Wetter aus", „Die Schweden haben ein paar ganz lecker Jungs
dabei – ich glaube, ich bin für Schweden."

Leider-Nein-Investor
Knapp am Ziel vorbei

Vor einiger Zeit konnte das österreichische Medienpublikum verfolgen, wie sich Scheich Al Jaber sukzessive von einem Möglicher-
weise-Ja-Investor in einen Leider-Nein-Investor verwandelt hat
(„Der AUA-Vorstand hat hinter den Kulissen beschlossen, gegen
den Leider-Nein-Investor Al Jaber den Rechtsweg zu beschrei-
ten", schreibt *Österreich* – die Zeitung, nicht das Land).
Das „Leider-Nein"-Phänomen ist aber nicht auf Investoren der
AUA beschränkt, sondern treibt auch sonst muntere Blüten. Bekannt ist die Selbstcharakterisierung, die Hannes Androsch damals traf, als er sich noch in den finanziell armseligen Gefil-
den der Politik aufhielt: „Leider-Nein-Millionär". Häufig gibt
es auch „Leider-Nein-Kandidaten", das sind Menschen, die es,
aus welchen Gründen immer, nicht in *Starmania* oder die *Mil-
lionenshow* schaffen oder geschafft haben. Und eine anhal-
tende Ungerechtigkeit der Medienberichterstattung liegt darin, daß zwar häufig des langen und breiten über Lottosieger
geschrieben wird, die Leider-Nein-Lottosieger aber, von denen
es ja bekanntlich sehr viel mehr gibt, auch als Objekte der me-
dialen Vermittlung leer ausgehen. Wen interessiert es schon,
wenn jemand in der Trafik (österr. für: Tabak-, Zeitungsladen)
10, 15 oder 20 Euro für Lottotips ausgibt und bei der Ziehung
dann in die Röhre schaut?

Lifestyle
Der Mut zur Lücke

Aus einem Interview der Zeitschrift *News* mit Gräfin Herber-
stein:
News: Können Sie uns kurz Ihren Lifestyle beschreiben?
Herberstein: Dieses Wort kenne ich gar nicht.

Man mag über die österreichische Aristokratie im allgemeinen und Frau Herberstein im besonderen denken, was man will, aber die Wortschatzlücken der Gräfin zeugen von einem guten Geschmack.

Littering
Wie die Vermüllung gestoppt wird

Im schönen Niederösterreich gibt es momentan eine Aktion namens „Stopp Littering", die dem achtlosen Wegwerfen von Abfällen auf Straßen, Plätzen und in der Natur Einhalt gebieten will. Es entzieht sich meiner Kenntnis, warum die Landesregierung zum prächtigen englischen „to litter" („wegwerfen", „verstreuen") – und das in Kombination mit der dubiosen deutschen Reformschreibung „stopp" – gegriffen hat, um den Sachverhalt in Worte zu kleiden, aber womöglich wollte man ganz besonders die im Land lebenden Briten, Amerikaner und Australier zur Ordnung rufen.

Die definitive linguistische Einbürgerung von „litter" und verwandtem Müll dürfte somit nur noch eine Frage der Zeit sein, ebenso wie die Umbenennung der Abfallwirtschaft in „Litterwirtschaft". „Litteratur" wiederum ist die neue Bezeichnung für weggeworfenen Unrat, ein „Litterer" (oder auch: „Litterat") jemand, der Litter in die Gegend schmeißt. An lauen Frühlingsabenden in Laa, Pillichsdorf, Ernstbrunn und sonstigen niederösterreichischen Dörfern hört man aber, wie die Passanten einander zurufen: „Heans, is des a Schweinerei! Do hot wieder aner mittn auf die Stroßn g'littert!"

Aus einem Loch
Ressentiment bei den unteren Ständen

Es gibt reiche Leute, sehr reiche Leute und unglaublich reiche Leute, den Herrn Gates etwa, Herrn Abramowitsch oder Herrn Deripaska: Sie wissen schon, die, die in jeder Stunde (oder Minute oder Sekunde, wer weiß es schon so genau) eine Million

Euro mehr auf dem Konto haben. In den unteren Ständen, beim
Prekariat und bei anderen ArmutschgerIn, reagiert man auf die
Nachricht von solch sagenhaften Vermögen manchmal mit Un-
verständnis, ja Mißgunst.

Als unlängst von einem dieser sagenhaften Milliardäre die Rede
war, da hörte ich einen Herren den – mit Verlaub – ressenti-
mentgeladenen Satz sagen: „Der kann auch nur aus einem Loch
scheißen." Nicht höflich, gewiß, aber sachlich zutreffend und
seelisch erleichternd. Eine soignierte (österreichische) Variante dieses Trostspruches besagt: „Der kann auch keine goldenen
GrießnockerIn essen."

Mac/Cowhand A
Ein neuentdeckter Krankheitserreger

Es ist allerdings keiner, der den Menschen attackiert, sondern
war das erste Virus, das gezielt auf Apple-Computer losgeht. Es
wird wohl kaum ein anderes menschliches Betätigungsfeld geben, auf dem tagaus tagein ein derart verschärfter Tauf- und
Benennungszwang herrscht wie auf dem der Computerviren.
Laut Homepage der Firma McAfee sind über 100.000 dieser un-
geliebten Wesen in freier Wildbahn unterwegs, und jedes einzelne von ihnen trägt seinen Namen (zum Vergleich: Der *Rechtschreibduden* hat gerade einmal 125.000 Stichwörter). Viele von
ihnen sind banal (IVP.803B), manche von ihnen leicht verständlich (Saddam, Berserker), andere rätselhaft und nicht ohne Poesie (Cansu, Sarampo, Vorofer). In summa erweckt das ganze Be-
zeichnungsfeld allerdings den Eindruck eines riesigen und völlig
unübersichtlichen Wort-Sauhaufens, auf dem sich nur noch einige wenige Spezialisten auskennen. Und möglicherweise nicht
einmal die: Bisher, so berichtet die *Computerwelt*, „konnte jeder Hersteller, der ein neues Virus entdeckte, dieses willkürlich
bezeichnen. Das führte mitunter dazu, daß fast zeitgleich entdeckte Schädlinge verschiedene Namen erhielten." Um diese
verwirrende Benennungspraxis zu stoppen, hat sich das amerikanische Sicherheitsministerium, das Department of Homeland
Security, gemeinsam mit den Firmen McAfee, Microsoft, Syman-

tec und Trend Micro darangemacht, einen Standard für „Common Malware Enumeration" zu entwickeln, der verbindliche Regeln für die Virentaufe vorschreiben soll. Eine Sisyphusarbeit, die angesichts des blühenden Schädlingsnachwuchses nicht so schnell erledigt sein wird – und ehe es soweit ist, wird die Namensgebung wohl in derselben anarchischen Buntheit erfolgen wie schon bisher: Geldwash.1497, Univ.bat/99, Jabberwocky.B, Nambul2297dr, Rag-Doll.x, Japanese.Christmas.B ...

Magister Märzen
Bier mit akademischen Würden

Magister Märzen und Dr. Pils sind zwei Biersorten, die im „Universitätsbräu" im Alten AKH zu Wien ausgeschenkt werden. Dr. phil. habil. Weißbier und Ao. Univ.-Prof. Seidl (Seidl: ostösterr. für „kleines Bier") stehen noch nicht auf der Getränkekarte, aber was nicht ist, kann ja noch werden. Die Namensgebung deutet jedenfalls auf einen kreativen Wirten hin, dem das gelegentliche Naheverhältnis von Studium und Biertisch nicht verborgen geblieben ist. Gaudeamus igitur!

Magno cum gaudio
Ein Einsprengsel, das jede E-Mail aufwertet

Herr M. I. hat mir in einer freundlichen Mail mitgeteilt, daß er die Einträge in diesem Wörterbuch sowie die Diskussionen und Debatten unter den p. t. Lesern jede Woche „magno cum gaudio" lese. Mich freut nicht nur die Tatsache an sich, sondern auch die elegante Art und Weise, wie Herr M. I. sie mitgeteilt hat. Bekanntlich kann man ja durch die Einflechtung lateinischer Passagen aus einer einfachen E-Mail etwas Besonderes machen, und die Kombination von antiker Beredsamkeit und moderner Technologie erzeugt einen starken epochenübergreifenden Spannungsbogen, der dem Humanisten cum grano salis, mutatis mutandis und sine ira et studio Freude bereitet. Sapienti sat!

Making-ofs
Faszinierende Kombinationen mit englischen Wörtern

Ihr Chronist zählt bekanntlich nicht zu den Todfeinden der Anglizismen: Ab und zu einmal ein paar gutgewählte englische Wörtchen einstreuen, why not? Andererseits ist nicht zu bestreiten, daß mit Entlehnungen aus dem Englischen viel garstiges Schindluder getrieben wird. Herr Mag. G. H. weist mich auf den Ausdruck „Making-of" hin, welcher – aus Denk- oder Übersetzungsfaulheit? – noch nicht eingedeutscht wurde. Gemeint sind die bei den meisten DVDs inzwischen standardmäßig beigegebenen Produktionsnotizen, welche es dem Zuschauer ermöglichen, den sogenannten Blick hinter die Kulissen zu werfen. Besonders häßlich ist der Plural „die Making-ofs", und auch so manche Kombination mit „Making-of" läßt an Absurdität nichts zu wünschen übrig. So wird beispielsweise in einem Palmers E-Mail-Newsletter ein Video namens „Making-of Shooting Sommer 2006" angepriesen. „Ist das nicht eine ‚faszinierende' Wortschöpfung?" fragt Herr G. H. „Es wird Zeit, daß sie in das Wörterbuch aufgenommen wird!"
Das denke ich auch.

Mammutsumme
Aus dem Land der Troglodyten

Unlängst irgendwo gelesen, daß ein Bauprojekt eine „Mammutsumme" verschlungen habe. Sonderbares Wort, wenn man bedenkt, daß kein lebender Mensch auf Gottes Erdboden je ein lebendes Mammut gesehen hat, das Mammut aber immer noch als Inbegriff für enorme Größe herhalten muß. Im Reich der sprachlichen Vergleiche ist die Steinzeit selbst im 21. Jahrhundert noch gegenwärtig.

Maurer-Dekolleté
Ein Blick in die Kerbe

Herr Dipl.-Ing. S. von der TU Wien weist mich, inspiriert durch das Stichwort →Arschgeweih, auf die Existenz des Wortes „Maurer-Dekolleté" hin (danke!). Gemeint ist jener Anblick, den das obere Gesäßdrittel bietet, wenn es bei Arbeiten in gebückter Stellung unabsichtlich freigelegt wird. Das kommt bei Maurern oder Fliesenlegern besonders häufig vor, ist aber nicht auf den ehrbaren Handwerkerstand beschränkt. So sollen brasilianische Modeschöpfer vom Label „Cavalera" Hosen kreiert haben, bei denen dieser luftige Effekt gleichsam von Haus mit einkomponiert ist. „Die Mode schlägt in eine neue Kerbe", meinte die deutsche Tageszeitung *Mainpost* dazu.

McOhr
Ein neues Franchiseunternehmen

Die *Zeit* berichtet unter dem Titel „McKrone" von den geschäftlichen Erfolgen des Herrn Werner Brandenbusch. Brandenbusch ist Gründer und Vorstandssprecher von McZahn, dem ersten deutschen Dentaldiscounter, welcher versprochen hat, seine Kunden mit „Zahnersatz zum Nulltarif" zu versorgen. Möglich werde das durch eisenharte Kostenkalkulation, den Import von Brücken und Kronen aus billigen chinesischen Labors sowie ein ausgeklügeltes Franchisingsystem, mit dem Brandenbusch junge Zahnärzte an sich bindet. Die Freude bei den niedergelassenen Zahnärzten über McZahn hält sich begreiflicherweise in Grenzen, doch Brandenbusch ist offenkundig nicht gewillt, sich ins Bockshorn jagen zu lassen.

Im Gegenteil: Durch den Erfolg seines Unternehmens ermuntert, hat er sich auch schon vorsorglich die Marke „McOhr" sichern lassen, was die Vermutung nahelegt, daß da noch einiges auf uns zukommt (McBluthochdruck, McBrustimplantat, McProstata etc.). Weniger vom medizinischen als vom sprachlichen Gesichtspunkt her interessant ist die Voranstellung des „Mc" vor den „Zahn", welche natürlich zart auf McDonald's, den →Schachtelwirten, anspielt. Damit soll wahrscheinlich die Vorstellung heraufbeschworen werden, daß man bei McZahn, wie bei McDonald's, überall vergleichbare Qualität zu vergleichbaren Preisen bekommt. McBotox und McFettabsaugung gibt es noch nicht, aber das ist alles nur eine Frage der Zeit.

PS: Der Chronist erfuhr einige Zeit, nachdem er diesen Eintrag verfaßt hatte, daß McZahn leider Konkurs anmelden mußte. Ob dies mit der Bezeichnung der Firma tun hat, entzieht sich seiner Kenntnis, aber falls an eine Wiederbelebung dieses Geschäftsmodells gedacht ist, sollte man es vielleicht auch mit einem anderen Namen versuchen.

Medizinische Maßnahmen
Nicht hübsch, aber behübscht

„Medizinische Maßnahmen" sind auch in Zukunft für hungerstreikende Asylbewerber vorgesehen. Wenn es Ihr Chronist recht verstanden hat, ist damit die Zwangsernährung gemeint, die es nach wie vor geben wird, nur wird sie eben im Sicherheitspolizeigesetz auf einen unverfänglicheren Namen umgetauft. Es handelt sich offenkundig erneut um einen Fall der Wirklichkeitsbehübschung durch Rhetorik, einen klassischen Kniff, den unsere Regierung nicht zum erstenmal anwendet („Pensionssicherungsreform" etc.). In einem Land, in dem der damalige Bundeskanzler Wolfgang Schüssel Jörg Haider als einen konstruktiven Politiker bezeichnen konnte, ist eben kein Ding unmöglich.

Messie
Ein Hang zum Unaufgeräumten

Ich sage den p. t. Lesern nichts Neues, wenn ich ihnen kundtue, daß die Ordnungsvorstellungen der Menschen beträchtlich voneinander abweichen. Am einen Ende der Skala: Meister (Meisterin) Proper. Kein Fussel auf dem Boden, jedes Ding an seinem Platz, die Bücher im Bord den Farben nach angeordnet (hellgelb ganz links, dunkelblau ganz rechts). Eine saubere Sache!

Am anderen Ende der Skala: Der Messie. Angeblich soll er, der vom englischen „mess" (Unordnung, Chaos) Abgeleitete, seit Mitte der 80er Jahre auch unter uns Deutschsprachigen weilen. Den auslautenden I-Laut teilt er mit anderen Persönlichkeiten, die aus dem Rahmen des Üblichen fallen: Dem Spasti, dem Hirni, dem →Drinni(e), dem →Kreischi(e) oder dem Knacki. Hervorstechendes Charaktermerkmal des Messies ist sein Hang zum Unaufgeräumten. Ein Beispiel: Während der Normalo diese Prospekte in den kleinen Plastiksäckchen, die er tagaus tagein an seinem Türknauf findet, ohne mit der Wimper zu zucken blitzartig in den Müll entsorgt, würde das der Messie niemals übers Herz bringen. In seiner Wohnung stapelt und staut es sich, ein Plastiksäckchen liegt über dem anderen, und manchmal kommt dann auch noch eine Schmutzkomponente hinzu, die das ganze Malheur keineswegs erfreulicher macht. Wenn es bei Messies zuhause definitiv ausschaut wie bei →Hurrikans unterm Sofa, hilft nur noch der Besuch beim Psychologen oder in der Selbsthilfegruppe.

Miesmuscheln im Pornot
Nachschlag aus dem Hotel Camino Real

Nach der Vielzahl der Bitten um Zusendung des Speisekartenfotos zu schließen, scheinen die Übersetzungskünste des Hotel Camino Real in Torremolinos doch einigen Lesern Freude bereitet zu haben (Näheres unter →Berühren mit Tomaten). Ich liefere daher gerne einen Nachschlag aus dieser illustren Herberge. Meine Lieblingsspeisen an jenem Urlaubstag waren „Fischfilet Das (Er, Sie)" und die „Miesmuscheln im Pornot", was immer das auch bedeutet haben mag.

Eine Million
Der beste Wiener Oberschmäh

Die Wiener Ober zeichnen sich üblicherweise mehr durch sorgsam kultivierten Grant aus als durch federleichten Charme und zwischenmenschliche Verbindlichkeit. Trotz dieser vorherrschenden Charakterdisposition bemerke ich aber doch gelegentlich ein Bemühen um Auflockerung der strengen Atmosphäre im Caféhaus. So bin ich neulich wieder einmal mit einem der besten Oberschmähs aller Zeiten konfrontiert worden, welcher darin besteht, beim Herausgeben mitzuzählen: „Zehn, fünfzehn, und fünf ist eine Million." Der Schmäh dabei war natürlich, daß ich lediglich einen großen Mokka mit einem Zwanzig-Euro-Schein begleichen wollte, also weder um eine Million Euro konsumiert noch mit einer Million Euro bezahlt hatte! Gerade das aber schien diesen Schalk von einem Ober zu reizen, die Million ins Spiel zu bringen! Unwiderstehlich! Superwitzig! Eine Million! Ein dreifaches Bruhaha! Ein echter Brüller!

Leserin Magdalena81 weist mich in einer Zuschrift darauf hin, daß aber auch der Humor der Gäste fallweise zu wünschen übrigläßt: „Zugegeben, ein ziemlich müder Oberschmäh. Als Wirtstochter muß ich aber schon darauf hinweisen, daß die Schmähs vieler Gäste leider oft noch weitaus weniger lustig ausfallen – mit dem kleinen Unterschied, daß von einer Kellnerin erwartet wird, über jede noch so alte oder unlustige Bemerkung zumindest zu lächeln. Und bei Sagern wie ‚Der Rest ist für Schmuck und schöne Kleider' (vorzugsweise bei 10 Cent Trinkgeld) oder ‚Hab i alles trunken, was i zahlt hab?' zu schmunzeln fällt mir mittlerweile ziemlich schwer. Oder (meine All-Time-Favourites beim Bestellen eines weiteren Getränks): ‚I glaub, des Glasl hat a Loch' oder ‚Amoi Luft auslassen!' Dagegen ist ja der Millionen-Schmäh relativ harmlos, find' ich."

Mister Kornspitz
Ein Hoch dem Erfinder

In der Vorwoche haben sich die bienenfleißigen Leser wieder einmal in den Dienst des Kampfes gegen den Anglizismus gestellt und zu demonstrieren versucht, daß sich deutsche Synonyme als Surrogat für die Formulierung ‚Coffee to go' erfinden lassen („Kaffee zum Gehen", „Nimm den Kaffee mit" usf.). Allein, der Beharrungswille des englischen Vokabulars ist groß, und manchmal, wie ich an folgendem Beispiel demonstrieren möchte, verbietet sich die Verwendung eines deutschen Wortes aus Gründen der sprachlichen Verständlichkeit.

Der *Kronenzeitung* entnehme ich, daß der Backunternehmer Peter Augendopler auch auf den Beinamen „Mister Kornspitz" höre, und zwar deswegen, weil er eben diesen Spitz erfunden hat (kaum mehr vorstellbar, daß es einmal eine Prä-Kornspitz-Ära gegeben hat, in der man sich ausschließlich von Salzstangen und Handsemmeln ernährte). „Mister Kornspitz": So weit, so klar. Ebensogut verstünde man, was gemeint ist, wenn man Louis Braille den „Mister Blindenschrift" nennen würde, Albert Einstein den „Mister Relativitätstheorie" und Toni Hubmann den „Mister Freilandei". Würde man in diesen Fällen zum deutschen Äquivalent von „Mister" greifen und einmal vom „Herrn Augendopler" und dann wieder vom „Herrn Kornspitz" sprechen, so entstünde beim Leser oder Hörer Verwirrung, ob der Herr in seinem Nachnamen nun Augendopler oder Kornspitz heißt. Weil nur der „Mister" zum Ausdruck bringt, daß hier etwas Erfundenes im Spiel ist, verbietet sich in diesem Falle die Verwendung des deutschen „Herr".

Weitere renommierte Mister neben Mister Kornspitz sind Mister Minit, der Meister der Schuhreparatur, Mister Lover Lover – so nennt sich der Reggae-Star Shaggy in aller Bescheidenheit – und auch Herr Proper, der Schrecken der Schmutzränder, auch wenn er genau besehen kein Mister, sondern ein Meister ist.

Mitteleuropäer
Eine Redewendung für närrische Zeiten

Februar 2008, Fasching ist's – oder Karneval, je nachdem, in welchem Grätzel des deutschen Sprachraums die verehrten Leser nun gerade beheimatet sind. Vor einiger Zeit habe ich von einem notorischen Faschingsverächter gehört, daß er im heurigen Jahr „als Mitteleuropäer gehen" werde, was eine heitere Umschreibung des Umstands war, daß der betreffende Herr auf jegliche Verkleidung zu verzichten beabsichtigte. Im Internet habe ich (Stichwörter „Fasching" und „gehen als") eine ähnliche Ankündigung gefunden: Jemand berichtete, daß er „als

Bürger der Bundesrepublik Deutschland gehen" werde. Auch lustig: der Spruch „Ich gehe heuer als Badewanne – ich lasse mich vollaufen". Nicht unerwähnt möchte ich an dieser Stelle lassen, daß *Österreich* (die Zeitschrift, nicht das Land) in seiner Wochenendausgabe den Lesern eine Fu-Long-Maske zur Verfügung gestellt hat. Wer also den dringenden Wunsch verspürt, als Pandabär zu „gehen", der sollte sich nachträglich noch um ein Exemplar dieser Zeitschrift bemühen.

Momentum
In der politischen Debatte momentan in Mode

Den Hinweis auf die Hausse des Wortes „Momentum" in der österreichischen politischen Debatte verdanke ich Herrn F. A. von der TU Wien. Er schreibt mir: „Das ‚Momentum', eigentlich die englische Bezeichnung für Impuls, ist aus bisher vollkommen ungeklärter Ursache ganz plötzlich anläßlich der Wiener Landtagswahl 2005 in den Wortschatz sämtlicher politischer Kommentatoren gerutscht. Eine Partei stagniert nicht mehr, sie verliert an Momentum, wer dazugewinnt, versucht, das Momentum bis zur Nationalratswahl beizubehalten, und wer in die Bedeutungslosigkeit abstürzt, hat überhaupt kein Momentum mehr. Mit welchem Momentum das Wort Momentum sich momentan ausbreitet, hätte ich vor Wochen noch keinen Moment lang für möglich gehalten."
Ich kann die Beobachtung von Herrn F. A. bestätigen: Allein in einer Radio-Diskussion auf Ö1, bei der die Journalisten Anneliese Rohrer, Andreas Unterberger und Armin Thurnher über die Herbstwahlen debattierten, kreuzte das „Momentum" ein halbes Dutzend Mal auf. „Momentum" dürfte, wie vom Leser erwähnt, ein Importartikel aus dem Angloamerikanischen sein; allerdings ist ihm wegen seines lateinischen Erscheinungsbildes die Herkunft nicht so leicht anzumerken wie im Fall von checken, chatten, downloaden etc.
Die Bedeutungen von „Momentum" sind laut *Webster's New World College Dictionary*: „1) Der Schwung eines sich bewegenden oder bewegten Objekts; 2) Eine Kraft oder Stärke, die an

Ausmaß zunimmt („eine Kampagne, die Momentum gewann'); 3) (Mechanik, Physik) das Produkt von Masse eines Partikels, Körpers etc. und seiner Geschwindigkeit." Wie unter Punkt 2 angedeutet, gehört „Momentum" auch zur politischen Fachterminologie: In amerikanischen Wahlkämpfen legen die Parteistrategen großen Wert darauf, das „Momentum" nicht zu verlieren. So weit, so klar. Mysteriös ist allerdings in der Tat, warum ein bisher hierzulande kaum bekanntes Wort mit einem Schlag in aller Munde ist – oder wenigsten im Munde derer, die man im öffentlichen Diskurs besonders oft vernimmt. Am ehesten wird man sich das wohl durch ein Ansteckungs-phänomen erklären können, bei dem, wie bei der Vogelgrippe, rätselhaft bleibt, wo es ausbricht, wie es sich ausbreitet und wer ihm erliegt.

Morbus Freitag
Wenn der Doktor zynisch wird

Der deutsche Journalist und Mediziner Werner Bartens hat im Mai 2007 sein *Ärztehasserbuch* publiziert, dessen Titel für mei-nen Geschmack ein bißchen gar zu plakativ ausgefallen ist. Aber es mag ja stimmen, daß sich manche zynische Doktoren wirklich in einer Art Geheimsprache, aus der Bartens in einem Anhang des Buches zitiert, abschätzig über ihre Patienten äußern. So sollen Zahnärzte Patienten, die es mit der Mundhygiene nicht so genau nehmen, als „OS" bezeichnen, als „Oralsau", und DDD steht für „Dick, doof, diabetisch", zur Charakterisierung von Zuckerkranken, die sich nicht an die Therapievorgaben halten (→Faule-Sau-Krankheit). Mit „Morbus Freitag" ist die Schwemme älterer Patienten zur Aufnahme am Freitagnachmittag gemeint, weil Angehörige oder Hausärzte die Betreuung am Wochenende nicht über-nehmen können. Und „Morbus Wochenende" meint das er-höhte Sterblichkeitsrisiko an Samstagen und Sonntagen, weil dann viel weniger Ärzte in den Spitälern Dienst tun. „Morbus Montag" wiederum ist die nach feuchtfröhlichen Wochenenden auftretende Arbeitsunlust zu Wochenbeginn.

Und Herr SterzinOz weist auf den „Morbus Kawasaki" hin, eine
im *Pschyrembel* verzeichnete, real existierende Krankheit, die
aber in der Transplantationsmedizin umgangssprachlich gerne
für mit dem Motorrad verunglückte Organspender gebraucht
werde.

Mörder
Sprachlicher Killerinstinkt

In den vergangenen Wochen hatten wir uns mit den Wörtern
„Kampf" (→Kampfschweißeln) und „Power" (→Powerposter)
beschäftigt und waren zum Schluß gekommen, daß beide nicht
nur ein isoliertes Dasein führen, sondern auch massenhaft und
in unterschiedlichsten Wortkombinationen als Quasi-Vorsilben
auftreten, als da wären die Kampflesbe, der Powerposter, die
Kampfgelsen, der Powerschoitl usw. usf. „Kampf" und „Power"
ähneln damit dem „Mörder", der zwar wohl auch gern alleine
auftritt, aber im Wienerischen (und sicher nicht nur da) auch zur
Verstärkung anderer Substantive herangezogen werden kann.
Die „Marie" ist das Geld, aber wenn man für eine Ware eine
„Mördermarie" hinlegen muß, dann heißt das, daß man sie sehr
teuer, um sehr viel Geld bezahlt hat. Ein Schas ist ein Darmwind,
aber ein Mörderschas unterscheidet sich durch seine olfaktorische und/oder auditive Beschaffenheit gewaltig vom gemeinen
Wald-und-Wiesen-Schas. Bemerkenswert: Das Wort „Mörder"
kann nicht nur als Quasi-Vorsilbe fungieren, auch als Adverb
tut es seinen Dienst. Sätze wie „Do fäult's m(M)örder" (für: Hier
riecht es sehr schlecht) kann man in Ostösterreich durchaus ver-
nehmen.

Mostroulette
Ländliche Attraktionen gegen die Langeweile

Es ist schön, daß die österreichischen Bundesländer mit einer
Fülle glorioser Freizeitaktivitäten aufwarten können, welche jeden Hauch von Langeweile bei Einheimischen oder Touristen

sofort im Keim ersticken. So offeriert das Mostviertel zum Beispiel das „Mostroulette". Es funktioniert folgendermaßen: Der „Mostbaron" setzt vier Sorten Most vor, hernach müssen die „Roulettespieler" bei einer Blindverkostung identifizieren, was sie da eben getrunken haben. Ich nehme einmal an, daß man diese Form von Roulette in unterschiedlicher Intensität spielen kann – von zurückhaltend bis hin zur ausgewachsenen Mostrakete, die man noch vierzehn Tage später unter dem Skalp spürt: Faites vos jeux!

Nicht verschweigen möchte ich, daß es im Mostviertel auch noch andere Attraktionen dieses Zuschnitts gibt: Lassen Sie sich kurzerhand zum „Mostritter" schlagen! „Sie müssen einfach dem Mostbaron aufmerksam zuhören, wenn er Sie in seine Geheimnisse einweiht. Dann gelingt es Ihnen bestimmt, Moste zu unterscheiden und ein Fasserl zusammenzubauen. Zur Belohnung schlägt Sie der Mostbaron zum Ritter."

Das klingt echt verführerisch, und sobald ich den Titel „Mostritter" in der Tasche habe, werde ich es bestimmt alle hier wissen lassen.

PS: Von einer exzentrischen Roulette-Variante berichtete auch die *Zeit* in ihrer Ausgabe 1/2004: „An seltsame Riten exotischer Volksstämme haben wir uns in der globalisierten Moderne allmählich gewöhnt. Niemand dürfte sich daher über das Kuhfladenroulette wundern, das in Schwaben praktiziert wird. (...) Als Spielfeld dient eine Wiese, die schachbrettartig in Quadrate unterteilt ist. Darauf treibt man eine Kuh und wartet gespannt, wo sie ihren ersten Fladen plaziert. Wer auf das richtige Feld gesetzt hat, kassiert."

Die Mouped
Hauptsache, man versteht einander

Auf dem Land herrschen anarchisch bunte Dialektgepflogenheiten, bei denen vom hochdeutschen Kasussystem oder grammatikalischen Geschlecht häufig nicht viel übrigbleibt. Aber gleichgültig, ob man nun „wem" oder „wen" sagt, „mir" oder „ich", „das Moped" oder „die Moped" – Hauptsache, man versteht einander.

Dazu die kommentarlose Wiedergabe einer Szene, die sich in einer mehrheitlich von Bauersleuten besuchten Diskothek in der Steiermark zugetragen hat (Dank an meinen lieben Grazer Gewährsmann S. für die Mitteilung!): Ein Diskothekenbesucher, der spät am Abend mit seinem Auto nach Hause fahren will, sieht sich durch ein gelbes Moped, das achtlos angekettet wurde und ihm den Weg versperrt, an der Abfahrt gehindert. Wütend stürmt er in die Diskothek zurück und ruft in die Runde: „Wen gheat die göube Mouped?" Kurzes Schweigen, dann erhebt sich plötzlich ein baumlanger Kerl und antwortet mit einem ebenso lauten wie langgezogenen „I".

Muffel
Von mürrischem Naturell

Der „Muffel" verabscheut das, was vor ihm steht. Steht die Vorsorge vor ihm, fügt er sich also zu einem Vorsorgemuffel, dann verabscheut er die Vorsorge. Steht der Sex vor ihm, ist er ein Sexmuffel, wir haben es also mit einer Person zu tun, für die Sex (pfui!) ein Greuel ist.

Weitere häufig vorkommende Muffel aus dem großen menschlichen Muffelpanoptikum sind der Morgenmuffel, der Abendmuffel und der Krawattenmuffel, welcher durch eine Werbung in den 70er Jahren weithin Bekanntschaft erlangt hat.

Zum Hauptwort „Muffel", laut *Duden* auch ein „mürrischer, unfreundlicher Mensch", gehört das Adjektiv „muffelig", das ebenfalls „mürrisch, unfreundlich" bedeutet, aber auch „nach Muff riechend". „Muffeln" heißt „muffelig, übellaunig sein", aber auch „ständig mit vollem Mund essen"; über das niederdeutsche Verb „mopen" ist es mit dem Mops verwandt, einem Hund von bekannt grantigem Naturell.

In der Kategorie „Autofahrer" gibt es natürlich den Gurtmuffel und den Blinkmuffel. Aber wie heißt eigentlich das weibliche Äquivalent? Nun, mit dem →Gendern scheint man es beim Muffel nicht zu haben, weil negativ besetzt. Sähe ja auch merkwürdig aus: MuffelInnen.

Multiple Feuchtigkeitsstreifen
Neues von Gillette

Hut ab! Es war nur schwer vorstellbar, daß die Entwicklungsab-
teilung der Firma Gillette ihren legendären Damenbeinrasierer
„Venus" noch verbessern könnte, aber in monatelangem zähen
Ringen haben die heldenhaften Ingenieure dem unentbehrli-
chen Badezimmeraccessoire das Äußerste abgetrotzt: Unlängst
konnte das geniale Nachfolgeprodukt „Venus Divine" präsentiert werden (Dank an Alexander P. und seine Freundin für den
Hinweis). Es zeichnet sich vor allem durch „multiple Feuchtigkeitsstreifen" aus, die sich arbeitsteilig am Bein zu schaffen machen: Der erste Feuchtigkeitsstreifen (mit Aloe und bo-
tanischen Ölen) „bereitet die Haut auf eine sanfte Rasur vor",
und wenn dann erst einmal die drei patentierten Komfortklin-
gen (mit zwei zusätzlichen Beschichtungen!) das Haar gekappt
haben, kommen noch zwei weitere Streifen nach und „ermöglichen ein sanftes Gleiten über die Haut". Gillette spricht also
mit Fug und Recht von multiplen Feuchtigkeitsstreifen, durch
die sich die „Venus Divine" eindeutig von Konkurrenzproduk-
ten mit einem bloß singulären Feuchtigkeitsstreifen unterscheidet. Weitere wichtige Assets sind übrigens der optimierte Griff
mit mehr Gummiprofil, hautstraffende Schutzkissen sowie der
Ein-Punkt-Einrastmechanismus. Mehr kann man von einem
Rasierer eigentlich nicht verlangen, außer vielleicht einem vier-
ten oder fünften Feuchtigkeitsstreifen, über den man bei ein
paar multiplen Erfinderkonferenzen bei Gillette einmal ernsthaft nachdenken sollte.

Multitasking
Jetzt auch für die Menschenmaschine

Der Vergleich des Menschen mit der Maschine hat eine lange
Tradition: Der französische Frühaufklärer de La Mettrie hat dem
Thema 1747 ein ketzerisches Buch gewidmet *(L'homme machine)*,
der amerikanische Schriftsteller William Burroughs nannte den
Menschen in einem Romantitel *The Soft Machine*, in Hollywood

ist das Thema als *Terminator, Cyborg* etc. konstant gegenwärtig. Ihrem Chronisten ist unlängst die neue Mode aufgefallen, auch Menschen mit dem ursprünglich technischen Attribut „Multitasking" (Mehrprozeß- oder Parallelbetrieb) zu belegen: „Das ist eine echte Multitasking-Frau" für eine Frau, die es schafft, die Anforderungen von Beruf und Familie unter einen Hut zu bringen. Unter dem Titel „Multitasking mit Folgen" berichtete die Österreichische Presseagentur APA im August 2008 von bedenklichen Konsequenzen solcher Mehrfachbelastungen: „Bei Nichtbehandlung drohen Herz-Kreislauf-Krankheiten, Magen-Darm-Probleme, Tinnitus, chronische Schmerzen und sexuelle Störungen sowie Erschöpfungsdepressionen."

Leserin Labormaus steuerte eine weitere maschinelle Metapher aus dem universitäten Milieu bei: „Bei uns Studenten wird manchmal [ausschließlich nach (positiv) abgelegten Prüfungen] die Festplatte formatiert oder defragmentiert. Als Umschreibung für dieses meist alkoholschwangere Ereignis verwende ich gerne ‚format c:'."

Mundlcontainer
Hinz und Kunz über den Wolken

Der massenhafte Erfolg der Billig- und Billigstflieger hat seit langem dazu geführt, daß das Fliegen seinen Nimbus als „exklusive" Fortbewegungsart verloren hat. Herr J., der sich im Fluggewerbe offenbar auskennt, schreibt mir, daß Charterflugzeuge mit Sommerurlaubern manchmal auch von den Bediensteten im Flugservice selbst als „Mundlcontainer" bezeichnet würden. Mit dieser Anspielung auf die Fernsehserie *Ein echter Wiener geht nicht unter* und ihren proletarischen Protagonisten Edmund Sackbauer vulgo „Mundl" bringen sie abschätzig zum Ausdruck, daß sich heutzutage Hinz und Kunz eine Flugreise leisten können (ich erinnere auch an den Ausdruck „Bumsbomber" für ein Flugzeug mit Sextouristen).

Möglicherweise kann sich das fliegende Personal damit trösten, daß es ja auch für Verkehrsmittel, die zu ebener Erde unterwegs sind, ein ganzes Arsenal von abschätzigen Bezeichnungen

gibt: Die „Hämorrhoidenschaukel" etwa für ein „altes, klappri-
ges Fahrrad, Motorrad oder Auto" *(Duden)*, die „Mistkarre" und
ähnliches mehr.

Müsli

Mit Biokochbuch und Tocotronic-CD

Das (sächliche) Müsli gibt es seit Herrn Doktor Bircher-Brenner,
aber was ist eigentlich mit *dem* (männlichen) Müsli los? Dazu
erreicht mich die folgende Mail:
„Der Begriff ‚Müsli' existiert auch in den Variationen ‚Ökomüsli'
und ‚Müsliriegel' und bezieht sich auf eine – ethnologisch noch
unzureichend erfaßte – Subkultur von eher jugendlichen, ur-
banen wie suburbanen Yassir-Arafat-Schal- und Cordhosen-
Trägern, deren kleinster gemeinsamer Nenner der Besitz von
mindestens einer Tocotronic-CD, einem Biokochbuch, gelegent-
licher Konsum von weichen Drogen und eine starke Neigung zu
geisteswissenschaftlichen Studienrichtungen ist.
Das ist jetzt vielleicht nicht so revolutionär; zumal in den 80ern
diese halt als Alternative unterwegs waren. Nur daß in meiner
Generation (der jetzt Zwanzigjährigen) diese auch schon mit
13 Jahren so herumgelaufen und zum Teil die Kinder besag-
ter Alternativer sind. Diese Generation hat ihre völlig eigenen kulturellen Codes und verdient deshalb auch einen eigenen Namen. ‚Müsli' ist gebräuchlich, zumindest versteht
man mich, wenn ich es sage, in Klagenfurt und an der Wiener
Uni. Weitere phänomenologische Studien wären natürlich
möglich."
Herzlichen Dank an Herrn A. F. für den Hinweis. Ihr mit dem
Erfahrungsschatz des mittleren Lebensalters bepackter Chronist kann dazu beisteuern, daß es den Müsli – neben dem
Alternativen – schon in den 80er Jahren gegeben hat (häufig
auch in der abschätzigen Variante des „Müslifressers").

Nachfönen
Medien mit Vorbildfunktion

Im zwischenmenschlichen Verkehr ergibt es sich häufig, daß der eine dem anderen etwas nachmacht. Der Fernsehkoch kocht Suppe und Braten, die Laienköche zuhause kochen Suppe und Braten nach. Der Vorturner turnt eine Grätsche vor, die Turner im Fitnesscenter turnen die Grätsche nach.

Auf zwei eher exzentrische Nachmach-Empfehlungen konnte man in den vergangenen Wochen in zwei österreichischen Frauenzeitschriften stoßen: *Madonna* publizierte einen Artikel zum „Nachshoppen", in dem berichtet wurde, was die Sängerin Madonna jüngst eingekauft hat. In *Woman* wiederum wurde eine Frisur zum „Nachfönen" empfohlen.

So wird publizistisch dafür gesorgt, daß sich die Konsumentinnen und Konsumenten nicht selbst die Köpfe zerbrechen müssen, was sie zu shoppen haben oder wie sie fönen sollen, sondern bequem nachshoppen und nachfönen können, was ihnen Popstars und Models vorshoppen und vorfönen. Ich hoffe, daß diese nutzbringende Art der Berichterstattung nicht nur auf Shoppen und Fönen beschränkt bleibt, sondern die ihr gebührende Ausweitung auf alle Lebensbereiche erfährt: „So putzt Penélope Cruz die Zähne – Die Serie zum Nachputzen"; „Das macht Brad Pitt, wenn ihn die Kopfhaut juckt: zum Nachkratzen".

Naturhuscher
Ein paar sprachliche Naturphänomene

Unlängst nach langer Zeit wieder einmal gehört: das extravagante Wort „Naturhuscher". Zur Erläuterung für all jene, die es nicht in ihrem passiven oder aktiven Wortschatz führen: Gemeint ist jener Huscher (jener Vogel, jene Macke etc.), der nicht erst durch das Zutun von Erziehungsberechtigten aller Art entsteht, sondern der dem Menschen schon vom lieben Gott auf den Erdenweg mitgegeben wurde. Anstelle der Formulierung „Der hat ja einen Naturhuscher" kann auch „Der ist ja naturdeppert" verwendet werden.

Ein anderes Wort, das sich bei der Erörterung des „Natur-
huschers" fast naturgemäß aufdrängt, ist natürlich das Wort
„naturgeil". Mit diesem Wort versuchen die Zuhälter in Klein-
anzeigen vorzutäuschen, daß sich ihre jeweiligen Damen ihren
Freiern nicht aus finanziellen Motiven hingeben, sondern weil
die Natur sie eben dazu treibt. Für die Freier gewiß schmei-
chelhaft, wenn auch vermutlich nicht der Wahrheit entsprechend.

Nazi
Linguistischer Faschismus

Morgan Spurlock ist jener Mann, der sich vor einigen Jahren
einen Monat lang ausschließlich bei McDonald's ernährt und
die haar- und hüftsträubenden Folgen dieser exzentrischen
Diät in seinem Film *Supersize me* dokumentiert hat. In seinem
vor kurzem erschienenen Buch *Don't Eat This Book*, einem
weiterführenden Werk zum Thema „Fast food in Amerika
und anderswo" berichtet Spurlock, daß die Hamburger-
Lobbyisten in den USA jene, die an ihrem gastronomi-
schen Angebot Kritik übten, fallweise als „Food Nazis" zu
traktieren pflegten.
Das paßt nun gut zu einer E-Mail, in der mir ein Leser folgendes geschrieben hat: „Innerhalb kürzester Zeit bin ich zweimal
Ohrenzeuge von Gesprächen in öffentlichen Verkehrsmitteln
geworden, in denen Jugendliche das Wort ‚Nazis' verwendet
haben, um über einen Betrieb, eine Firma zu lästern. Die Sätze waren in der Art: ‚Die ÖBB san solche Nazis, die ham scho
wieder die Preise erhöht!' oder ‚Der Michi hat schon wieder
am Sonntag das Lager einräumen müssen! Pfau, solche Nazis!'
Vor einigen Wochen hat die *Titanic* diesem Thema eine Dop-
pelseite gewidmet und gemutmaßt, die Chinesen würden die
Europäer als ‚Copyrightnazis' bezeichnen. Im englischsprachigen Raum ist es schon länger verbreitet (siehe *Seinfeld* und
die Episode mit dem ‚soup nazi' oder der ‚grammar nazi' in
englischsprachigen Internetforen). Daß ich es jetzt sozusagen
‚live' miterleben durfte, hat mich doch etwas überrascht."

Danke für diese interessante Mitteilung. Leser SterzinOz, ein Auslandösterreicher, schrieb mir dazu: „In den englischsprachigen Ländern ist ein für Deutschsprachige schwer erträglicher verharmlosender Gebrauch von ‚Nazi‘ für alle möglichen (vor allem strengen und ablehnenden) UngustIn im Gebrauch, so auch hier in Australien. Der ‚locus classicus‘ dieses Ausdrucks in der englischsprachigen Populärkultur dürfte die *Seinfeld*-Folge über den ‚Soup Nazi‘ sein." Im Englischen werde „Nazi" auch als Adjektiv verwendet, ergänzt Leser Bixente Uhudla: „He is so nazi about it …" bedeutet, daß jemand in einer Sache ziemlich rigorose Standpunkte vertritt: „Don't be so nazi!"

Nebengeräusche
Unhörbar, aber ökonomisch erfreulich

Ich nehme an, daß es den verehrten Lesern auch nicht anders geht als mir: Manche Metaphern hasse ich, andere liebe ich, ohne mir viele Gedanken darüber zu machen, warum denn dem so sei. Einen Ausdruck, den ich liebe, habe ich unlängst wieder einmal gehört: die „Nebengeräusche". Ich meine hier nicht das überflüssige Surren der Computerfestplatte, das dubiose Motorenbrummen, den Specht in der Ferne oder gar den Tinnitus, sondern das Nebengeräusch im ökonomischen Sinne: „Mit Nebengeräuschen verdient der sicher seine 5.000 Euro." Das ist plastischer und sinnlicher als die öden „Bonuszahlungen" oder die „Fringe benefits" und interessant noch dazu: weil es zwar jede Menge anderer geldbezogener Metaphern gibt – Knete, Kies, Steine, Knödel, Gerstl, Kohle, Marie etc. –, aber keine aus dem akustischen Bereich, wenigstens keine, die mir bekannt sind.

Eine andere spezifische Nebenbedeutung hat das „Nebengeräusch" (besser: das „Näbegrüsch") in der Schweiz: Dort meint es eine (geheime) Freundin oder Geliebte (Dank an „anders and" für den Hinweis). Charmant!

Nee
Über einige Varianten, nein zu sagen

Die Sprache ist reich. So wie es unzählige Möglichkeiten gibt, Ja (→Jau) zu sagen, gibt es auch unzählige Möglichkeiten, das Gegenteil zu tun. Die Franzosen sagen non, die Niederländer nee, die Deutschen nein. Dazu kommt eine Fülle mundartlicher Varianten, die, laut *Grimmschem Wörterbuch*, „durch näselung und den dadurch veranlaszten abfall des auslautenden n" (Originalschreibung – Anm. d. Autors) entstanden sind: nei (schlesisch), nai (schwäbisch, alemannisch), na (bairisch, österreichisch), nee, nä oder ne in den mitteldeutschen oder niederdeutschen Mundarten. „Nö" hört man ab und zu auch in unseren Breitengraden von Leuten, die ein wenig Abwechslung ins Neinsagen bringen wollen. Das Nein läßt sich mit verschiedenen Wortzusätzen inhaltlich modulieren, vom resignierenden „Ach nein" bis zum drohenden „Oh nein". „Das kommt nicht in die Tüte!" ist ein „in Berlin seit dem Ende des 19. Jahrhunderts, dann auch allgemein verbreiteter Ausdruck der Ablehnung" (Lutz Röhrich, *Das große Lexikon der sprichwörtlichen Redensarten*). Leser Christian S. hat mich freundlicherweise auf den Ausdruck „Nüsse", als Synonym für „nichts" hingewiesen („Das kostet Nüsse"). Die scherzhafte Formulierung „Mit Nichten und Tanten" scheint sich in letzter Zeit zunehmender Beliebtheit zu erfreuen.
Weitere Nein-Möglichkeiten für Leute, die die Abwechslung lieben (ein kleiner Auszug aus dem Stichwort „Verneinen" in Dornseiffs *Deutschem Wortschatz*): Bedaure, bewahre, Quatsch, ach wo, an Dreck (bairisch), beileibe nicht, ja Scheibe (auch in einer vulgäreren Variante verbreitet), Scheibenhonig, ja Pfeifendeckel, daß ich nicht lache, kein Gedanke, keine Rede davon, nicht die Bohne, nie und nimmer, ein Schmarren, Scheibe links, Scheibenschießen, von wegen und Pustekuchen.

Nen
Eine kleine grammatikalische Vereinfachung

Ihr Chronist benutzt dieses Wörterbuch ab und an ganz gern
dazu, um den p. t. Leser mit lehrreichen Erkenntnissen aus
seinem Leben einzudecken. Eine Erkenntnis, die ich aus einer
zweijährigen Tätigkeit als Sprachlehrer für Ausländer mitgenommen habe, ist die, daß Deutsch, wenn man es denn nicht
im frühen Lebensalter von der Mutti erlernt hat, eine geradezu
bestialisch heimtückische Sprache ist.
Unsereinem, dem Muttersprachler, fällt ja nicht auf, welche Tücken zum Beispiel bei der Wortstellung lauern: In einem Aussagesatz haben wir normalerweise die Abfolge Subjekt
– Prädikat – Objekt: „Ich treffe meine Schwester." Aber kaum
setzen wir ein Temporaladverb an der den Beginn des Satzes,
schaut die Sache gleich ganz anders aus und das Subjekt „Ich"
– steht mit einemmal hinter dem Prädikat: „Heute treffe ich
meine Schwester." Kinderleicht für unsereinen, aber bringen Sie
das einmal einem armen Fremdsprachigen bei, der zudem womöglich noch grammatikalisch nicht ganz firm ist. Beim Nomen
hat der bedauernswerte Mensch nicht nur die Qual der Wahl
zwischen drei Geschlechtern, er muß auch noch die Pluralform
des Wortes, welche im Deutschen ebenfalls reichlich unregel-
mäßig ist, dazu lernen. Was wäre es da für eine Erleichterung,
wenn man wie im Englischen nur *ein* grammatikalisches Geschlecht hätte! In manchen Sprachbereichen wird ja auch offenkundig systematisch in diese Richtung gearbeitet, wie aus der
folgenden Mail von Herrn M. H. hervorgeht: „Darüber stolpert
der junge Computermensch immer häufiger: Ursprünglich die
gesprochene Kurzform für ‚einen', ist ‚nen' heute in diversen
Internetforen, vor allem Computer und die damit funktionierenden Spiele betreffenden, vor jedem Nomen oder Substantiv
anzutreffen, egal, ob männlich, weiblich, Singular, Plural: ‚nen'
steht für alles, es ist das deutsche ‚the' geworden. ‚Wollte mir
nen Festplatte kaufen' habe ich unter anderem auch schon gelesen. Gott zum Gruße, M."
Dem Puristen wird es bei „nen" den Schweiß auf die Stirn treiben. Wer allerdings an die bemitleidenswerten Menschen

denkt, die Deutsch lernen müssen, wird „nen" vielleicht in
milderem Lichte sehen.

Netter Versuch
Der →Schachtelwirt wirbt mit einem neuen Anglizismus

Es ist noch nicht allzu lange her, da war Wien flächendek-
kend mit einer Plakatserie von McDonald's überzogen: Der
Schachtelwirt warb mit der überlebensgroßen Abbildung eines Jausenbrotes, das in eines jener Papiere eingewickelt ist,
in denen üblicherweise Ham- und Cheeseburger ausgehän-
digt werden. Text dazu: „Netter Versuch, Mama". Hier, so die
Werbebotschaft, dürfte sich eine Mama in einen aussichtslo-
sen Zweikampf mit McDonald's eingelassen und versucht haben, ihrer Tochter oder ihrem Sohn etwas Hausgemachtes als
McDonald's-Produkt unterzujubeln.
„Netter Versuch, Mama" ist eine wörtliche Übersetzung des
englischen „Nice try", mit dem der Brite oder Amerikaner seinem Gesprächspartner ironisch zu verstehen gibt, daß
dieser eine Sache zwar in guter Absicht, aber ohne Erfolg in
Angriff genommen hat. Gibt es eine hundertprozentige
deutsche Entsprechung zu dieser Wendung? „Probieren wird
man's wohl noch dürfen" kommt der Sache inhaltlich nahe,
wird aber eher in einer anderen Funktion gebraucht, nämlich
als scherzhafte Entschuldigung (im obigen Falle der Mama),
wenn man bei etwas erwischt worden ist, was man besser
unterlassen hätte.

New Wet Kojak
Naß und recht ungewöhnlich

Mein Freund Thomas hat mir am Sonntag eine Nummer der
(mir bis dahin unbekannten) Band „New Wet Kojak" empfohlen – mit der Folge, erstens, daß sich mir deren exzentrischer
Name intensiv eingeprägt und länger unversehens in meinem Hirn herumrumort hat, und zweitens, daß ich mich auch

über die – häufig doch recht sonderbaren – Namensgebungen wunderte, unter denen sich junge (und nicht mehr so junge) Musiker zusammenfinden: Pissed Jeans zum Beispiel, die Toten Nittels oder die Rolling Stones. Auch Neuer nasser Kojak ist ja ein Bandname von recht auffallendem Originalitätswillen, wenn nicht sogar von leichter Abartigkeit. Die p. t. Leser wußten etliche Bezeichungen beizusteuern, die ihnen bedenklich erschienen: Careless Loving Hedgehogs, Butthole Surfers, Neutral Milk Hotel, Atomic Kitten, Gehörgeschädigte Leoparden, Ohrenpeyn, Lemonheads und Zillertaler Schürzenjäger.

NG++
Über den Umgang mit der Nicht-Lektüre

Bei einem Kurzaufenthalt in Frankreich ist dem Chronisten ein verblüffendes Buch des Literaturwissenschaftlers Pierre Bayard in die Hände gefallen. *Comment parler des livres que l'on n'a pas lus?* widmet sich dem weitverbreiteten, aber stark tabuisierten Problem, wie man in Gesellschaft, bei Prüfungen oder in sonstigen Lebenslagen über Bücher sprechen soll, die man nicht gelesen hat, von denen aber gemeinhin erwartet wird, daß man sie als kultivierter Mensch gelesen habe.

Aus der Feder eines Literaturwissenschaftlers ist ein solches Werk besonders pikant, aber Bayard gesteht freimütig ein, daß ihm die Lektüre schon in früher Jugend verdrießlich gewesen sei oder daß er oft einfach nicht die Zeit zum Lesen gehabt habe. Zur Kompensation dieses Mangels hat Bayard ein paar raffinierte Strategien entwickelt, die ihm nicht nur eine akademische Karriere ermöglichten, sondern ihn auch zu ausgedehnten literarischen Unterredungen mit Studenten über Bücher befähigen, die diese Bücher ihrerseits auch nicht gelesen haben. So kommt letztlich jeder auf seine Kosten.

Bayard, ein gründlicher Geist, differenziert auch auf sinnvolle Weise zwischen unterschiedlichen Arten, wie man ein Buch nicht gelesen haben kann; und er führt eine kleine Nomenklatur ein, um diese einzelnen Gattungen der Nicht-Lektüre voneinander abzugrenzen. „Livres inconnus" (LI) sind solche, von denen man weder gehört geschweige denn sie gelesen hat; „Livres parcourus" (LP) sind solche, die man auszugsweise oder quergelesen hat, und die „Livres oubliés" (LO), die vergessenen Bücher, mag man wirklich einmal gelesen haben, aber man erinnert sich nicht mehr an sie, was im Endeffekt auf dasselbe hinauskommt, wie wenn man sie gar nicht gelesen hätte.

Als ein weiteres Element führt Bayard eine vierstufige Skala von Doppelplus bis Doppelminus ein, mit der man noch zusätzlich darüber informieren kann, welchen Eindruck man, trotz Nicht-Lektüre, von einem Werk gewonnen hat. Ein LI-- wäre somit ein Buch, das man nicht kennt und von dem man auch rein gar nichts hält. Da sich das Nichtlesen auch in Österreich großer Beliebtheit erfreut, halte ich diese Abkürzungen für so nutzbringend, daß ich vorschlage, sie umgehend für unseren Sprachraum zu adaptieren: BD- hieße dann soviel wie „Buch durchgeblättert und für schlecht befunden"; NG++ entspräche einem „Nicht gelesen, aber als sehr gut bewertet".

Nicht meine Schiene
Mangelndes Gefallen

Es gibt Dinge, an denen man Gefallen findet, und es gibt solche, an denen man dies nicht tut. Der verstorbene deutsche Komponist Stockhausen konnte zum Beispiel mit Can (für die jüngeren Menschen: eine ziemlich geile deutsche Band in den 70ern) nichts anfangen, obwohl mehrere Can-Mitglieder seine Schüler waren. Auszug aus einem Interview mit Can-Bassist Holger Czukay in der *Süddeutschen Zeitung*: „,Hat Stockhausen mal Can gehört?' Antwort Czukay: ,Hat er, aber das war nicht seine Schiene. Er hat sich aber sehr für die Band eingesetzt, als unser Sänger Damo Suzuki von der Polizei nach Japan abgeschoben werden sollte. Da hat er alles getan, damit Damo hierbleiben kann.'"

Schön gesagt, das mit der Schiene, aber ich würde es anders formulieren: „Das ist nicht mein Fall" oder „Das ist nicht meine

Kragenweite" oder „Das ist nicht meine Tasse Tee" (so sagen die Engländer – „This is not my cup of tea" – und mysteriöserweise auch die Franzosen: „Cela n'est pas ma tasse de thé").

Wo der Deutsche ein anderes Getränk, nämlich ein Bier, von sich weist („Das ist nicht mein Bier"), da will er sagen, daß ihn eine Sache nichts angeht.

Nicht un-
Im sprachlichen Schwebezustand

Leser R. L schreibt mir, daß er sich zunehmend von einem alten, aber beharrlich fortbestehenden Phänomen, dem „Nicht-un-Phänomen" genervt fühle: „Etwas ist ‚nicht unspannend'. Was ist es dann? Spannend? Oder weder noch? Und warum verwendet man nicht das Gegenteil von ‚spannend', also ‚langweilig'? Anderes ist ‚nicht uninteressant', ‚nicht unreizvoll' ‚nicht unerschwinglich' ‚nicht unspektakulär' ‚nicht uncharmant'... Warum diese vorsichtige Ausdrucksweise? Will man als jemand erscheinen, der sich nicht gern zum Loben und Anerkennen herabläßt? Mich nervt das, und zwar nicht unsehr. Mit freundlichen Grüßen, R. L." Danke für die bedenkenswerte Zusendung.

In der Tat mag die „Nicht-un"-Ausdrucksweise in vielen Fällen den Eindruck von Unentschlossenheit und mangelnder Klarheit erwecken, aber nicht alle Leser begegnen dem „Nicht-un"-Phänomen gleich skeptisch wie Herr R. L. Ein deutscher Leser votiert für eine differenzierte Bewertung und findet, daß dem dümmlichen „nicht unreizvoll" ein nicht uninteressantes „nicht uninteressant" gegenübersteht, das eine Art fast überraschter Aufmerksamkeit ausdrückt, „das Anfangsstadium eines Interesses". Auch Leserin Susa kann dieser Façon de parler etwas abgewinnen: „Zum Entkräften einer zuvor getätigten, fälschlich gegenteiligen Aussage finde ich die Formulierung durchaus berechtigt. Wenn etwa ein Aspekt ‚nicht unwesentlich' ist, impliziert das zumeist, daß dieser Aspekt im Vorfeld als unwesentlich abgetan oder zumindest nicht genügend beachtet wurde." Es kommt also sehr auf das jeweilige Adjektiv und seinen Kontext an.

Nightmare
Englische Einsprengsel beim Herrn Bundeskanzler

Im Sommer 2006 legte Wolfgang Schüssel, damals noch österreichischer Bundeskanzler, eine ausgeprägte Neigung zum englischen Einsprengsel an den Tag. Im *Standard* vom 24. 6. wurde er gefragt, warum Österreich bei den Mindestpreisen für Zigaretten eine Klage der EU-Kommission riskiere. Schüssels Antwort: „No risk, no life" (wahrscheinlich eine Version des alten Börsianerspruchs „No risk, no fun"). Am selben Tag erläuterte Schüssel in einem *Presse*-Interview die Scherereien, mit denen man sich tagaus tagein in der EU herumschlagen müsse: „Vor einem Jahr haben wir uns noch über die Dienstleistungsrichtlinie zerstritten. Das war ein Nightmare und wohl auch ein Grund für die negativen Verfassungsreferenden in Frankreich und den Niederlanden."
Ein Nightmare! Das kommt davon, wenn man sich ständig auf dem internationalen Parkett herumtreibt und mit den Herren Bush, Barroso usw. ausschließlich auf englisch parliert. Kein Wunder, daß die ÖVP dann im Herbst die Wahlen verlor – wer volkstümlich spricht und dann vielleicht gar noch zur Ziehharmonika greift, kommt in Österreich wesentlich besser an.

Nix versteh'n
Wie man sich die FPÖ vom Leib hält

„Nix versteh'n" ist eine wunderbare Formulierung, um sich unliebsame Inländer vom Leib zu halten. Gesetzt den – unwahrscheinlichen – Fall, ich träfe FPÖ-Chef Heinz-Christian Strache auf dem Viktor-Adler-Markt zu Wien und er würde mir empfehlen, bei den Gemeinderatswahlen für die FPÖ zu stimmen, ich würde ihm niemals auf deutsch, sondern wie aus der Pistole geschossen mit „Nix versteh'n" antworten.
Die FPÖ sah das im Wahlkampf 2005 naturgemäß anders und plakatierte flächendeckend den Slogan „Deutsch statt Nix versteh'n" im Wiener Stadtbild, was umso schwachköpfiger ist, als sich die Restfreiheitlichen damit auch noch die Sympathien

jener naturalisierten Ex-Ausländer verscherzen, die als Wähler der FPÖ in Frage kämen.

Aber was soll's. Wahrscheinlich ist der FPÖ-Chef so sehr mit avancierten Kulturtechniken wie Schreiben und Lesen beschäftigt, daß er nicht auch noch die Zeit hat, vernünftige Wahlkämpfe zu führen.

Nollywood
Afrikanische Dreharbeiten

Hollywood ist klar, Bollywood ebenfalls (wobei die Kreuzung aus Bombay und Hollywood nach der Umbenennung Bombays in Mumbai korrekterweise ja eigentlich Mollywood lauten müßte). Aber Nollywood? Ich muß mich leider als Ignorant outen, weil mir das Wort vor der Lektüre des *Economist* („Nollywood dreams") leider unbekannt war. Für den unwahrscheinlichen Fall, daß Sie ebenso unwissend sein sollten wie Ihr bedauernswerter Chronist: Gemeint ist die boomende Filmindustrie in Nigeria, wo jährlich 2000 Filme, meist mit sehr bescheidenen Budgets, gedreht werden und mehr als eine Million Leute auf die eine oder andere Art im Filmbusiness tätig sind.

Falls die p. t. Leser auf entlegene Traumfabriken stoßen sollten (Grollywood in Grönland, Rollywood in Rumänien etc.), bitte ich freundlich um Mitteilung, auf daß ich nicht wieder solch peinliche Wissenslücken gestehen muß.

Nothingburger
Was dem Ami ans Gemüt geht

Es gibt vielerlei Möglichkeiten, „Nichts" (s. auch →Nee) zu sagen: Nix, nüscht, nada, Nüsse, Zero, Null (die Zeitung „zum Nulltarif" ist die, die böse Menschen am Sonntag aus dem →Klaubeutel fladern).

Eine besonders hübsche Nicht-Variante habe ich unlängst in einem amerikanischen Text gelesen: Da meinte nämlich der

republikanische Steinzeitkonservative Pat Buchanan, die Ent-
lassung von acht Staatsanwälten durch Justizminister Alberto
Gonzales sei ein „Nothing-burger of a scandal", also (anders
als das die meisten Demokraten sehen) in Wahrheit überhaupt
kein Skandal. Da der Amerikaner seinen Hamburger ja heiß und
innig liebt, kann man sich leicht vorstellen, wie sehr es ihm ans
Gemüt gehen muß, wenn er anstelle eines saftigen Cheesebur-
gers oder Quarterpounders mit einem Nichts-Burger abgespeist
wird, und womöglich gar noch mit einer Portion Nicht-Pommes
und einem Nicht-Cola dazu. Das wäre gerade so, als bekäme der
Österreicher im Beisl ein Nicht-Gulasch mit einem Nicht-Seidl
vorgesetzt. Nicht auszudenken!

Nuttenbrause
Erfrischendes aus dem Amüsierbetrieb

„Nuttenbrause" ist sicher kein Wort, mit dem man den ersten
Preis im Wettbewerb um politisch korrekte Sprechweise gewinnt. Aber gleichgültig, ob es uns gefällt oder nicht, das Wort
existiert nun einmal, und wagemutigen Lexikologen bleibt keine andere Wahl, als ihre moralischen Bedenken hintanzustellen
und sich die Vokabel unerschrocken und mit heiligem Arbeits-
ernst vorzunehmen.
Wofür steht die „Nuttenbrause"? Am häufigsten natürlich für
Frizzante, Sekt, Champagner und ähnliche prickelnde Alko-
holika, besonders dann, wenn diese in dubioser Qualität und
zu ansehnlichen Preisen in Nachtclubs und sonstigen Amüsier-
betrieben ausgeschenkt werden. Aber auch der im privaten
Rahmen kredenzte Sekt wird „Nuttenbrause" genannt. Dazu
folgende Internetbelege: „Ich freu mich auch schon richtig auf
Freitag. Aber ich trinke keinen Sekt und hau mir die Birne nur
mit gutem Zeug weg und nicht mit Nuttenbrause!" „Leute, stellt
schon mal die Nuttenbrause ins Eisfach, bald wird der Titel gefeiert!" Im Internet findet sich die „Nuttenbrause" auch als Bezeichnung für „Smirnoff und alle Alkopops" bzw. für sonstige
Mischgetränke, bei denen sich der Alkohol hinter massiven Zuk-
kerzugaben versteckt.

Der Chronist erlaubt sich, bei dieser Gelegenheit auch auf das Wort „Nuttendiesel" hinzuweisen, welches ein Parfüm zweifelhafter Güte bezeichnet („sich eindieseln" gleich „sich parfümieren"), aber auch als Synonym für die „Nuttenbrause" im Umlauf ist.

Obambi
Arglose und bösartige Spitznamen

In der *New York Times* vom 18. 11. 2007 ist Barack Obama von der bekannt galligen Kolumnistin Maureen Dowd als „Obambi" bezeichnet worden – die Amis haben dem schwarzen demokratischen US-Präsidentschaftskandidaten nämlich diesen Spitznamen verpaßt, analog dazu, wie die Ösis ihrem Bundeskanzler den „Gusi" umgehängt haben. Während es dem Gusi allerdings an jeder Gehässigkeit mangelt – es handelt sich lediglich um eine praktische Verkürzung des sperrigen „Gusenbauer" –, ist dem Obambi eine ausgesprochen giftige Note eigen.
Dieser Spitzname legt nämlich die Vermutung nahe, daß Herr Obama wie das süße Bambi-Rehlein unschuldig, töricht und unerfahren und somit nicht zur Leitung der Geschicke der mächtigsten Nation auf Erden geeignet sei. Daraus können wir die allgemeine Lehre ziehen, daß es einerseits arglose Spitznamen gibt (wie eben den Gusi), andererseits aber auch sehr bösartige (wie eben den Obambi). Herr SterzinOz aber meinte dazu: „Wenn's denn Umlaute hätten, hätten die Amis den Arnold Schwarzenegger schon längst zum Ö-bama ernannt!"

Ober sticht Unter
Das Gesetz der Hierarchie

Einige klassische Formeln beim Kartenspiel lauten: „Der Rest speist bei Hof", „Rot ist die Liebe", „Alles kommt zu Vati" etc. Gemessen an solch blumigen Wendungen klingt „Ober sticht Unter" lapidar – und in Wahrheit ist der Kartentisch auch nicht das gängigste Umfeld, in dem dieses Sprüchlein verwendet

wird. Eher ist dies ein in diversen streng hierarchischen Institu-
tionen zu vernehmender Stoßseufzer, mit dem die Unterläufel
(oder Unterlinge) einander darauf hinweisen, daß es so etwas
wie eine Hackordnung nun einmal gibt und daß Widerstand
dagegen zwecklos ist. Weil halt der Ober den Unter sticht.

Oberstübchen
Ein kopflastiges Worterlebnis des Chronisten

Mit manchen Wörtern geht es dem Chronisten wie mit manchen
Menschen: Erst sieht er sie jahrelang nicht, und dann laufen
sie ihm innerhalb von vierzehn Tagen gleich dreimal über den
Weg. So geschehen mit dem Wort „Oberstübchen", welches
mein Unbewußtes wahrscheinlich für ausgestorben hielt, ehe
es mir vor ein paar Wochen 1.) in einer *Spiegel*-Geschichte über
die angeblich sträflich unterschätzte Regenerationsfähigkeit des
menschlichen Gehirns erstmals seit langem wieder unterkam;
sodann 2.) in Simon Borowiaks gruseliger Alkohol-Fibel *Alk*
(→Bei Hurrikans) und schließlich 3.) in einer jener Botox-
Werbebroschüren, die als Beilage des Wochenmagazins *News*
verkleidet einhergehen. Ein Triple-Oberstübchen-Erlebnis!
Wie sehr Ihr Chronist danebenlag, als er das Oberstübchen
in Vergessenheit wähnte, hat ihm eine kurze Google-Recherche deutlich gemacht. Die brachte nämlich sagenhafte 47.000
Oberstübchen ans Tageslicht, und das, obwohl das Wort ja etwas entschieden Altbackenes und Überholtes an sich hat. Der
früheste Beleg, den die Brüder Grimm in ihrem *Deutschen
Wörterbuch* anführen („bis der wein endlich ins oberstübchen
gestiegen und die geister ermuntert hatte"; die Kleinschreibung
ist original Grimm – Anm. d. Autors), stammt immerhin von
1744, das Stübchen hat also etliche Jahre am Buckel.
Wer gerne zu einem moderneren Kopf-Synonym greift, der kann
es ja mit Ballon, Birne, Dach, Rübe, Plutzer, Kürbis, Globus,
Grind, Wecker oder Wirsing versuchen – allerdings auf stilistisch
deutlich tieferem Gelände.

-oid
Ein ziemlich nützliches Suffix

Im *Kurier* bin ich auf die Aussage eines steirischen Sektenbeauf-
tragten gestoßen, welcher meinte, in einer bestimmten Organisation eindeutig „sektoide Strukturen" erkennen zu können.
Beim Wort „sektoid", sektenartig, haben wir es mit einer kreativen Verwendung des Suffixes „-oid" zu tun, welches vom griechischen „eidos" (Art, Gestalt, Aussehen, Form) herstammt und
bedeutet, daß ein Ding oder eine Handlung ähnlich beschaffen sei wie ein anderes. An gängigen Zusammensetzungen mit
„-oid" herrscht kein Mangel: Ein Asteroid ist ein Gebilde, das
wie ein Stern geformt ist, kristalloid ist etwas, was einem Kristall
ähnelt. In den 60er und 70er Jahren, als die Jugend stark auf
die Entlarvung geistiger Überbleibsel aus der Nazi-Ära fokussiert
war, war das Wort faschistoid in aller Munde. Was aussieht wie
Mehltau (Oidium monilioides), ist logischerweise oidioid, und
wer sich nach Art der niedrigen Stände benimmt, der benimmt
sich proletoid.
Wie ich im *Jargon File*, dem Wörterbuch der Computersprache,
nachgelesen habe, steht dieses nützliche Suffix auch bei den
Hackern hoch im Kurs, wobei das „-oid" oftmals eine leicht
abwertende Note bekommt und zum Beispiel zur Bezeichnung eines Möchtegerns verwendet wird: So ist ein „Nerdoid"
jemand, der gerne ein Nerd, also ein Super-Durchblicker am
Computer, wäre, es aber leider aus Mangel an Talent oder Qua-
lifikation nicht schafft.
Die Produktivkraft des Suffixes -oid ist ungebrochen − der
Konstruktion charmantoider Neologismen steht also nichts entgegen.

Oida Fux
Ein tierischer Ausruf in besseren Kreisen

„Oida Fux" ist, wie →„Eugen", eine gesellschaftlich entschärfte Alternative zur proletarischen Interjektion „Oida". Das soziale
Hauptverbreitungsgebiet dürfte in „besseren" Wiener Mittel-

schulen gelegen sein; ich habe ihn mehrfach auch schon von Leuten gehört, die um die dreißig Jahre alt sind, dank einer guten Ausbildung in gesicherten Verhältnissen stehen und ihn möglicherweise aus dem Klassenzimmer ins Berufleben mitgenommen haben.

Auch „oide Woidtaubn" oder „oide Haustaubn" sind Ihrem Chronisten schon untergekommen, allerdings nicht als Ausrufe, sondern als scherzhafte Anrede einer Person („Franz, oide Woidtaubn, wie geht's da denn?"). Ebenfalls ab und zu im mündlichen Diskurs anzutreffen ist die Formulierung „oids Heisl", eine scherzhafte Verkleinerung von „altes Haus", die es dem Sprecher erlaubt, den Gesprächspartner mit milder Aggression auf die Schaufel zu nehmen: „Herbert, oids Heisl, gehst mit auf a Hüsn?"

PS: Verständnishilfe für unsere deutschen Leser: Oide Woidtaubn = Alte Waldtaube; Oide Haustaubn = Alte Haustaube; Heisl = Diminutiv von Haus, also Häuschen, aber auch Toilette; Hüsn = die Hülse, Bierflasche.

Ökoporno
Wenn die Berichterstattung obszön wird

Pornographie (von griechisch „pornographos", „über Huren schreibend") ist die „sprachliche und/oder bildliche Darstellung sexueller Akte unter einseitiger Betonung des genitalen Bereichs und unter Ausklammerung der psychischen und partnerschaftlichen Aspekte der Sexualität", sagt uns der *Große Duden*. Porno ist aber nicht nur das. Im übertragenen Sinn steht „Porno" in wenigstens einem deutschen Wort – dem „Sozialporno" – für eine aufdringliche, schwelgerische, ja obszöne Art der Medienberichterstattung.

Journalisten, die unter dem Vorwand ihrer Informationspflicht allzu detailliert in der Armut und dem Elend anderer Leute stöbern, laufen Gefahr, sich als Sozialpornograph zu outen. Bei den Amerikanern und Engländern ist diese Verwendung von „Porn" weiter verbreitet: „Investment porn" steht für fadenscheinige Jubelberichte von der Börse, „Food porn" (oder auch „Gastro-porn") für ausschweifende Artikel über gastronomische Genüsse. Mit „Eco-porn", Ökoporno, wiederum sind die Bilder von strahlendblauen Himmeln und lindgrünen Dschungellandschaften gemeint, die Ölfirmen in ihren Werbespots gerne verwenden, um ihre grenzenlose Liebe zur Umwelt zu illustrieren.

–ologen
An der vordersten Front des wissenschaftlichen Fortschritts

So schnell kann's gehen: Da sucht Ihr Chronist neulich bei Google nach dem Stichwort „Topologie", vertippt sich aber und schreibt „Popologie", worauf das Internet sogleich einen Text des Poeten Franzobel auswirft, in welchem dieser einläßlich schildert, was es mit der Wissenschaft vom Popo auf sich hat. Meinen Lesern, gebildet, wie sie nun einmal sind, ist natürlich bewußt, daß das weite Feld der Wissenschaft auch sonst noch mannigfache –ologien sowie die dazugehörigen Wissenschaftler und Wissenschaftlerinnen, die –ologen und –ologinnen, aufzuweisen hat, von denen man weniger hört als von den medial omnipräsenten Politologen und Psychologen, die aber gleichwohl unablässig am Fortschritt des Wissens weiterwirken. Ohne den Pomologen wäre der Apfel unerforscht geblieben, ohne den Proktologen die Krankheiten des Mastdarms, und gäbe es keine Dromologen wie den Franzosen Paul Virilio, so wüßten wir nichts über die revolutionären Auswirkungen der Geschwindigkeit auf die menschliche Existenz. Unter dem Stichwort „-logie" findet sich eine schier endlose alphabetische Liste von Wissenschaften in der *Wikipedia*, von denen viele schwerer zu entschlüsseln sind als die Bio-, die Polito-, die Psycho- oder die Soziologie: Wer künftig verstehen will, was die Koleopterologie, die Phthisiologie oder die Zezidiologie erforschen, der kann sein Wissen um die Wissenschaften ja dort aufpolieren.

O-o!
Ein Doppellaut des Erstaunens

Man muß ja nicht immer „Öha!" sagen. Als alternativer Ausdruck des Erstaunens bietet sich auch der Doppellaut „O-o!"
an, bei dem beide O kurz gesprochen und mit einem glotta-
len Verschlußlaut („Knacklaut") eingeleitet werden. Die Ton-
höhe des zweiten O liegt deutlich niedriger als die des ersten.
„O-o!" signalisiert meist nicht jenes blanke Erstaunen, bei dem
die Überraschung total und völlig unerwartet ist, sondern ein
Erstaunen mit einer wissenden Komponente, im Sinn von „O-o!
Das hätte ich mir ja denken können".
Leserin Lucy E. schrieb mir zu diesem Stichwort: „Oh, Herr
Winder, wie Sie immer treffen, was mich gerade nervt! Nicht
nur, daß das (im Amerikanischen ja durchaus charmante) O-o!
die Synchro-Soaps überschwemmt, jetzt überrollt es auch das
deutschsprachige Fernsehen und schleicht sich in Alltags-
gespräche ein, die ich in der U-Bahn mithören muß – gräßlich!
Aus demselben Topf kommt noch etwas sehr Nervendes: das
Antworten auf normale Fragen mit fassungslosem Frageton.
Frage etwa: ,Was ißt du da?' Antwort, eingeleitet mit ungläubi-
gem Augenbrauenheben: ,Na … ein … Butterbrot???' (Abschluß
mit teeniesoapmäßiger Total-Gesichtsverzerrung und einem
Wie-kann-man-nur-so-unendlich-blöd-sein-so-eine-Fra-
ge-zu-stellen-Ausdruck.) Deutsch eignet sich halt so gar nicht
für amerikanische Emoticon-Tonfälle …"

Und doch ordinär
Für den Humor-Feinspitz

Unlängst wieder einmal gehört: Die Formel „Einfach, geschmacklos und doch ordinär". Der Sprecher verwendete sie
zur Kennzeichnung eines Geschenkes, das bei ihm offenkundig auf wenig Anklang gestoßen war. Die Pointe dabei: Von einer geschmacklosen Sache nimmt man üblicherweise an, daß
sie auch über die Eigenschaft des Ordinären verfügt, so daß die
Gegenüberstellung von Geschmacklosigkeit und Ordinärheit mit

Hilfe des adversativen „und doch" für einen Verblüffungseffekt, wenn nicht gar für einen Lacher sorgt. Ebensogut könnte man auch sagen, daß eine Fernsehsendung töricht und doch dumm oder ein Buch langweilig und doch fad sei. Eine Formel für den Humor-Feinspitz!

Für den ORF
Die nationale Rundfunkanstalt und die Jetti-Tant haben etwas gemeinsam

Es gibt Anlässe, bei denen das Wort „Oasch" fast unvermeidlich ist, es gibt aber auch solche, bei denen man es besser gar nicht sagt (Dinnerpartys, Staatsbankette etc.) oder wenigstens durch eine weniger saftige Formulierung ersetzt. Manchmal müssen der „Armleuchter" oder der „Ärmel" herhalten, aber auch der Name unserer nationalen Rundfunkanstalt wird, wie Ihr Chronist unlängst auf einem Seminar gehört hat, zu diesem Zweck herangezogen. „Das ist für den ORF" sagt man von einer Sache, von der man ebensogut behaupten könnte, sie sei für den Hugo, die Jetti-Tant − ein Synonym für eine imaginäre bzw. wenig bedeutsame Verwandte − oder die Katz (oder auch →für die Füße). Bei dieser Gelegenheit sei aber auch an das „ORF-Loch" erinnert, das einerseits als Bezeichnung für das ORF-Signet steht, aber auch als Schimpfwort für ORF-Mitarbeiter verwendet wird.

Osagln
Arbeit am Holz und anderswo

Eines meiner Wiener Lieblingswörter − und um wieviel plastischer als das profane „amtsentheben", das freilich auch seine Meriten hat, und sei es auch nur die, den wunderlichen Geist der österreichischen Bürokratie sprachlich kongenial auf den Punkt zu bringen („Sans schtü, sonst amtsentheb i Eana!"). Das kostbarere Verb ist freilich „osagln", nicht nur seiner klanglichen Schönheit wegen (O! A!), sondern auch wegen des zutreffenden Diminutivs „Sagl": In der Regel pflegen Osagelnde ja nicht mit der großen Säge, der Sagn, zu arbeiten, sondern mit dem kleineren Instrument, dem Sagl eben, welches viel weniger auffällt, wenn man sich – ritze ratze – an den Sesselbeinen des Ozusaglnden zu schaffen macht.

Im semantischen Resonanzkörper des Osaglns schwingt die Hinterfotzigkeit mit, und daß die beim Osagln so gut wie immer mit von der Partie ist, würden Ihnen große österreichische Ogsaglte wie Roland Horngacher, Ernst Geiger etc. gewiß taxfrei bestätigen. Erwähnt sei schließlich, daß das Osagln nicht nur im übertragenen, sondern auch im eigentlichen Sinn betrieben werden kann, nämlich bei der Arbeit am blanken Holze. So wird es nach dem Erwerb eines Christbaums häufig nötig sein, den einen oder anderen Zweig ozusageln, damit der Baum auch seinen ästhetischen Zweck optimal versieht.

Ösi-Aufschlag
Mit uns kann man's ja machen

In der September-Nummer 2007 der Zeitschrift *Konsument* habe ich das mir bis dato unbekannte Wort „Ösi-Aufschlag" gelesen: Gemeint ist damit, daß identische Waren in Österreich oft teurer angeboten werden als in Deutschland und – im konkreten Fall – ein Nahrungsergänzungsmittel („Matthäus Vital-Complete mit Lutein") bei Lidl im deutschen Kiefersfelden 3 Euro 59 kostet, in der Kufsteiner Lidl-Filiale hingegen gleich 6 Euro 99. Es handelt sich also, so scheint es, um eine Art nationaler Deppensteuer, die die betreffende Firma – aus welchen Gründen auch immer – über uns verhängt hat. Nicht eben die feine englische Art, aber mit den Ösis kann man's ja machen.

Österreich ist geil
Was zu beweisen wäre

Die Elektrokette Saturn allerdings bleibt in ihrer Werbekampagne jede Erklärung schuldig, wie sie das exakt gemeint hat. Wenn man aber schon solche Behauptungen über die sexuelle Disposition unseres Staates in den Raum stellt, dann sollte man sie auch detaillierter begründen. Und Details, an denen sich Österreichs Geilheit zeigt, ließen sich ja ohne langes Suchen finden. Man muß nur einmal auf einer Landkarte anschauen, wie sich Vorarlberg und Tirol phallusgleich in die Weichteile der Schweiz und Deutschlands bohren, um zum Schluß zu kommen, daß „geil" allenfalls ein Hilfsausdruck für Österreich ist. Scharf wie Nachbars Lumpi ist Österreich! Notgeil! Mit seinem burgenländischen Hinterteil wetzt es lasziv an Ungarn, während Oberösterreich von unten her das nichtsahnende Tschechien ausgreift. Über dem Marchfeld bläst der Wind, der Großglockner reckt sich gamsig gen Himmel, und unten herum, am Wörthersee, ist Österreich schon ganz feucht.

Und inmitten all dieser Lustbarkeiten bleibt eigentlich nur noch die Frage über die geschlechtlichen Neigungen der Firma Saturn offen. Ist sie schwul? Voyeuristisch? Sadomaso? Es würde uns echt anspitzen, wenn wir darauf bald eine Antwort bekämen.

Otto-Otto
Weiteres zur Namensforschung

Vor kurzem hatten wir uns produktiv mit dem Eigennamen →„Rudolf" auseinandergesetzt („ich glaub', ich werd' zum Rudolf"). Das hat den Chronisten auf die Idee gebracht, weitere einschlägige Nachforschungen anzustellen und sich den erstbesten Namen vorzuknöpfen, der ihm in die Quere kommen sollte. Wie der Zufall es aber so wollte, war dies der wohlklingende Name „Otto", und zu ihm gibt es nun folgendes zu sagen:

„Der früher sehr häufige, jetzt aber seltener gewordene Vorname ‚Otto' gilt, wohl gerade wegen seiner Häufigkeit, als redensartliche Bezeichnung eines Durchschnittsmannes, z. B. ‚Otto Normalverbraucher', der nur die einfache, ‚normale' Lebensmittelkarte bekam. (...) ‚Jemanden zum Otto machen', ihn heftig ausschimpfen (etwa seit 1930). ‚Von wegen Otto', Ausdruck der Verneinung; vielleicht weil man einen Menschen mit dem Allerweltsnamen Otto anredet, der einen ganz anderen Vornamen hat. ‚Otto' oder ‚Otto-Otto', irgendeine nicht näher bezeichnete Sache. ‚Otto-Otto!' aber auch anspornender Zuruf; Ausdruck höchsten Lobes. Die Wendung soll von dem Filmschauspieler Hans Albers stammen: mit ‚Otto, Otto!' spornte er den volkstümlichsten Jockei Otto Schmidt im Hoppegarten an (1920 ff.). (...) ‚Einen flotten Otto haben', Durchfall haben, seit dem Anfang des 20. Jh. gebraucht." (Zitat aus: Lutz Röhrich, *Das große Lexikon der sprichwörtlichen Redensarten*, Herder 1992.) In Ernest Bornemans Lexikon *Sex im Volksmund* habe ich die Wendung „einen Otto bauen" gefunden, was soviel bedeuten soll wie „geschlechtskrank werden" oder „sich eine Abfuhr holen". In diesem Sinn war mir der Otto unbekannt, das gilt auch für den Ausdruck „Onkel Otto" für Männerabort (ebenfalls nach Borneman).

„Otto Normalverbraucher" sollte heute wahrscheinlich durch „Kevin Normalverbraucher" ersetzt werden.

Oust
Arbeitet mit der Neutra-Activ-Formel

Wie die p. t. Leser vielleicht bemerkt haben, könnte man die Eintragungen in diesem Wörterbuch unschwer in diverse Untergattungen einordnen wie zum Beispiel „Perlen aus dem Volksmund", „Wie der Jugendliche spricht" und so fort. Das Wort „Oust" ließe sich zum Beispiel in ein Fach mit der Aufschrift „Besonders bizarre Produktnamen" legen (danke an Annette K. für den Tip). Zur Information: „Oust" ist ein als „Spray" und „Minispray" erhältlicher „Geruchsneutralisierer", der – ich zitiere von der Homepage der Firma SC Johnson, die ihn herstellt – „mit seiner Neutra-Activ-Formel schlechte Gerüche auf ein Minimum reduziert. Oust wirkt effektiv gegen unangenehme Gerüche, wie z. B. von Rauch und Haustieren sowie gegen Gerüche in stikkigen Räumen und im Badezimmer – einfach sprühen und es riecht wieder sauber und frisch."
Zwei Probleme gibt's mit Oust: Erstens bedeutet das englische Verb „to oust" soviel wie „jemanden ausbooten, absägen, aus

seinem Job verdrängen", so daß der Geruchsneutralisierer für Leute, die des Englischen mächtig sind, sogleich unangenehme Assoziationen über Arbeitsplatzkonflikte und Verteilungswettkämpfe hervorrufen könnte. Zweitens weiß kein Mensch, wie dieses Oust korrekt ausgesprochen wird: Sagt man „Oust", so wie etwa ein Steirer „Ousten" (für Osten, die Himmelsrichtung) sagen würde? Oder „Aust" wie Stefan, der ehemalige *Spiegel*-Chefredakteur? Schwer zu sagen. Allein schon deshalb hat sich Ihr Chronist dafür entschieden, in stickigen Räumen und im Badezimmer nicht mit Oust zu sprayen, sondern zu lüften wie bisher.

ÖVauPääh
Freiheitliche Aussprachegewohnheiten

„ÖVauPääh" sagt Heinz-Christian Strache, wenn er von der Volkspartei spricht – eine der artikulatorischen Eigenheiten des FPÖ-Chefs, die für reizbare Ohren unüberhörbar sind. Während nämlich die ÖVP im öffentlichen und privaten Diskurs normalerweise als ÖVauPeeh – mit einem langen, geschlossenen E also – ausgesprochen wird, befleißigt sich Strache beharrlich einer abweichenden Diktion und redet stattdessen von der „ÖVauPääh". Ihr Chronist findet diese Aussprachegewohnheit Straches so markant, daß er sich trauen würde, folgende Wette einzugehen: Wenn Strache mehrmals hintereinander „ÖVauPääh, ÖVauPääh, ÖVauPääh" in einen Lämmerstall riefe, dann würden mit Sicherheit ein paar freundliche Mähs und Bähs zurückschallen.

Overtempled
Ein Wort für alle Lebenslagen

Das Schöne an den Engländern und Amerikanern ist, daß sie dank äußerst produktiver Wortbildung oft auch für ziemlich entlegene Lebenslagen einen knappen und präzisen Begriff parat haben. Wer zum Beispiel als Tourist nach Indien oder in die japanische Kaiserstadt Kyoto fährt, um sich dort Tempel anzusehen, wird vielleicht die ersten zehn oder zwanzig ehrfurchtsvoll genießen, beim fünfundzwanzigsten stellt sich dann leicht ein Gefühl der Sättigung ein, und wenn es dreißig oder noch mehr werden, dann hängen einem die Tempel schließlich zum Hals heraus, kurz: Man fühlt sich „overtempled".

Kommt zwar nicht so oft im Leben vor, aber schön, wenn man im Fall des Falles auf einen passenden Ausdruck zurückgreifen kann. Danke an meinen Freund Christian S. für den Tip! Er hat das Gefühl des Übertempeltseins in Kyoto erstmals erlebt.

Ovum, ovum
Lateinisch-deutsche Eiersprüche

Rechtzeitig vor Ostern schreibt mir Herr G. H.: „Vom Lateinunterricht meiner Jugend ist wenig hängengeblieben. Aber immer werde ich mich an den netten Spruch erinnern: ‚Ovum, ovum, quod lacum ego?' Zu deutsch, wie der gebildete Humanist weiß, ist das natürlich ‚Ei, ei, was seh' ich?'. Das ist Lernen für das Leben! Und ich bin mir sicher, daß die gebildete Leserschaft humanistisch ebenso gepeinigt wurde und ähnliche Weisheiten auf Lager hat. Denn wie meine Mutter immer sagt: ‚Suum cuique!' (in der deutschen Entsprechung: ‚Jedem sein Schwein'). Ich wäre erfreut, wenn Sie diesen Begriff rechtzeitig zum Fest verwenden könnten!" Ich kann und sage herzlichen Dank für die Zusendung.

Hinzufügen möchte ich, daß das Ei nicht nur im Lateinischen ein Wort von großer sprachlicher Produktivkraft ist. Auch im Deutschen lassen sich mannigfaltige Zusammensetzungen und Redewendungen damit bilden. Im Internet bin ich etwa auf das schöne Wort „Eiergarantie" gestoßen („Bauernhof bietet Leasing-Hühner mit Eiergarantie"), und auch das „Eierlaberl" (laut *Österreichischem Wörterbuch* ein unförmiger Fußball) hat seinen Charme. Ein paar weniger bekannte Eier-Sprüche findet man in Lutz Röhrichs *Großem Wörterbuch der sprichwörtlichen Redensarten*: „Das Ei neben das Nest legen" heißt „etwas verkehrt anfangen", und „Die Eier waren weg, als sie mit dem Salz kamen" bezieht sich auf unpünktliche, langsame Menschen.

„Ein Ei mit jemandem zu schälen haben" bedeutet dasselbe wie „mit jemandem ein Hühnchen zu rupfen haben". „Ein Ei zusammenleimen wollen" steht für ein sinnloses Unterfangen. „Da hast du das Ei!" sagt man bei etwas Unangenehmem, und „Das hat seine Eier" heißt „Die Sache hat ihre Schwierigkeiten".

Owekletzln
Herunterkratzen leichtgemacht

Ab und zu wird der Vorwurf an dieses Wörterbuch gerichtet, es sei zu wienlastig – und das muß mir, einem gebürtigen Alemannen, passieren! Daher schicke ich zu Beginn dieses Stichwortes erst einmal ein kräftiges „Heil am Seil" an die Leser in Vorarlberg (das sagt man dort wirklich ohne politische Hintergedanken), füge aber sogleich hinzu, daß es hier, in der Bundeshauptstadt, doch ein paar prächtige und praktische Wörtlein gibt, die sich trefflich verwenden lassen und die ich anderswo noch nicht gehört habe. Dazu zählt zum Beispiel das Wort „owekletzln", was soviel bedeutet wie „etwas in mühseliger Kleinarbeit herunterkratzen, mit den Fingerspitzen entfernen". Als ich unlängst einen Preisaufkleber von einem Geschenk herunterkletzelte (ein klassischer Fall von owekletzln), da kam mir der Gedanke, wie ich denn auf hochdeutsch zu dieser immer wieder einmal anfallenden Alltagstätigkeit sagen würde. Doch außer umständlichen und geschraubten Formulierungen ist mir leider bis heute nichts eingefallen. Die Wörter „piddeln" und „prockeln", mit denen mir die Leser unter die Arme gegriffen haben, sind auf ihre Art sicher zutreffend und nützlich, aber: Hochdeutsch sind sie nicht.

Owelodn
Ein Sieg des Deutschen über das Englische

Obacht, wir betreten ein weites Land. Das Wort „downloaden" ist lange von Liebhabern eines unverfälschten Deutsch (was immer das auch sein mag) als unguter Import aus dem Englischen gebrandmarkt und geschmäht worden. In der Tat gibt es ja auch in der Flexion von „downloaden" genug Formen, die umständlich und klobig wirken („Ich downloade jeden Monat 500 MP3s"). Die zweite Person Singular des Präteritums hieße sogar „du downloadetest", es ist aber nicht anzunehmen, daß jemand diese Form auch ernstlich verwendet. Den Satz „Du downloadetest im vergangenen Monat zu viele Lieder aus dem Internet" habe ich jedenfalls weder je gelesen noch gehört.

Interessant ist, daß das „downloaden" inzwischen immer mehr Konkurrenz durch seine deutschen Entsprechungen bekommt. Wenn man auf den deutschen Google-Seiten die Trefferanzahl von „downloaden" und „runterladen" bzw. „herunterladen" vergleicht, kann man feststellen, daß die eingedeutschten Verben zusammengenommen das „downloaden" sogar überholt haben. Darüber hinaus gibt es natürlich auch jede Menge dialektale Varianten des „Herunterladens": obilodn, owelodn, abelada (die letzte Form ist alemannisch). Für alles gibt es Google-Belege. Während „down" als nichttrennbarer Bestandteil des Verbums behandelt wird, lassen sich „obi", „owe" und Konsorten mühelos vom „laden" trennen und tragen dadurch zur Eleganz der Satzbildung bei. Wer wollte bestreiten, daß „I lod des Liad owe" viel weniger sperrig wirkt als „I download des Liad"?

Pandephonium
Ein konfuser Moment mit dem Handy

Ihr Chronist hielt sich unlängst in der Vereinigten Staaten auf, wo er neben allerlei journalistisch-politischen Agenden auch noch Zeit fand, ein paar Buchhandlungen zu durchstöbern. Dabei ist er auf ein interessantes Büchlein einer Autorin namens Barbara Wallraff gestoßen, welche sich, so sagt es der Klappentext, sowohl in *The Atlantic Monthly* als auch im *New York Times Magazine* mit Sprache und Wörtern auseinandersetzt. Sprachen, seien es nun die englische, die deutsche oder welche auch immer, sind immer nur ungenügende Wiedergabeinstrumente für die „Wirklichkeit". Das zeigt sich etwa daran, daß es für viele Phänomene des menschlichen Innenlebens und für viele Erscheinungen der äußeren Welt schlicht und einfach an Worten mangelt und oft umständlich umschrieben werden muß, was sich mit einem einzigen Begriff ökonomischer auf den Punkt bringen ließe – wenn es diesen Begriff denn gäbe.

Unter dem Titel *Word Fugitives* (→Iraqnophobia) stellt Frau Wallraff Neologismen vor, die sie gemeinsam mit ihren Lesern für eine Reihe spezieller Bedarfsfälle entwickelt hat. Für den delikaten Augenblick zum Beispiel, da man zwei Personen einander vorstellen will, aber sich partout nicht an deren Namen erinnert, wurde „Persona non data" vorgeschlagen. Leute, die gerne Schlagern einen obszönen Text unterlegen, könnte man „Songwronger" oder „Perversifier" nennen (was auf Deutsch dann wohl ein „Perversifikateur" wäre).

Für die momentane Konfusion, die sich einstellt, wenn beim Ertönen eines Handy-Klingeltons jedermann erst einmal überprüft, ob das eigene oder ein anderes Handy läutet, wurde „Fauxcellalarm" oder „Ringxiety" vorgeschlagen. Am entzückendsten fand Ihr Chronist aber den Ausdruck „Pandephonium" für dieses täglich zu beobachtende Phänomen. Ihm (dem Ausdruck, nicht dem Phänomen) wünscht er auch im Deutschen die größte Verbreitung.

Ausständig sind auch noch Wörter für die Tendenz, Schirme zu vergessen, für den impulsiven Drang, mit einem Mal sämtliche Möbel in der Wohnung zu verstellen, oder aber für Lebensmittelreste (Steakfasern etc.), die sich zwischen den Zähnen verklemmen.

Pappbruder
Etwas komplizierte Verwandtschaftsverhältnisse

Vater, Mutter, Sohn, Tochter, Bruder, Schwester: So weit sind die Familienverhältnisse ja noch übersichtlich – erst bei Schwippschwägern und Großneffen wird es dann komplizierter. Was aber, wenn wir es gar mit einer gefinkelten Patchwork-Familie zu tun haben? Herr D. S. aus Oberhausen hat mir zu diesem

Thema eine Mail geschrieben, in der er vorschlägt, das Deutsche für den Fall des Falles mit einer Lehnübersetzung aus dem
Dänischen zu bereichern: „Zum Artikel über Patchworkfamilien
(auf dieStandard.at) paßt ganz gut eins der dänischen Wörter,
die ich bei einem Aufenthalt dort (Uni Odense) gelernt habe: Die
Sorte von Geschwistern, die man bekommt, weil der/die eigene
Erziehungsberechtigte sich scheiden läßt und jemanden Neuen
heiratet, der wiederum ebenfalls erziehungsberechtigt ist, also
sozusagen ein Nicht-einmal-Halbgeschwister, bezeichnet man
bei uns umständlich als ‚Sohn des Partners meiner Mutter' oder
dergleichen. In Dänemark hatte sich schon vor 10 Jahren ‚pap-
bror' und ‚plaste-bror' durchgesetzt, also ‚Papp-Bruder' und
‚Plastikbruder' (was Schwester auf dänisch heißt, weiß ich leider nicht mehr)."
Ich danke für die Anregung – in Zeiten opaker Familienformen
wie der unseren hochgradig nützlich.

Papst Locherl
Ein unbekannter Vorgänger von Benedikt

Ab und an stößt Ihr Chronist bei seinen Wörterbuchrecherchen
ja auf Ausdrücke, die er noch nie in seinem Leben gehört
hat. So war ihm zwar der Papst Benedikt bekannt, nicht aber der
Papst Locherl, welcher angeblich gleich in zwei (veralteten)
österreichischen Redensarten sein Wesen treibt. Das behauptet zumindest der russische Linguist Viktor T. Malygin in seinem
1996 erschienenen Buch *Österreichische Redewendungen und
Redensarten*. „Ja, beim Papst Locherl!" soll demnach ein
Ausdruck der Ablehnung sein, der ähnliches bedeute wie „Am
Nimmerleinstag!" Redensart Nummer zwei ist „Das glaubt dir
der Papst Locherl!". Das heißt soviel wie „Das glaubt dir
niemand!" und wird (oder wurde) angewendet, wenn man
mit einer hochgradig unwahrscheinlichen Geschichte konfrontiert wird. Ein zweiter Papst (kein Gegenpapst!), der anstelle
von Papst Locherl in diesem Zusammenhang bemüht wird,
ist „Papst Uli".
Recht frech fand ich die Verwendung des Papst Locherl zur Ver-

stärkung einer Unmutsbekundung, die mir ein Leser zusandte: „Was mich anfuckt, ist, daß *Winders Wörterbuch* noch immer nicht in Buchform erschienen ist, beim Papst Locherl!" Dem wäre inzwischen hiermit ja abgeholfen.

Passivgymnastik
Streßfreie Sportarten

In einer deutschen Frauenzeitschrift habe ich unlängst unter der Überschrift „Passivgymnastik" ein Gerät gesehen, welches im wesentlichen aus einer Ansammlung von Saugnäpfen bestand, die am Körper einer schlanken jungen Dame saugten und solchermaßen angeblich entscheidend – eben auf passivgymnastischem Wege – zu deren Schlankheit beigetragen haben sollen. Ich halte das für eine außerordentlich praktische Errungenschaft und würde es begrüßen, wenn auch Passivschifahren, Passivgolf, Passivbillard, Passivfußball, Passivbergsteigen und ähnliche Disziplinen in das österreichische Sportleben Einzug halten würden (Passivraucher bin ich eh schon). Ich erinnere mich bei dieser Gelegenheit auch an eine E-Mail eines Lesers, der mir, vor einiger Zeit schon, vorschlug, in Analogie zum Wort „proaktiv" das Wort „propassiv" in den deutschen Wortschatz einzuführen. Das wäre gewiß eine Überlegung wert.

Paßt!
Das Deutsche macht Boden wett

Alle klagen über den scheinbar unaufhaltsamen Anglizismen-Vormarsch ins Deutsche, aber manchmal macht das Deutsche gegenüber dem Englischen Terrain wett. Ich wage die Behauptung, daß das markig zustimmende deutsche „Paßt!" gegenüber dem seit Jahrzehnten bekannten englischen „O.K." in den letzten Jahren so gewaltig aufgeholt hat, daß die beiden heute zumindest gleichauf liegen. „Dann treffen wir uns heut' um fünf im Schweizerhaus?" – „Paßt!"

Pedalritter
Aus dem Reich der „lustigen" Umschreibungen

Herr Ing. M. W. schreib mir: „Es gibt da etwas furchtbar
Nervendes, und ich glaube nicht, daß ich der einzige Genervte
bin: Diese ‚lustigen' Umschreibungen – speziell in kleinforma-
tigen Tageszeitungen zu finden – wie: ‚Säckelwart' für Finanzminister, ‚Pedalritter' für Radfahrer (nervt besonders) etc.,
etc. Wäre das vielleicht einen Eintrag im ‚Wörterbuch' wert?"
Jawohl, das ist einen Eintrag im Wörterbuch wert, wobei ich
noch hinzufügen möchte, daß neben dem Säckelwart und dem
Pedalritter auch noch der „Unhold" sowie der „Feuerteufel"
zum einschlägigen Zeitungspersonal gehören. Die p. t. Leser
steuerten ebenfalls etliche schaurig-schöne Umschreibungs-
klassiker bei: Rabiatperlen, Actiongötter, Topfavoriten, Comedy-
kings, Romantikqueens, Sesselkleber, Firmenkapitäne, Society
Ladies, Dancing Stars, Kristallerbinnen, natürlich auch den
→Adler sowie last, aber gewiß nicht least die „Steirische
Eiche".

Pfosten
Von mangelnder Auffassungsgabe

Mir war sie unbekannt, aber das muß ja nichts heißen: die Verwendung des Wortes „Pfosten" zu Beschimpfungszwecken. Als
„Pfosten" werden offenkundig Zeitgenossen von mangelhafter
Auffassungsgabe und unzureichender Intelligenz bezeichnet.
Eine feinere Nuance des Wortgebrauchs hat der legendäre Wiener Fernsehprolo Edmund Sackbauer herausgearbeitet: „Pfosten san quasi Trotteln, net ganz, oba fast." Unbeantwortet
bleibt die Frage, ob der Pfosten dem männlichen Geschlecht
vorbehalten bleibt, ob er auch auf Frauen angewendet werden
kann oder ob es ihn gar in einer „gegenderten" Version gibt.
Die Verbreitung des beschimpfenden Pfostens scheint auf jeden
Fall erheblich zu sein. Ich zitiere Beispiele aus dem Internet –
in Originalschreibweise: „Ohne Jay-Z wäre es ein Instrumen-
tal, du Pfosten!"; „Ach komm Holzmichl du Pfosten!! Jetzt ent-

täuscht du mich schon wieder!!"; „was hat mein name mit dem thema zu tun, du pfosten?"; „Oben habe ich es geschrieben, du Pfosten."

In seiner orientalischen Pracht besonders schön: „Du Vater aller Pfosten!"

Philosophie
Ein geistesgeschichtlicher Entwicklungsbogen

In einer Aussendung eines österreichischen Unternehmens habe ich unlängst gelesen, der Konsument von heute sei „nicht mehr an seinen sozio-demographischen Merkmalen festzumachen, sondern lebe gemäß der Philosophie, Produkte unterschiedlicher Preissektoren zu kombinieren. Er kaufe in manchen Marktsegmenten extrem preisbewußt, in anderen stehe der Luxus an erster Stelle."

Ein interessanter geistesgeschichtlicher Bogen, der sich da von der Philosophie der alten Griechen bis zur Philosophie des Konsumenten von heute spannt: Man kann nicht zweimal in denselben Fluß steigen. Cogito ergo sum. Handle so, als ob die Maxime deiner Handlung durch deinen Willen zum allgemeinen Naturgesetze werden sollte. Das Joghurt kauf' ich bei Lidl, den Schweinsbraten beim Meinl am Graben.

Piratiert
Auf hoher See und im Internet

Während sich die *Piraten der Karibik* gerade wieder erfolgreich im Kino tummeln, sind natürlich auch die Piraten im Internet unverdrossen am Werk und saugen herunter, was das Zeug hält (→Owelodn). Der zehnbändige *Duden* meint dazu, daß „die -piraterie in Bildungen mit Substantiven ausdrückt, daß etw. [auf illegale Weise] von Nichtberechtigten übernommen und ausgenutzt wurde, um Gewinn daraus zu erzielen: Produkt-, Software-, Videopiraterie".

Was dem *Duden* damals (1999) noch nicht bekannt war, ist das

Adjektiv „piratiert" bzw. das Verb „piratieren" (danke an G. H. für den Hinweis), das sich offenkundig erst nach der Piraterie im Sprachgebrauch etabliert hat. Es wird – die p. t. Leser mögen mich korrigieren, wenn diese Definition zu eng ist – zur Bezeichnung von kostenlos aus dem Internet heruntergeladenen Musikdateien, Software und Filmen verwendet („Heut hab' ich die ‚Piraten der Karibik' piratiert"). Bleibt die Frage, was eigentlich der Gegensatzbegriff zu „piratiert" ist. Er schaut sich einen nichtpiratierten Film an?

Pizzastunden
So kriegt man sein Fett weg

Es gibt Geburtsstunden, kanonische Stunden, Mußestunden, Schäferstündchen. Komatrinker schätzen die „Happy hour" als jenen Zeitraum, in dem man sich preisgünstig die Grundlage für eine gepflegte Alkoholvergiftung ansaufen kann. Amerikanische Doktoren wiederum nennen die Stunde nach dem Auftreten der ersten Symptome eines Herzinfarktes die „Golden hour", weil in dieser Frist ärztlich noch das meiste gegen die Krankheit unternommen werden kann. Verstreicht sie ungenutzt, nimmt die Gefahr, daß dem Betroffenen das letzte Stündchen geschlagen haben könnte, um ein vielfaches zu.
Aber „Pizzastunden"? Gefunden habe ich das Wort in der Zeitschrift *Profil*; gemeint ist damit eine – anscheinend neu erfundene – Maßeinheit für den sportlichen Aufwand, der erforderlich ist, um sich eine 570 Gramm schwere handelsübliche „Salamipizza mit einem durchschnittlichen Energiegehalt von 1283 Kalorien von den Hüften zu trainieren". Anders gesagt: Um das fette Ding wieder loszuwerden, muß man entweder 6,5 Pizzastunden gehen, 2,2 Pizzastunden walken, 1,9 Pizzastunden schwimmen oder 1,4 Pizzastunden Squash spielen. Da aber nicht jedermann ständig Salamipizzen verzehrt, sondern auch noch jede Menge anderer Lebensmittel im Umlauf sind, schlage ich zur Flexibilisierung der Pizzastunden-Messung vor, auch noch Gulaschstunden,

Salatstunden, Sachertorten-Stunden und Emmentaler-mit-Sauce-Trara-und-drei-Krügel-Stunden einzuführen und die entsprechenden Umrechnungsfaktoren tabellarisch festzuhalten. Mahlzeit, Prost, und nichts wie hinauf auf den Hometrainer!

Plauzen-Flavio
Die Bild-Zeitung legt sich mit Herrn Briatore an

Flavio Briatore ist ein Mann mit jeder Menge Millionen und jeder Menge Mädchen. Das hat den Neid der *Bild*-Zeitung geweckt. Sie zeigte Briatore eine ganze Zeit lang beharrlich nur noch auf unvorteilhaften Fotos mit nacktem Oberkörper und vorgerecktem Speckbauch und hat ihm darüber hinaus einen hämischen Mittelnamen (→Stahlhammer) verpaßt: Flavio „die Plauze" Briatore. Was mit der „Plauze" gemeint ist? Ein Internet-Lexikon zur Ruhrgebietssprache (www.ruhrgebietssprache.de/lexikon/plauze.html) gibt Auskunft: „Dicker Bauch, der in starkem ästhetischen Gegensatz zum sonstigen Körperbau steht und deshalb besonders auffällt; Ursache ist zumeist ein übermäßiger Bier- oder Schnapskonsum; ‚Plauzmann' – Mann mit wohlgewölbtem Bauch." Weitere Bauchsynonyme (aus Ernest Bornemans Lexikon *Sex im Volksmund*): Blunze, Ofen, Panzer, Trommel, Vorgebirge, Wammerl, Ranzen, Backhendlfriedhof, Kartoffelfriedhof und Mollenfriedhof – das letzte Wort ist, wie auch die Plauze, eindeutig bundesdeutscher Provenienz, während das „Wamperl" wiederum eindeutig aus Wien stammt *(Grimmsches Wörterbuch)*. Robert Sedlacek weist in seinem Handbuch *Das österreichische Deutsch* darauf hin, daß das Wort „Wampe" (oder Wamme) im Norden und Süden des deutschen Sprachgebiets gebräuchlich ist, die Ableitung „der (oder die) Wamperte" ist aber österreichisch-bairisch. Bestes Kleidungsstück, um Plauze oder Wampe zu kaschieren: ein T-Shirt mit der Aufschrift „Bier formte diesen wunderbaren Körper".

Polit-Pokeranten
Die herabsetzende Kraft der Nachsilbe -ant

Diese Wortneuschöpfung verdanke ich Herrn Wolfgang „Wofe"
Fellner, dem Herausgeber und Chefredakteur der Zeitung
Österreich, der schon mit dem Namen seines Blattes signalisiert,
daß er den politischen Alleinvertretungsanspruch für die Nation
geltend macht. „Pokerant" ist natürlich despektierlich gemeint,
weil Fellner (alias *Österreich*) von diesem ganzen Herumgetue
bei den Koalitionsverhandlungen schon genug hat und endlich
eine Regierung oder Neuwahlen sehen will.
Interessant ist die Art und Weise, wie diese abschätzige Note
sprachlich erzeugt wird, nämlich durch die Verwendung der
Nachsilbe „-ant", welche keineswegs immer, aber in manchen
Fällen − wie beim „Negeranten" oder dem „Tschecheranten"
oder eben dem „Pokeranten", nicht aber beim Emigranten,
Lieferanten oder Fabrikanten − eine negative Charakterwertung
zum Ausdruck bringen kann. (Für Leser in Deutschland: „Neger"
zu sein bedeutet im Wienerischen, kein Geld zu haben,
„tschechern" heißt − unmäßig − trinken. Ein Negerant ist somit
jemand, dem es an finanziellen Mitteln gebricht, ein Tsche-
cherant ist ein Säufer.) Vielleicht sollte man ja auch Bäcker, die
schlechte Semmeln verkaufen, auf den Status des Bäckeranten
zurückstufen und Fleischer mit Gammelfleisch in der Vitrine
als Fleischeranten schmähen. Schwer zu erklären bleibt freilich, unter welchen Bedingungen „-ant" seine herabsetzende
Wucht entfaltet.

Polit-Tsunami
Geschmacklos in der Publizistik − und am Stammtisch

Natürlich, Journalisten wollen die Dramatik des Zeitgesche-
hens intensiv darstellen und greifen dafür auch gerne einmal
in die Kiste mit dem Naturkatastrophen-Vokabular: politische
Erdbeben, →Erdrutschsiege etc. Vor dem Tsunami, findet Ihr
Chronist, sollte man sich aber hüten. Das Leid, das er verursacht hat, ist noch zu gegenwärtig, als daß man das Wort zu

bloß rhetorischen Zwecken einsetzen sollte. Die Zeitungen – von *Bild* bis *FAZ* – scheint das allerdings wenig anzufechten: „Polit-Tsunami für Österreich" titelte die erste am 29. 09. 2008, und vom „Tsunami, der seit dem Erdbeben vom Sonntag durch die CSU rollt", schreibt am 02. 10. 2008 nicht weniger taktlos die zweite.

Und Herr C. B. schreibt mir: „Ach ja ... und da wäre noch die erstaunlich geschmacklose Verwendung von ‚Tsunami!' statt ‚Prost!' beim geselligen Durstlöschen, in Anspielung an die darauf folgende Sturzflut an Getränken den Rachen runter."

Danke für den Hinweis auf den neuartig-degoutanten Trinkspruch – ich hoffe, daß ich ihn nie zu hören bekomme.

Postscriptum
Nachtragen leichtgemacht

Herr M. T. schreibt mir folgendes: „Eine Phrase, die sich weiterhin einer gewissen Beliebtheit erfreut, obwohl sie eigentlich vom Aussterben bedroht sein sollte, ist ‚Postscriptum' (oder PS.). Sie erwies sich als notwendig, wenn einem hand- oder maschingeschriebenen Dokument nach dessen Abschluß noch etwas hingefügt werden mußte. Warum in aller Welt wird dieses Konstrukt aber auch dann noch verwendet, wenn man über das Medium Computer kommuniziert? Es gibt ja bestimmt viele Computeranwender, die nicht so versiert mit dem E-Mail-System oder der Textverarbeitung sind. Daß man aber Text im nachhinein an beliebiger Stelle einfügen kann, sollte doch hinlänglich bekannt sein."

Wahrscheinlich ist es so. Für etliche Leser liegt die Lösung des Rätsels um den Weiterbestand einer durch den technischen Fortschritt obsolet gewordenen Formel aber darin, daß sie als Stilmittel – nach dem Motto „Was ich noch sagen wollte" – weiter taugt (so wie gelegentlich auch in diesem Buch).

Potus
Hoher Besuch in Wien

Haben Sie sich auch so gefreut, als der Potus nach Wien kam?
Wer, fragen Sie mich? Peter Potus? Paul Potus? Peinlich, daß
ich Sie mit einer solchen Wissenslücke ertappen muß. „Potus"
bedeutet natürlich „President of the United States", und das
war 2006 weder Peter noch Paul, sondern natürlich George W.
Das Potus-Akronym wurde ursprünglich von US-Geheimdienst-
mitarbeitern verwendet, wenn sie vom Präsidenten sprachen
– doch im Lauf der Zeit ist es auch in anderen amerikanischen
Beamtenmilieus heimisch geworden, so daß man heute durchaus hören kann, wie Beamte des amerikanischen Verteidigungs-
oder Außenministeriums den „Potus" in den Mund nehmen.
Wenn Sie sich seinerzeit gewundert haben, daß in ganz Wien
der →Bär los war, dann wissen Sie inzwischen natürlich längst,
warum: Der Potus war da.

Powerposter
Ein kräftiges Wort aus Großbritannien

Unter dem Stichwort →Kampfschweißeln haben wir uns über
das sprachliche Phänomen unterhalten, daß seit einiger Zeit
das Wort „Kampf" großzügig allen möglichen Haupt- und Zeit-
wörtern vorangesetzt wird, um ihnen eine besonders intensive oder aggressive Note zu verleihen: Kampftrinker, kampflesen, kampfquasseln, Kampfposter. Von hier aus ist der Weg
nicht mehr weit zum „Powerposter", dessen Existenz ich unlängst zum ersten Mal zur Kenntnis genommen habe. „Power"
ist ja auch eines jener Wörter, die sich in diversesten Zusammensetzungen weiter Beliebtheit erfreuen und unsere Freunde
des reinen, unverfälschten, von möglichst wenig englischen
Eindringlingen heimgesuchten Deutsch auf die Palme treiben. Ich denke hier vor allem an die „Powerfrau", aber auch
das „Powernappen" – der intensive Kurzschlaf – ist nicht zu
unterschätzen: Kraftvolles Nappen baut dem Burnout vor. Wer
Potenzmittel an den Mann bringen will, nennt die Pillen sinn-

vollerweise „Power Tabs", obwohl im Einzelfall zweifelhaft ist, ob sie der Manneskraft tatsächlich zuträglich sind („Mit Power Tabs steif ins Grab", warnte der Schweizer *Blick* im August 2008). Unter der Bezeichnung „Powerpad" wiederum firmiert Diversestes: Bremsbeläge, ein Tintennachfüllsystem, eine „Zughilfe" für Boybuilder sowie eine „revolutionäre neue Methode zur Entfernung hartnäckiger Streifen und Flecken in Ihrem Haushalt" („Balbo Power Pad").

Im Wort „ausgepowert" scheint, wie man meinen könnte, zwar auch die Power zu stecken, aber dieser Zusammenhang ist trügerisch: Für „ausgepowert" steht das französische „pauvre" (arm, dürftig) Pate.

Problembär
Ein Epitaph für Bruno

Nach langem, aber leider kaum je einmal segensreichen Wirken ist „Problembär" Bruno am 26. Juni 2006 in Bayern erlegt worden: Die Erde sei ihm leicht. Bruno alias JJ1 war zwar zeit seines Lebens ein nichtsnutziger Radaubruder, aber er hatte auch sein Gutes. Erstens hatten viele Kollegen in der deutschsprachigen Presse wochenlang Gelegenheit, Problembären-Witze zu reißen, und zweitens hat er einer breiten Öffentlichkeit vor Augen geführt, wie produktiv sich das Wort „Problem" im Deutschen anwenden läßt. Der *Duden* sagt, wie man es macht: „Problem- drückt in Bildungen mit Substantiven aus, daß jemand oder etwas Probleme aufwirft, Schwierigkeiten bereitet: Problembranchen, -gebiet."

Bewährte Problembereiter sind Tiere (ich erinnere mich noch, wie unser Problemkater Moritz tagelang hartnäckig in meine Turnschuhe pischte, was ich als recht problematisch empfand). Im Internet stößt man auf Problemhunde, Problemkühe, Problemschweine und Problemhamster; selbst Problemschlangen gibt es („die Symptome: sie verknäult sich, kugelt umher, kriecht auf dem Rücken, scheint keine Orientierung zu haben"). Die Kosmetikbranche lebt davon, allerlei körperliche Erscheinungen zu problematisieren und Haare zu Problemhaaren, Haut zur Problemhaut und Zonen zu Problemzonen zu deklarieren. Zum Glück gibt es immer eine Lösung – denken wir nur an die bahnbrechende Creme →„Good-bye Cellulite".

Der *Duden* kennt auch „Problemfilme" und „Problemromane", um die es in letzter Zeit allerdings recht still geworden ist – Ihr Chronist assoziiert damit pädagogisch wertvolle künstlerische Produktionen, die auf das Gefallen der Katholischen Filmkommission gestoßen sind. Mysteriös ist das „Problemo", ein mutwillig romanisiertes Problem, das nur in der verneinten Variante „Null Problemo" oder „Nix Problemo" existiert. Mit der Meldung „Null Problemo" wirkt man vielleicht salopp. Wer allerdings von sich behauptet, „ich habe ein Problemo", läuft Gefahr, auf seinen Gesprächspartner einen recht skurrilo Eindruck zu machen.

Profax
Eine Ersatzbezeichnung für Pädagogen

Unter den österreichischen Schülern dürfte es etwa vier geben, die zu Beginn einer Unterrichtsstunde sagen: „Jetzt haben wir den Professor X." Die Zigtausenden anderen verwenden anstelle der Formulierung „Professor" den Spitznamen desselben (zu meiner Zeit und in meiner Schule waren das der Schlodi, der Scheffi, der Yogi, der Moses, der fette Gummihund und andere mehr). Und die Schüler verwenden in der Regel auch nicht das neutrale, stilistisch nicht markierte Wort „Professor", sondern alle möglichen anderen Verballhornungen der Berufsbezeichnung für die Pädagogen. Zu meiner Zeit und in meiner Schule war der „Prophet" en vogue, und in einer Zusendung ist unlängst ein „Profax" aufgetaucht, den, wie ich mich beim Lesen erinnerte, schon Heine kannte: Der berichtete nämlich in seiner *Harzreise*, daß die Universitätsstadt Göttingen mit „Profaxen und anderen Faxen" bevölkert sei. Sicherlich lassen sich noch andere Professorenbezeichnungen finden, die heutzutage in österreichischen Schulen umgehen. Der „Profax" hat sich aber offensichtlich so bewährt, daß er die Zeiten überdauert.

Proletenschlauch
Derb, aber herzlich – Verkehrsmittel im Volksmund

„Proletenschlauch" (oder „Proloschlauch") heißen Straßen-
und U-Bahn im Volksmund: Vielleicht sollten das die Wiener Linien zum Anlaß nehmen, eine kleine Imagekampagne
zu starten. Verbürgt ist folgende Verwendung des Stichworts:
Der junge Herr P. wird von seiner Schwester per Handy gebeten,
sie zuhause abzuholen. M. zögert ein wenig, weil diese Fahrt
einen erheblichen Umweg für ihn bedeuten würde, klemmt
sich dann aber doch hinter das Steuer und seufzt, zur einen
Hälfte genervt, zur anderen einem Impuls plötzlicher Groß-
mütigkeit nachgebend: „No, dann hoimas hoid o, des Prinzes-
serl, damids ned mim Proletenschlauch foan muaß."

Psychosmog
Eine atmosphärische Zusammenballung

Ein charmantes Wort aus der Psychoszene. Es bezeichnet jene
aus Neurosenbruchstücken, Verhaltensoriginalitäten und unterdrückten Emotionen zusammengeballte Atmosphäre, die im
zwischenmenschlichen Verkehr immer wieder einmal auftritt
und dann käseglockenartig über der gesamten Szenerie hängt
– sei das nun zwischen zwei Personen, aber auch in größeren
Gesellschaften, wie man sie in Supermärkten, Straßenbahnen,
Büros, Fußballstadien etc. antrifft.
Wie beim handfesten Smog sollte man darauf achten, sich
nicht zuviel davon „hineinzuziehen", was nicht ganz einfach ist, da Psychosmog sehr viele unbewußte Anteile auf-
weist, die erst einmal erspürt werden wollen. Nach meinem
Dafürhalten ist „Psychosmog" ein Wort, das eine loben-
de Erwähnung verdient. Es ist anschaulich, treffend und viel
weniger abgegriffen als andere Wortexemplare aus der
Psychoecke: Ich denke da an „loslassen", „sich einbringen",
„hinterfragen", „annehmen", „kommunizieren" und ähnliches mehr.

Rakete
Ein alkoholisches Geschoß

Vor ein paar Tagen einen Bekannten mit grünlicher Gesichtfar-
be und violetten Augenringen getroffen, der mir ungefragt mit-
teilte, daß er gestern leider eine „Mordsraketn" gehabt habe.
Ich habe nicht genau nachgefragt, konnte aber aus dem Ver-
lauf des Gesprächs recht exakt schließen, daß es sich bei der
„Rakete" um ein – mir bis dato unbekanntes – Synonym für
einen Batzenrausch handeln muß. Bei einer Blitzrecherche im
Internet bin ich lediglich auf eine einzige Belegstelle für diesen Raketen-Gebrauch gestoßen, wo ein Herr nämlich dieses
beklagt: „Hab gestern am Faschingsdienstag ziemlich eine Rakete gehabt, und dabei ist wohl mein Handy ziemlich naß geworden. Das Display ist jetzt an manchen Stellen sehr hell und an
manchen sehr dunkel, und ich habe keinen Empfang mehr."
Ein weiterer ballistischer Alkohol-Vergleich, schreibt Leserin
Kunigunde81, sei im südlichen Niederösterreich im Schwange:
die „Granate" bzw. (Steigerungsstufe beim schwerem Rausch)
die „Mordsgranate". Ein neues, nichtalkoholisches Raketen-
kompositum kam bei den Olympischen Spielen im Sommer
2008 auf: „Er ist der absolute Superstar bei den Sommerspielen
in Peking: US-Schwimmrakete Phelps" (*Der Spiegel* vom 13. 08.
2008).

Rasenpapst
Eine Vielzahl von geistlichen Würdenträgern

Im Grunde möchte man annehmen, daß das Papst-Amt ein
Unikat ist, da es, im Gegensatz zum Mittelalter, heutzutage
keine relevanten Gegenpäpste zu Benedikt XVI. gibt. Aber es
gibt andere Päpste, Parallelpäpste, wenn man so will, vielleicht könnte man sie auch Päpste honoris causa nennen. Leser
des Online-*Standard* brauchen nicht weit zu klicken, um auf
die Kolumne von Bierpapst Conrad Seidl zu stoßen. Von Wein-
päpsten hat Ihr Chronist gehört, von Schnapspäpsten gar, von
Diabetespäpsten und von Fußballpäpsten.

Neu war ihm, daß es in Österreich auch einen „Rasenpapst" gibt. Es handelt sich dabei um Herrn Univ.-Prof. Karl-Ernst Schönthaler von der Universität für Bodenkultur in Wien, und wenn ich eine Boku-Aussendung, die unlängst aus undurchsichtigen Gründen in meinem E-Mail-Postfach gelandet war, recht verstanden habe, so hat sich Professor Schönthaler intensiv mit der Frage auseinandergesetzt, welche Vorzüge das sogenannte Mulchmähen bei der Rasenpflege hat. Zur Information für den mähtechnisch unbeleckten Leser: „Beim Mulchmähen wird der Rasenschnitt in die Grasnarbe rückgeführt – eine Technik, wie sie in vielen Gärten mittels spezieller Geräte bereits üblich ist."
PS: Weitere Päpste, über die die Leser zu berichten wußten, waren Literaturpäpste (selbstverständlich), Kräuterpäpste, Kulturpäpste, Schachpäpste, Gesundheitspäpste, Terrorpäpste (im Fall von überzeugten Muslimen wie Osama bin Laden besonders pikant) sowie Mode- und Medienpäpste.

Ratz Fatz
Schnell den letzten Dreck beseitigt

Vorsicht, Meister Proper, die Konkurrenz schläft nicht! Meine Kollegin K. F. hat mich freundlicherweise auf die Existenz eines neuen Reinigungsmittels hingewiesen, das allen Ernstes den Namen „Ratz Fatz" trägt. Leider gibt der Duden keine Auskunft dazu, was mit „Ratz Fatz" exakt gemeint ist; meines Wissens ist es ein nur in Deutschland gebräuchliches Äquivalent zu „Rucki zucki". Wie dieses bedeutet es „schnell, hurtig, flott"; der Produktname will also suggerieren, daß sich mit dem – onomatopoetisch sehr ausdrucksvollen – Ratz Fatz noch der letzte Dreck im Handumdrehen beseitigen läßt.
Zu „Ratz" und „Fatz" entnehme ich dem *Duden*, daß der „Ratz" die Ratte, aber auch den Iltis und den Siebenschläfer bezeichnen kann. „Ratzen" heißt umgangssprachlich soviel wie „schlafen"; und mit dem Ausdruck „Ratzefummel" bezeichnen Schüler den Radiergummi (wohl auch nur in Deutschland; in Österreich ist mir noch nie ein Ratzefummel untergekommen).

Das (ausgestorbene) Verb „fatzen" (verspotten, necken) existiert noch im Hauptwort „Fatzke", womit ein eitler, von sich eingenommener, arroganter Mensch gemeint ist. Wie der Ratzefummel ist der Fatzke in Österreich so gut wie nie anzutreffen – rein sprachlich natürlich, um kein Mißverständnis aufkommen zu lassen.

Regierungsgeil
Dieses obskure Objekt der Begierde

In einem *Standard*-Interview im November 2005 weigerte sich Grünen-Chef Alexander Van der Bellen, sich in Koalitionsspekulationen einzulassen, weil sonst nachher wieder behauptet werde, die Grünen seien „regierungsgeil". Dieses Prachtwort erschien seinerzeit zum ersten Mal im *Standard*, scheint es aber auch sonst schon zu einer bescheidenen Verbreitung im deutschen Sprachraum gebracht zu haben.

Geformt ist das Wort nach einem bekannten, laut *Duden* als „umgangssprachlich" zu qualifizierenden Wortbildungsmuster: Indem dem Adjektiv „-geil" ein Substantiv vorangestellt wird, welches das jeweilige Objekt der Begierde bezeichnet, also etwa applaus-, karriere-, oder sensationsgeil.

Es läßt sich einiges, worauf man theoretisch Lust haben kann, in ein Kompositum mit „-geil" einbringen. Schon gehört oder gelesen: reisegeil, vergnügungsgeil, kulturgeil, lesegeil und dienstgeil (das letzte für: beflissen). Am allergeilsten scheint aber doch die Macht zu stimmen – „machtgeil" übertrifft mit 61.000 Google-Erwähnungen alle anderen „-geil"-Bildungen bei weitem. Das Regieren – ein Schelm, wer beim Vergleichen Arges denkt – bringt es gerade einmal auf schlappe 454 „-geil"-Erwähnungen. Über die exakte Symptomatik der Regierungsgeilheit ist im übrigen wenig bekannt, vermutlich aber äußert sie sich in nächtlichen Erektionen, einer Regierungslatte also, die mit Träumen von Ministerratssitzungen, Staatsbesuchen und Koalitionsverhandlungen einhergeht.

Reinbeißen, Burschen
Wenn die Ware zu uns spricht

Je näher die Fußballeuropameisterschaft im Frühjahr 2008
rückte, desto intensiver warf sie ihre Schatten voraus. So taufte
zum Beispiel die Firma Mars ihren klassischen Schokoriegel im
Zuge einer Förderaktion für „unsere" Kicker temporär in „Rein-
beißen, Burschen" um. Das gefiel mir. Ich habe es immer gern,
wenn ich von Waren direkt angesprochen werde, wie das etwa
bei der Produktreihe „Du darfst!" der Fall ist.
Wenn mir der Verzehr eines Lebensmittels ausdrücklich gestattet wird – eben: „Du darfst!" –, dann fühle ich mich als Konsument gleich doppelt so privilegiert und jedenfalls wesentlich
besser, als wenn das Produkt „Du darfst nicht!" hieße. Schön
auch „Wisch & Weg": Hier wird man durch den Produktnamen
dafür sensibilisiert, das Küchentuch nach Gebrauch (Wisch)
nicht etwa aufzubewahren, sondern in den Müll zu schmeißen
(Weg). Jetzt warte ich noch auf weitere Produkte solcher Art:
das Hundefutter „Friß mich", die Seife „Wasch dich, Ferkel", die
Schuhcreme „Putz mit mir" sowie den Lutscher „Leck mich".

Reisprotein
Das Beste ist gerade gut genug

Bin unlängst im Badezimmer auf ein Nivea-Produkt („Nivea Hair
Care") gestoßen, auf dessen Etikett mir mitgeteilt wurde, daß
diese köstliche Creme nicht nur „Lotusblüten-Extrakt" enthalte, sondern auch „Reisprotein". Da Ihr Chronist ein großer Liebhaber von Zusatzstoffen aller Art ist und aufmerksam verfolgt,
was die Firmen in ihre Shampoos, Säfte, Cremes und Pasten
mixen, war dies eine aufregende Entdeckung.
Mich interessiert natürlich in erster Linie der sprachliche Aspekt
der Zusatz-Tätigkeit und vor allem der sich hier artikulieren-
de Originalitätszwang – schließlich will man als Firma seinen
Kunden ja suggerieren, daß man nur das schärfste, aufregend-
ste, teuerste und megageilste Material aufbiete, um deren
Wünsche zu befriedigen. Die Wahl und Bezeichnung der Zusatz-

stoffe ist allerlei Moden unterworfen: Wenn ich mich recht entsinne, waren früher eher technisch fortschrittlich anmutende
Kürzel wie „XFX 15" en vogue, während heute „natürlich" und
„biologisch" klingende Bezeichnungen wie „Reisprotein" oder
„Seidenextrakt" bevorzugt werden. Das ist freilich nur ein sehr
grober Interpretationsraster.

Leser Konfusius fühlte sich bei diesem Stichwort an den
„Lactobacillus Casei Immunitas" erinnert, „natürlich nur mit
proaktiven Beautyperls aus den Laboratoires Garnier, die zur
Straffung der Darmwand und Regeneration der körpereigenen
Coenzyme Q10 dienen und Ihnen mit der Kraft der drei Herzen
so richtig das letzte aus Ihrem vom Make Up from Make Up Artists
entfalteten Gesicht hauen". Leser GrexMachine schlug für pro-
biotische Joghurts den drastischen Terminus „Scheiß-dich-ge-
sund-Joghurt" vor.

Rennsau
Ständig unterwegs in Bayern

Saubreiß, Dregluada, Hintafotzada, Himmiherrgottkreizkruzi-
fix: Der Bayer schimpft ja bekanntlich gut und gerne und soll
in dieser Kunst jeden anderen deutschen Volksstamm über-
trumpfen. Bei einer Wörterbuchrecherche am Ende meines
Bücherschranks bin ich vor kurzem auf das *Bayrisch-
Österreichische Schimpfwörterbuch* von Reinhold Aman aus
dem Jahr 1973 gestoßen. In diesem erheiternden Werk habe ich
das Wort „Rennsau" gefunden, welches mir bis dato unbekannt
war. Es bezeichnet einen „Menschen, der stets unterwegs ist,
der nie zu Hause bleibt; eine Frau, die sich im Ort herumtreibt
und ihren Haushalt vernachlässigt. Herkunft: Ursprünglich
eine Sau, die armen Leuten gehörte; weil diese kein Futter für
das Schwein hatten, lief das Tier im Ort von Haus zu Haus, um
sich das Fressen zu suchen. Auch in Städten ließen zum Beispiel
Klöster ihre Schweine zur Futtersuche umherlaufen, die zum
Teil die heutige Müllabfuhr ersetzten." Mutmaßliches Gegenstück zur Rennsau: wahrscheinlich die Couchkartoffel.

Reparaturbier
Frisch von der Leber weg

In den Zusendungen zu *Winders Wörterbuch zur Gegenwart*
stoße immer wieder einmal auf die Beschwerde, daß hier
Wörter verhandelt würden, die keineswegs neu seien, somit also
die Formulierung „zur Gegenwart" in die Irre führe. Was soll ich
dazu sagen: Natürlich haben die Beschwerdeführer recht, aber
ich will es mir einfach nicht nehmen lassen, öfters auch Wörter zu
würdigen, die mir, obwohl zeitlich bemoost, besonders treffend,
→tiaf, töricht, herzerfrischend, gelungen oder charaktervoll erscheinen. Oder so süffig wie das Wort „Reparaturbier", das ich
unlängst wieder einmal vernommen habe.
Gemeint ist jenes Bier, das man sich nach mehr oder minder
ausgeprägtem Alkoholkonsum am Vorabend zum nächsten Mittagessen einverleibt, um die flatternden Nerven und den re-
voltierenden Magen ein wenig zu sedieren. Es ist dies eine Sitte, von der Suchttherapeuten und Internisten üblicherweise
eher abraten, aber das Wort „Reparaturbier" hat, obwohl nicht
unbedingt taufrisch, doch einen gewissen Charme und eine
gewisse Originalität.
Leser „Stimme der Vernunft" berichtet frisch von der Leber weg:
„In diesem Zusammenhang sei darauf verwiesen, daß dem
frühmorgendlichen Alkoholkonsum bereits in Kurt Vonneguts
1973 erschienenem Roman *Breakfast of Champions* ein ewig
gültiges Denkmal gesetzt wurde … Mit diesen Worten (‚Breakfast of Champions', eigentlich ein Wheatis-Frühstücksflocken-
Werbeslogan) serviert die Kellnerin ihren Gästen die Morgen-
Martinis …"

Rer. silv.
Akademische Titelfragen

Vor vielen Jahren, als ich noch in Innsbruck studierte, erholte
ich mich eines späten Nachmittags einmal gemeinsam mit ein
paar Freunden im Weinkeller von Frau Gabalin von den univer-
sitären Strapazen. In diesem Etablissement zugegen war auch

ein älterer Herr, welcher dem Wein schon ordentlich zugesprochen hatte und die Anwesenheit der studentischen Jugend, aus welchen Gründen immer, mit Widerwillen zur Kenntnis nahm. Sein Mißfallen drückte er aus, indem er zunächst leise und dann immer lauter vor sich hin maulte, bis ihm schließlich vollends der Kragen platzte und er uns direkt anrotzte: „Wos mochstn es do? Wos seidstn es? Schtudenten seid es? Wos schtudiertstn es? Es schtudierts wahrscheinlich F*tologie und Schw*nzmatik!" Ein schockierender Akt der Intellektuellenfeindschaft im heiligen Land Tirol!

Das bringt mich jetzt zu meinem eigentlichen Anliegen, nämlich dem akademischen Titel „Dr. rer. silv.". Ihn habe ich unlängst zum ersten Mal in meinem Leben in der *Academia*, der Zeitschrift des Österreichischen Cartellverbandes, gelesen. Darauf habe ich mich im Internet kundig gemacht und erfahren, daß damit die „rerum silvestrium", respektive der ehrenwerte Titel des Forstwirts gemeint sind, so wie der Dr. rer. cur. der Doktor der Pflegewissenschaften ist, der Dr. rer. hort. der Doktor der Gartenbauwissenschaften und der Dr. rer. publ. der Doktor der Verwaltungswissenschaften. Man lernt nie aus!

Leser Sosigines empfahl in Reaktion auf dieses Stichwort die Einführung eines neuen Doktortitels: „Dr. rer. silv. et prat." für den Wald-und-Wiesen-Doktor. Leser JimmyPage wiederum rief die „Doktorin nuptiarum causa" in Erinnerung, „die am Standesamt promoviert hat und größten Wert auf Nennung des akademischen Grades beim Fleischhauer und Friseur legt".

Rohr
Das rechte Wort am rechten Ort

Von Zeit zu Zeit läßt es sich nicht vermeiden, daß man in Gesellschaft über dritte und vierte Personen Bericht erstatten und dabei womöglich auch auf intimere Details über das Verhältnis, in dem diese Personen zueinander stehen, eingehen muß. So habe ich unlängst auf einer Party, bei der vor allem Leute aus dem Medien- und dem Politmilieu anwesend waren, vernommen, daß Herr X bei Frau Y „ein Rohr verlegt" habe.

Mir kam es so vor, als sei der Ausdruck „ein Rohr verlegen" für die Verwendung in diesem Milieu und in dieser Kommunikationssituation mit großer Stilsicherheit gewählt worden. In volkstümlicheren Kreisen würde man eher auf Klassiker wie „schustern" oder „pudern", „nageln" oder gar „biegen" zurückgreifen, während man in der Mittelklasse, die ja meist bemüht ist, auch sprachlich nicht anzuecken, lustlos-sterile Formulierungen wie „die haben etwas miteinander" oder „die haben ein Verhältnis miteinander" zu hören bekäme.

Rosa Krawattl
Klassischer Turnlehrerhumor

Herr C. C. schreibt mir: „Mein Turnlehrer im Gymnasium hat uns immer, nachdem er uns ordentlich herumgehetzt hatte, mit dem Spruch aufgezogen: ‚Na, euch hängt ja das rosa Krawattl auße.' Das ist natürlich eine Anspielung auf die Zunge beim Hecheln. Ich war sehr überrascht, daß dieser Spruch unter meinen Arbeitskollegen gänzlich unbekannt ist." Klassischer Turnlehrerhumor, würde ich einmal behaupten, von echtem pädagogischen Schrot und Korn.
Ein anderes Synonym für die Zunge, der „Schlecker", findet sich unter dem Stichwort →Zetteln. In Ernst Bornemans opulentem, aber inzwischen recht angejahrten Lexikon *Sex im Volksmund* finden wir zum Thema „Zunge" noch folgendes: „Blatt, Eßzimmerteppich, Feder, Graser, Laller, Loschen, Schmecker, Tschipp, Waidlöffel." Nichts davon habe ich je gehört, aber den „Eßzimmerteppich" finde ich charmant („Hör endlich auf, Deiner Mutter den Eßzimmerteppich herauszustrecken").

Rothaus
Sprachspiele zu Wahlkampfzeiten

Politico-linguistische Bilanz zu Wortnovitäten im Wiener Gemeinderatswahlkampf 2005: Bundeskanzler Wolfgang Schüssel hat das „Rathaus" in ein „Rothaus" umgetauft. Die

Spitzenkandidatin der Grünen hat den Spitzenkandidaten der Schwarzen im Verdacht, sich grundlos mit Umweltschutz-Federn zu schmücken, und fragt sich, ob Gio Hahn sich demnächst „Bio Hahn" nennen wird. Die FPÖ wirft dem mit Orange als Signalfarbe operierenden BZÖ vor, sich mit der ÖVP zu „orangieren", und allen anderen Parteien, Europa zur „TürkEU" umwandeln zu wollen. Außerdem hat sie das Sprüchlein vom „echten Wiener" auf Bezirksebene heruntergebrochen: im neunten Bezirk habe ich einen FPÖ-Folder mit der Parole „Damit der echte Alsergrunder nicht untergeht" in die Hand gedrückt bekommen. Was den echten Alsergrunder im Gegensatz zum echten Währinger oder zum echten Hernalser auszeichnen sollte, ist schleierhaft, aber man weiß ja nie, wozu der Wiener Bezirkspatriotismus fähig ist.

Rrrrausmarkt
Wundersame R-Vermehrung

Bei einer Kurzreise nach Tschechien bin ich am Pfingstsamstag knapp jenseits der österreichischen Grenze auf einen sogenannten „Rrrrausmarkt" gestoßen, der Artikel des Garten- und Freizeitbedarfs feilbietet, als da wären die Sandkiste, die Gartenkralle, die Gießkanne, das Vogelhäuschen und ähnliches mehr. Warum sich die Namensgeber des Marktes dazu entschlossen haben, ihn gleich einleitend mit vier sukzessiven R zu versehen, ist auf den ersten Blick ein Mysterium, aber ich nehme an, daß damit eine besondere Verkaufsdynamik signalisiert werden soll. Das multiple Rrrr wird ja überhaupt gerne zu diesem Behufe eingesetzt: So steht zum Beispiel über dem neuen Eingangsbereich zum Wiener Wurstelprater (einer architektonischen Scheußlichkeit übrigens, die ihresgleichen sucht) das Wort „Herrreinspaziert", welches den Besucher in dieses wundersame Wiener Reich der Lustbarkeiten gleichsam lautlich hereinschnarrt.

Rüberwachsen
Ein salopper sprachlicher Dauerbrenner

Die Formulierung „Laß einmal dies oder das (he)rüberwachsen"
habe ich in der Mitte der 80er zum erstenmal von einem Schüler
gehört, der damit beim Mittagessen seine Klassenkameraden,
die den Ausdruck ebenfalls nicht kannten, erheiterte („Laß
mir endlich den Salat rüberwachsen"). Inzwischen behauptet
„rüberwachsen" offenkundig seinen festen Platz in der salop-
pen Alltagssprache. Bei einer kleinen und unsystematischen
Google-Recherche bin ich auf folgende Verwendungsweisen
gestoßen (die orthographischen Eigenheiten sind von den jeweiligen Schreibern übernommen): „Laß erst ma n foto rüberwachsen"; „Laß mal die software herüberwachsen"; „Wieso laßtn du net wieder amal a mail von dir rüberwachsen?";
„Laßt ein paar Einträge ins Gästebuch herüberwachsen"; „Es
wäre nett, wenn mir jemand auch ein KitKat herüberwachsen
ließe, ich hab' nämlich Hunger und es ist nichts zu Essen im
Haus." Besonders gerne herüberwachsen sieht man natürlich
Geldscheine („Zehner", „Fuffis" etc.).
Wenn wir uns fragen, wodurch eigentlich die heitere Note bei
dieser Verwendung von „herüberwachsen" entsteht, so springt
sofort eine komische semantische Differenz ins Auge: Wachsen
ist üblicherweise ein langsamer Prozeß, der seine Zeit braucht.
Wenn aber einer einen anderen auffordert, etwas herüberwachsen zu lassen, so will er in der Regel, daß das Wachsen schnell
stattfinde: eine kalkulierte Kollision zweier Tempi, welche für
Komik und Verblüffung „sorgt".

Rudelgucken
Zuschauen im Kollektiv

Die Euro 2008 ist lange vorbei, aber zum Glück hat uns ein
Wettbewerb des WDR rechtzeitig zuvor ein Wort beschert,
das in diesen aufregenden Wochen Goldes wert war. Beim
„Rudelgucken" handelt es sich um eine süffisante Ein-
deutschung von „Public Viewing", und so, wie es bei Google

ausschaut (392.000 Treffer im August 2008), hat sich der Begriff im deutschen Volksmund bzw. der deutschsprachigen Medienlandschaft binnen kürzester Zeit bombenfest etabliert. Angeblich hat ihn auch schon die *Duden*-Redaktion für kommende Wörterbuchauflagen wohlwollend ins Auge gefaßt. Recht so. Wenn schon einmal ein originelles neues Wort kreiert wird, muß man auch schauen, daß es unter die Leute kommt.

Zum Rudolf
Schwerer Verwandlungsalarm

In Momenten großer Erregung, Bestürzung, Verwunderung oder besonderen Verdrusses beschleicht manchen das Gefühl, er stehe kurz vor einer Metamorphose: „Ich glaub', ich werd' zum Elch" – oder wahlweise auch: zum Hirsch, zum Huhn, zum Tier.
Bei einem Gespräch mit einem Computertechniker habe ich am Osterwochenende eine mir unbekannte Variation des „Ich-glaub-ich-werd"-Sprüchleins gehört. Der arme Mensch erzählte mir nämlich, daß er in letzter Zeit von Hackern so böse gepeinigt werde, daß er glaube, er werde „zum Rudolf".
Leider habe ich vergessen nachzufragen, welcher Rudolf denn damit gemeint sei, legt doch die Verwendung des bestimmten Artikels in diesem Sprüchlein den Schluß nahe, daß es sich um einen ganz konkreten Rudolf handle. Ganz sicher bin ich mir da freilich nicht, ja in Wahrheit halte ich, der Sprachlogik zum Trotz, sogar die These für wahrscheinlicher, daß von irgendeinem Rudolf die Rede ist, einem Wald-und-Wiesen-Rudolf sozusagen.
PS. Weitere mögliche Verwandlungsziele, auf die mich die Leser aufmerksam machten, waren der Josef, ein Schwammerl, der Wickerl (Ludwig), der Mundl (Edmund), die Schnecke und der Maikäfer.

Rufzeichen
Störenfriede im Satzfluß

Vor einigen Jahren, als die New Economy noch in aller Munde war, da gab es einen deutschen Internet-Suchmaschinen-Unternehmer namens Endemann, der doppelt so hip sein wollte wie die Firma Yahoo!, seine Firma kurzerhand Endemann!! nannte und natürlich auch an die Börse ging, wie das damals der Brauch war. So toll wie Endemann!! hat es seither keiner mehr getrieben, aber die Marotte, Firmen- oder Projektnamen mit (einem) Rufzeichen zu versehen und zu glauben, daß man damit besonders aktiv und zupackend wirke, ist nicht ausgestorben. Das von der Wiener Frauenstadträtin ausgeheckte Projekt mut!, mit dem mehr Mädchen in technische Berufe gelockt werden sollen, ist gesellschaftspolitisch lobenswert, aber das Auge bleibt trotzdem unnötigerweise an dem überflüssigen Rufzeichen hängen. Und die Firma Yesss! mag günstige Handytarife bieten, das ändert aber nichts daran, daß es für den Leser!! nicht aktiv und zupackend, sondern sehr!!! unangenehm ist, wenn Sätze willkürlich!! mit Ruf- und sonstigen Satzzeichen? durchsetzt!?! sind.

Rülpser
Eine vollmundige journalistische Metapher

Der iranische Präsident Mohammed Ahmadinedschad steht im Ruf, es mit der körperlichen Reinlichkeit nicht so genau zu halten. Die iranischen Oppositionellen kommen jedenfalls kaum damit nach, einander per SMS Witze über Ahmadinedschads Socken und Haarpflege zuzuschicken. Insofern paßt es ganz gut ins sprachliche Bild, wenn Chefredakteur Andreas Unterberger unlängst in der *Wiener Zeitung* Ahmadinedschads Vernichtungsdrohungen gegen Israel als „Rülpser aus Teheran" bezeichnet hat.
Die nicht sehr appetitliche, aber vollmundige journalistische Metapher vom „Rülpser" ist seit Jahrzehnten im Umlauf: Eine Blitzrecherche im *Standard*-Archiv fördert im Jahr 1991 einen

„FP-Rülpser" und einen „braunen Rülpser" zutage, der bei einer Großdemo vor dem Lindwurm in Klagenfurt befürchtet wurde. Er meint eine schockierende verbale Verfehlung meist aus Politikermund; in anderen Bevölkerungsschichten wird anscheinend weniger gerülpst. Zu den versiertesten Rülpsern zählen die „Ewiggestrigen": Ihnen wird das Rülpsen besonders häufig nachgesagt. Für Freunde der Statistik: Im *Standard* wurden 2006 exakt elf Rülpser abgegeben, nicht nur, aber doch hauptsächlich im Bundesrat, wo es ein veritables Wettrülpsen zwischen den Herren Kampl und Gudenus gab.

Russenluster
Ein Gruß aus dem Osten

Herr C. C., ein treuer Leser dieses Wörterbuchs, schreibt mir: „Von einem Freund, der sich gerade eine neue Wohnung eingerichtet hat, habe ich ein Wort aufgeschnappt. Als ich mir seine provisorische Deckenbeleuchtung angeschaut habe, welche nur aus einer Glühbirne bestand und an einem Kabel von der Decke hing, meinte er, daß dieser ‚Russenluster' nur vorübergehend montiert sei. Wäre das etwas für das Wörterbuch?"

Jawohl, das ist etwas für das Wörterbuch, obwohl der Ausdruck nicht neu und dem Chronisten schon seit Jahren bekannt ist. Eine kurze Umfrage im Freundes- und Bekanntenkreis hat mir allerdings gezeigt, daß lediglich die Hälfte der Befragten verstand, was mit dem Russenluster gemeint ist.

Der Russenluster bezieht seinen Witz daraus, daß das Wort „Luster" gemeinhin Assoziationen von Prunk, Luxus und Glitzerpracht hervorruft, hier aber für eine Beleuchtungseinrichtung verwendet wird, die sich just durch die gegenteiligen Eigenschaften auszeichnet, nämlich Nüchternheit und Schmucklosigkeit. Zudem legt das Wort nahe, daß in Rußland selbst ein solch spartanisches Beleuchtungsgerät als Luster empfunden würde.

Das ist natürlich ein wenig russenfeindlich, und Freunde einer politisch korrekten Ausdrucksweise werden das Wort besser nicht in den Mund nehmen. Andererseits sollte man sich nicht unbedingt gegen die Einsicht sperren, daß in Rußland manche Verrichtungen doch mit einer gewissen Nonchalance ausgeführt werden, die dem Westler fremd erscheint. Auch der Ausdruck „etwas auf russisch machen" deutet ja in diese Richtung.

Rute im Fenster
Metaphern mit Gefahrenmomenten

Das sorglose Hantieren mit Ruten, Stangen, Eicheln, Eiern und Beuteln ist gefährlich, auch sprachlich. Die *Presse* hat am vergangenen Samstag mit diesem Titel aufgemacht: „Wiener Rektor stellt Rute ins Fenster: Kein Geld für erfolglose Fächer". Die Redensart mit der Rute lautet üblicherweise „jemandem die Rute ins Fenster stellen". In der *Presse* wurde aus einem einsichtigen Grund – in Schlagzeilen ist der Platz knapp – nicht nur der bestimmte Artikel gekappt, sondern auch jenes Dativobjekt, dem die Rute gelten sollte. Die nach dieser Subtraktionstätigkeit übriggebliebene Rumpfformulierung „Wiener Rektor stellt Rute ins Fenster" klingt nicht nur komisch, sie ist auch inhaltlich daneben. Erstens ist ein Rektor kein Krampus. Zweitens liegt der letzte Nikolotag schon so lange hinter bzw. der nächste so weit vor uns, daß die Redensart im März jahreszeitlich deplaziert wirkt. Drittens schließlich könnte sie einige *Presse*-Leser zu obszönen Visionen verführt haben, zumal ja selbst der *Duden* eine verbreitete Nebenbedeutung der Rute kennt, bei der diese nicht aus Holz, sondern aus Fleisch gemacht ist. Zur Entlastung des zuständigen Redakteurs ließe sich sagen, daß nur böse Menschen überhaupt auf den Gedanken kommen könnten, ein Wiener Rektor stelle eine andere als eine metaphorische Rute ins Fenster – ein klassischer Fall von „Honi soit qui mal y pense" also.
Trotzdem: All diesen Gefahren ließe sich leicht begegnen. Vielleicht kann der Wiener Rektor beim nächsten Mal einfach nur warnen oder drohen, anstatt gleich zur Rute zu greifen.

Sack Reis
Folgenloses im Fernen Osten

Manches im Leben ist wichtig, manches unwichtig. Ein bekannter sprachlicher Kniff, um den unerheblichen Charakter eines Sachverhaltes hervorzustreichen, besteht darin, ihn mit dem Umfallen eines Gegenstandes im fernen China zu vergleichen: manchmal ist es ein Fahrrad, manchmal ein Sack Reis. In Ostösterreich bevorzugt man hingegen den im Forste fahrengelassenen Darmwind („Schas im Wald"), um ein Faktum von besonderer Irrelevanz zu bezeichnen.

Sack Zement
Wie man sein Sündenregister bereinigt

Wie wäre es damit, vor Anbruch der Ewigkeit das eigene Sündenregister ein wenig zu verkürzen? Ich erinnere mich an einen meiner Religionslehrer, Herrn Kaplan B., der uns empfahl, anstatt des sündigen „Herrgottsakrament!" das unverfänglichere „Sack Zement!" zu verwenden und so den Unmut halbwegs im Einklang mit den Zehn Geboten zu artikulieren. Wir befinden uns hier im Reich der Tabubildungen, bei denen der Drang nach ungehinderter verbaler Aggressionsabfuhr einen Kompromiß mit den Schicklichkeitsgeboten eingeht, welche uns Gesellschaft oder Religion auferlegen. Und wenn man sich auf solche Kompromisse einläßt, dann sagt man eben „Scheibe", „Scheibenhonig" und „Scheibenkleister", „Ärmel" und „Armleuchter" und eben „Sack Zement". Der schaurig-schönste Fluch, den Ihr Chronist kennt, stammt natürlich aus dem Heiligen Land Tirol: „Dem Herrgott sölln seine drei peschten Erzengel verreckn."

Sargklappern
Aus der Praxis der Versicherungen

Kein Tag ohne Unheilsprophezeiung: Europa schrumpft, die Bevölkerungsentwicklung ist verheerend, die Alten werden immer mehr, die Jungen immer weniger, heißt es. Als Pensionisten werden also die meisten von uns, salopp gesagt, ganz schön in die Röhre schauen. Kein Wunder, daß das Angstsparen zu einem Breitensport geworden ist, und Versicherer und Fondsanbieter lassen nichts unversucht, um dieses aus Sorge und Unsicherheit gemischte Lebensgefühl auch noch kräftig anzuheizen.

Der *FAZ* entnehme ich, daß es sogar einen Ausdruck für diese Werbepraxis gibt: „Das sogenannte ‚Sargklappern' ist ein alter und wirksamer Vertriebstrick der Versicherer. Die Aufrufe zum Angst-Sparen – nach dem Motto: Ihr werdet alle arme Schlukker sein – sind auch nicht völlig unberechtigt. Sie gehen aber mächtig auf die Nerven." Daraus läßt sich durchaus der Schluß ziehen, daß Unterhaltungen zwischen Versicherungskeilern von reichlich makabrem Charakter sein müssen: „Gehst du mit auf ein Bier?" – „Nein, ich muß noch eine Runde sargklappern." Huhu!

Satt
Körperlich gut, seelisch unerfreulich

Im Leben, im Leben, geht mancher Schuß daneben – und wenn man einmal selbst ordentlich danebengezielt hat oder von jemand anderem angeschossen wurde, dann ist man das Gegenteil von hungrig: nämlich angefressen, satt oder gesättigt. Eine interessante Bedeutungsdifferenzierung: Während das Gefühl des Satt- oder Gesättigtseins, auf das Physische bezogen, positive Konnotationen hat (das des Angefressenseins vielleicht weniger), verdreht sich die Sache auf dem psychischen Gebiet ins Gegenteil: Wer ist schon gerne seelisch satt oder gesättigt?

In Österreich gibt es dieses Bauchgefühl in mehreren, stilistisch-soziologisch klar voneinander abgegrenzten Ausgaben: Vom proletarischen „Angefressensein" führt der Weg empor über das vornehmere, dem bürgerlichen Lager zuzurechnende „Angespeistsein" bis hin zum feinen „Andiniertsein" der Aristokratie (Dank an Leserin ulkike für den Tip).

Wie die Sau
Eine sonderbare Vergleichsgröße

Es ist heiß, sehr heiß in der *Standard*-Redaktion Ein Kollege quittiert die Saunatemperatur mit der Bemerkung, die Heizkörper heizten wieder einmal „wie die Sau". Das ist saftig, aber insofern unzutreffend formuliert, als Säue ja eigentlich nicht zu heizen pflegen, sondern stattdessen viel lieber grunzen, sich im Dreck suhlen oder fressen, was ihnen gerade unter den Rüssel kommt.

Aber so ist das halt: Wie die folgenden Belegstellen aus dem Internet demonstrieren, muß sich die Sau im gegenwärtigen Alltagsdiskurs häufig als Vergleichsgröße für allerlei Tätigkeiten heranziehen lassen, die sie im wirklichen Leben niemals ausführt: „Das Game ruckelt wie die Sau"; „Der Computer lahmt wie die Sau"; „Auf der Autobahn donnern alle los wie die Sau"; „Ich habe die Buchstaben mit Gummipaint draufgemalt, das hält wie die Sau"; „Mein Chrysler Voyager qualmt wie die Sau"; „Rauchen ist kein Grundrecht, und es stinkt wie die Sau".

In Deutschland sind diese Wendungen meist ohne Artikel im Umlauf: Besonders gern tut etwas weh und stinkt etwas „wie Sau".

Säuln
Seltsame Sätze in der Staatsoper

Herr R. K. schreibt mir: „Jetzt muß ich aber auch noch die Anekdote einer lieben Freundin aus Vorarlberg loswerden. Sie wohnt zwar schon seit längerem in Wien und beherrscht das breite Wienerisch schon fast perfekt. Und dieses hat sie auch gebraucht, um uns eines ihrer ersten Wien-Erlebnisse zu erzählen. Sie war, kurz nachdem sie in die Bundeshauptstadt gezogen war, mit einem Freund in der Staatsoper, um dem Kulturschock der Übersiedlung ein wenig entgegenzuwirken. Was ihr allerdings beim Warten vor der Toilette nach der Vorstellung zu Ohren kam, kann sie nie wieder vergessen (wir inzwischen auch nicht). Vor allem, weil sie zunächst kein Wort davon verstanden hat.

Es sagte ein Herr zu seiner Begleiterin: ,Heast Oide, moch a
Säuln. I bladl dawäu um die Panier!'(→Anserpanier), was der
Aufforderung entsprach, doch bitte hier zu warten, bis der Herr
die Garderobe abgeholt hat. Allein schon das für das Karten-
spielen gebräuchliche Synonym ,bladln' in einen neuen Kontext zu bringen, als einen anderen Ausdruck für ,um etwas
kämpfen', ist sensationell! Und ,Moch a Säuln!' – ,Mach eine
Säule!' – für ,Bitte warte hier!' sowieso! Vielleicht sind ja diese
Worte für das Wörterbuch verwertbar. Jedenfalls wünsche ich
alles Gute für den Fortgang der Sammlung!"
Dazu meine ich als Verfechter erlesener Manieren und strenger
Etikette: Schockierend, wer sich da inzwischen alles in der Oper
herumtreibt. Aber dennoch: Herzlichen Dank an Herrn R. K. für
die guten Wünsche und für die Säuln!

Scannen
Ordnung muß sein

Scannen ist das „lesbare elektronische Abbilden von papierenen Eingangsstücken und Beilagen". Auch das mußte einmal geschrieben werden, und zwar in Abschnitt 2, § 9, Abs. 1
der österreichischen Büroordnung 2004, die vor allem für
die Bundesministerien verbindlich ist. Ob nun allerdings das
elektronische Abbilden lesbar ist oder doch eher das Ergebnis des Abbildungsprozesses, darüber ließe sich streiten. Ebenfalls diskussionswürdig: Wird nun das papierene Eingangsstück
samt Beilagen „lesbar elektronisch" abgebildet, oder vielmehr
das, was auf dem papierenen Eingangsstück samt Beilagen
gedruckt oder geschrieben steht? Fest steht jedenfalls, daß
gemäß § 9, Abs. 4 Eingangsstücke dann nicht zu scannen sind,
wenn das Scannen „nicht möglich ist, insbesondere bei Über-
formaten, bei einem mangelhaften Druckbild sowie aufgrund
der physischen Eigenschaften (z. B. dreidimensionale Gegenstände)".
Auch hier kann sich Ihr Chronist eine kritische Anmerkung nicht
verkneifen: Genau besehen ist natürlich auch ein Stück Papier
ein dreidimensionaler Gegenstand, nur daß die dritte Dimen-

sion bei papierenen Eingangsstücken eben weniger ausgeprägt
ist als bei Paketen, Weinflaschen, Kuchenboxen oder ähnlichen
Postsendungen, die täglich in österreichischen Ministerien eintreffen mögen.
Vielleicht kann der Gesetzgeber ja bei einer Novellierung der
Büroordnung 2004 Klarheit schaffen: „Nicht zu scannen sind
dreidimensionale Gegenstände dann, wenn das Ausmaß der
dritten Dimension des betreffenden Gegenstandes die entsprechende Dimension eines verkehrsüblichen papierenen
Eingangstücks und Beilagen in nicht unwesentlichem Ausmaß
überschreitet." So oder ähnlich elegant halt. Der heilige Bürokratius möge bei der Formulierung behilflich sein!

Der Schachtelwirt
Zu Besuch bei McDonald's

Es gibt Wörter, deren Witz sich sogleich und ohne große Erläuterung erschließt – aber dennoch zwei Gedanken, warum der
„Schachtelwirt" eine so überaus treffende Schöpfung ist (Dank
an Eva W. für den Hinweis!). Zum einen bringt die Bezeichnung
gekonnt auf den Punkt, was für McDonald's charakteristisch ist
– daß das Essen in Schachteln aufgetischt wird, ist eben doch
eine Eigenheit, auf die man in anderen Speiselokalen höchst
selten trifft. Darüber hinaus aber lebt das Wort von der ironi-
schen Reibung zwischen der Gemütlichkeit und Heimeligkeit,
die der „Wirt" verbreitet, und der kühl kalkulierten Sachlich-
keit, mit der der Kunde weltweit bei McDonald's abgespeist
wird.
Nein, der „Schachtelwirt" ist wirklich eine feine Sache, und
falls sich das kleine Genie, das ihn erfunden hat, noch eru-
ieren läßt, soll ihm von hier aus ein herzlicher Applaus zuteil
werden. Bei einer kurzen Internetrecherche habe ich außer
dem „Mäckie", den ich schon von meinen Töchtern kannte,
auch noch das „Gasthaus zum Goldenen M" gefunden. Auch
nicht schlecht – aber dem „Schachtelwirt" gebe ich allemal
den Vorzug.

Schätzomative
Sie sprechen mit einem lustigen Kampl

Ein altbekanntes, aber immer noch weitverbreitetes Fundstück aus dem Schatzkästchen des sprachlichen Alltagshumors. Der Trick besteht darin, statt „schätzungsweise" „schätzomative" zu sagen; so gibt man sich seinem Gesprächspartner sofort als ein lustiger Kampl zu erkennen: „Ich fahr' jetzt seit schätzomative fünf Jahren Skateboard." Vergleichbar dem →Sichel-Scherzchen. Existiert auch in der – weit weniger gebräuchlichen – Version „Schätzimative". (Danke an Christian Sch. für den Tip!)

Schlabber
Aus dem Wörterbuch des Gastrokritikers

Herr O. L. schreibt mir: „Sehr geehrter Herr Winder! In der Gastro-Kritik eines bekannten Wiener Restaurantkritikers entdeckte ich folgenden Satz: ‚Schweinshaxelragout (…) ist nicht nur eine mutige Vorspeise, sie bringt die Freude am Schlabber, der diese Extremität nun mal ausmacht, (…) auf den Teller.' Es war das Wort ‚der Schlabber', das mich stutzig machte und sofort an eine den Wassernapf eifrig bearbeitende Hundezunge denken ließ. Nun neigen heutzutage etliche Gastrokritiker zu einer floralen (in diesem Fall eher faunanahen) Sprache, da wäre es interessant, ob Sie oder Ihre Leser resp. Leserinnen bereits ähnlichen Wortkuriosa in diesem Umfeld begegnet sind."
Herzlichen Dank für die Zusendung. Was ich dazu recherchieren konnte: Dem *Österreichischen Wörterbuch* ist der Schlabber (und das Schlabbern) gänzlich unbekannt. Der *Duden* hingegen kennt nur eine feminine Schlabber-Variante: „Die Schlabber" ist ein landschaftlicher, oft abwertender Ausdruck mit der Bedeutung „Mundwerk". Beispielsätze: „Ihre Schlabber steht nie still" (sie redet ununterbrochen) bzw. „Halt endlich die Schlabber!" (Wienerisch: „Hoids zsamm" oder „Hoid die Goschn"). Es gibt weiters einige Komposita, die sich von

einer Bedeutung des Wortes „schlabberig" („weich, schmieg-
sam und daher locker fallend") herleiten: Schlabberjak-
ke, Schlabberkleid, Schlabberlook. „Der Schlabber" ist allerdings nirgendwo vermerkt und womöglich eine Eigenkreation
des erwähnten Gastrokritikers. Wie auch immer: Ich empfinde
den Schlabber kraft seiner lautmalerischen Qualität als durchaus charmant.

Schlank-Shoppen
Eine mysteriöse Tätigkeit zur Vorweihnachtszeit

Als Chronist bin ich einiges gewohnt und schrecke auch vor der
Lektüre von Frauenzeitschriften keineswegs zurück. Aber trotz
einiger Übung beim Lesen von *Madonna*, *First* und ähnlichen
Hochglanzprodukten brauche ich häufig einige Zeit, bevor ich
errate, was sie uns mit ihren Worterfindungen eigentlich mitteilen wollen. Was mit „Leading Ladies" oder „Style-Prinzip"
oder „Beauty-Ärzten" oder „First Schwangere" oder einem „Abendtäschchen im Purse-Look" gemeint ist, glaube
ich inzwischen zu verstehen, wenn auch wahrscheinlich zu
Unrecht.
Es gibt aber auch Mysteriöseres. Zum Beispiel das Wort
„Schlank-Shoppen", auf das ich in *Madonna* gestoßen bin.
Damit könnte gemeint sein, daß man sich beim Shoppen
auf der Suche nach einem stylischen Stoff-Bag oder flotten
Riemchen-Heels nicht auch noch an jeder zweiten Hausecke
becherweise Punsch und kiloweise Keks einverleiben soll, weil
man dann leicht ins Fett-Shoppen oder ins Freß-Shoppen
gerät und riskiert, an Weihnachten wie eine Kugel unter
dem Christbaum zu rollen, was dann wieder eine Fettabsaugung (→Fettverschiebung) bei einem Beauty-Arzt erforderlich macht.
Sicher bin ich mir freilich nicht, was denn wirklich unter
Schlank-Shoppen zu verstehen sei. Denkbar wäre ja auch:
von Shop zu Shop hetzen als Ersatz für Joggen. Oder: das Geld-
börserl verschlanken, indem man seinen Inhalt verpulvert.

Schlapfen
Wieder auf Synonymsuche in Wien

Wir haben uns bereits mit dem →rosa Krawattl, dem Schlecker, dem Eßzimmerteppich und anderen schönen Zungen-Synonymen beschäftigt. Da hat es eine gewisse Logik, wenn wir uns einem wienerischen Ausdruck für den Mund zuwenden, nämlich dem „Schlapf(e)n". Unlängst wieder einmal gehört: „Die hat dauernd den Schlapfen offen", zur Kennzeichnung einer Dame, die gerne andere zutextet (→Zutexten) und von solcher Zungenfertigkeit ist, daß sie eine Nuß vom Baum reden könnte. Wenn man Google vergleichen läßt, ist der „Schlapfn" etwas weniger verbreitet als die „Pappn" und „Goschn" – dieser Trend deckt sich mit meiner eigenen Einschätzung. In Peter Wehles Wörterbuchklassiker *Sprechen Sie Wienerisch?* findet sich die Erläuterung, daß der „Schlapfen" sich von „schlapp" ableite – und Wehle weist zudem darauf hin, daß er auch – pars pro toto – „übles Weibsstück" bedeute. Nach dem Vulgaritätsgrad betrachtet ist der „Schlapfn" allemal „nobler" als die „Pappn" oder „Goschn", die beide die „Fresse" respektive die „Schnauze" als Äquivalent hätten.

Schlappmaulorden
Für besondere Verdienste

Was es doch in der feierlichen Welt der Ordensverleihungen nicht alles gibt! Ich kannte bis dato den „Hirni der Woche", den „Dolm der Woche", die „Zitrone", den „Goldenen Phrasendreschflegel" und andere mehr. Unbekannt war mir dagegen der „Schlappmaulorden", von dem ich zum erstenmal Anfang 2008 bei der Lektüre der *Süddeutschen Zeitung* erfahren habe. Kreiert wird er von der in Unterfranken ansässigen „Kitzinger Karnevalsgesellschaft", und die Geehrte war in diesem Jahr die fotogene CSU-Rebellin Gabriele Pauli, welche Herrn Stoiber in der Tat geraume Zeit gewaltig auf die Nerven gefallen ist. Einen Schlappmaulorden ist das allemal wert.

Schleimen
Eine schlüpfrige Tätigkeit in vielen Variationen

„Schleim gehört zu den Substanzen, die auch ohne rationale Begründung bei den meisten Menschen Ekel hervorrufen", verrät uns die deutsche Version der *Wikipedia*. Es ist daher auch kein Wunder, daß das vom Schleim abgeleitete Verb „schleimen" eine gesellschaftlich meist eher scheel angesehene Tätigkeit bezeichnet, nämlich die, sich durch süßliche Unterwürfigkeit und peinliches Buckeln beliebt zu machen.

Dem Chronisten, der ja meist versucht, offenen Auges und offenen Ohrs durch die Welt zu gehen, ist aufgefallen, daß das Schleimen in sehr vielen unterschiedlichen, wohl aber bedeutungsgleichen sprachlichen Variationen existiert: Neben dem simplen „Schleimen" ist auch das „Einschleimen" im Umlauf, daneben gibt es das „Hineinschleimen", das „Anschleimen", das „Beschleimen" und das „Nachschleimen". Ein paar Beispiele aus dem Internet: „Du bist die Nummer Eins, reich und berühmt, alle beschleimen und hofieren dich"; „Sehr viel einleuchtender für mich ist, daß der Vorsitzende der OST–KPD sich an Gysi und Lafontaine anschleimen will"; „Es gibt Frauen, welche sich in geradezu männlich-widerlicher Manier an vermeintlich ,starke' Typen anhängen und ihnen nachschleimen"; „Lieber wäre es ihm, wenn er sich in die ÖVP hineinschleimen könnte".

Leser wilko0070 bedankte sich für dieses Stichwort mit folgender Zuschrift: „Schleimen, aber richtig! Sehr geehrter Herr Magister Winder, habe ich Ihnen eigentlich schon einmal geschrieben, wie sehr ich Sie verehre? Ihre Artikel sprühen vor Intellekt und zeichnen sich durch ihre zeitlose Eleganz und Schönheit aus. Ihnen gelingt eine geniale Synthese aus den Weisheitstraditionen des Alten Orients und Israels und den Traditionen des Jahweglaubens. Auch ohne journalistisches Hintergrundwissen geben Ihre Artikel ein faszinierendes Bild der gesellschaftlichen Elite ab. Stilistisch brillant und spannend erzählt kommen sie auf den Punkt, und es entsteht das Porträt einer unterdrückten Gesellschaft. Sie sind einfach der Größte! Ich sage nur: Goethe, Schiller, Winder!"

Schmutzkübelkampagne
Attacke auf den Finanzminister

Von einer gegen ihn gerichteten Schmutzkübelkampagne berichtete der damalige Finanzminister Karl-Heinz Grasser im Februar 2005. Wenn Grasser das Wort „Schmutzkübelkampagne"
verwendet, so ist dies in seinem Fall eine Metapher von besonderer Eindrücklichkeit, weil sie die sprichwörtliche Säuber-
lichkeit des Ministers in schlagenden Kontrast mit der dreckigen
Vorgangsweise der Angreifer bringt. Ich stelle mir vor, wie Grasser
dezent parfümiert in seinem besten Tommy-Hilfiger-Anzug mit
der auf Hochglanz polierten KHG-Nadel am Revers aus einem
Wiener Innenstadtlokal kommt, wo er sich nach dem harten
Tagwerk an ein paar Dosen Red Bull gelabt hat, als sich plötzlich
zwei oder drei finstere Figuren feixend aus dem Schatten einer
Straßenlaterne schälen. Und was halten sie in Händen? Man
glaubt es kaum, aber es ist ein mit Schmutz gefüllter Kübel:
schmuddelige Wursthäute, schmierige Schleimbatzen, stinken-
de Staubfäden, faulende Orangenschalen, feuchter Kehricht,
dotterbesudelte Eierschalen, vielleicht auch noch das eine oder
andere Stück Dreck, kurz, ein Schmutzkübel, der es in sich hat.
Kaum ist der nichtsahnende KHG auf die Straße getreten, wird er
plötzlich von hinten mit dem Inhalt des Kübels übergossen, so
daß der Schmutz von der Fönfrisur abwärts Krawatte, Anzug und
Ludwig-Reiter-Schuhe dauerhaft ruiniert. Wozu böse Menschen
fähig sind! Die politische Opposition in Österreich agiert meist
verwerflich, aber wenn es um den Finanzminister geht, ist sie
sogar zu einer Schmutzkübelkampagne fähig.

Schnause
Kreatives aus dem Imbißladen

In der Firma Ankerbrot sind geballte Kreativgeister am Walten,
und die schrecken auch vor gewagten Wortneubildungen nicht
zurück, wenn es darum geht, den Umsatz von Salamistangerl
und Putenwachauer anzukurbeln. Auf Anraten seiner Öffent-
lichkeitsarbeiter offeriert Anker eine „Schnause", was für eine

„schnelle Jause" steht, sowie den „Frimb", einen – zu einem neuen Kunstwort zusammengezogenen – „frischen Imbiß". Ob die matte Anziehungskraft solcher Neologismen hinreicht, um die Kundschaft in Scharen herbeizulocken, bleibe dahingestellt. Für mich jedenfalls steht die „Schnause" in einer aufdringlichen lautlichen Nähe zur „Schnauze", und darüber hinaus wirkt sie generell so albern, daß ich eher hungern würde, als die Bestellung „Zwei Schnausen, bitte!" über die Lippen zu bringen. Eher noch könnte ich mir vorstellen, einen „Frimb" zu ordern, der müßte dann allerdings auch wirklich frisch sein. Auf einen Aimb (abgestandenen Imbiß) würde ich sauer reagieren. (Danke an Tex Rubinowitz für den Tip!)

Schön sprechen
Jenseits der Schicklichkeitsschwelle

George W. Bush ist ein notorisches Schandmaul: Als er 1988 von David Fink, einem Mitarbeiter des *Hartfort Courant* gefragt wurde, wovon denn die Rede sei, wenn er mit seinem Vater über Politik spreche, meinte er lapidar: „Pussy" (von der Muschi). Im Wahlkampf 2000 nannte er den *New-York-Times*-Redakteur Adam Clymer vor laufendem Mikrophon ein „major league asshole", ein „Arschloch der Oberliga". Und bei einem G8-Gipfel teilte Bush Tony Blair vor laufendem Mikrophon mit, daß Syrien die Hizbollah dazu bringen solle, „mit der Scheiße aufzuhören".

Frage: Wie geht man sprachlich vor, wenn man solch häßliche Worte hört und seinem Gesprächspartner vermitteln will, daß er die Schicklichkeitsschwelle überschritten hat? In Wien steht für diese Situation eine klassische Formel zu Gebote: „Schön sprechen!" Damit wird der andere ironisch-sanft auf die Vulgarität seiner Ausdrucksweise hingewiesen, doch zugleich gibt der, der zum schönen Sprechen rät, augenzwinkernd zu erkennen, daß er es mit seiner Rüge so ernst auch wieder nicht meint. Schließlich tut es ja gut, wenn man die Dinge bisweilen unverblümt beim Namen und die Scheiße auch wirklich Scheiße nennt.

Schona
Ein entkoffeinierter Kaffee der Firma Eduscho

Eine gute Idee. Aber Vorsicht! Einen nichtentkoffeinierten Kaffee sollte man nicht unbedingt als Reizi oder Speibo anpreisen.

Schwampel
Ein politischer Neologismus aus Deutschland

Ein vorhersehbarer Eintrag, aber wenn es so etwas wie ein Wort der Woche gegeben hat, dann war es dieses. Beliebt war die „Schwampel" als Neologismus für eine schwarz–grün–gelbe Koalition bei Politikern und Journalisten allerdings nie – vielleicht wegen der lautlichen Nähe zu Schwurbel, Schlampe, Wampe und Trampel, die ihm einen gewissen Ruch der Verkommenheit verleiht, vielleicht auch, weil das Sprachbild von der schwarzen Ampel schräg ist („Wer hat schon einmal eine schwarz leuchtende Ampel gesehen?" fragt die *Financial Times Deutschland*).
Bemerkenswert, daß die Schwampel nicht nur als Substantiv existiert, sondern gleich auch noch ein Verb als Ableger hervorgebracht hat: „schwampeln" – in eine schwarz–grün–gelbe Koalition eintreten.

Selbstbezettler
Ein Wörtergruß aus dem Postwesen

Was ist mit dem Wort „Selbstbezettler" gemeint, das Herr R. E. auf einem Formular der Österreichischen Post AG entdeckt und an *Winders Wörterbuch* geschickt hat? Sollte ein Selbstbezettler gar jemand sein, der sich selbst Zungenküsse verabreicht (→Zetteln)? Mitnichten: Ein Selbstbezettler ist jemand, der der Post Arbeit abnehmen darf bzw. sogar abnehmen muß. Herr R. E. hat mir dazu freundlicherweise den Paragraphen 109 der Österreichischen Postordnung zugeschickt, welcher da lautet: „§ 109. Die Postämter sind berechtigt, Absendern,

die regelmäßig bescheinigte Postsendungen in größerer Zahl aufgeben, das Bekleben der Postsendungen mit postamtlichen Klebezetteln, das Abwiegen, das Anbringen der Gewichts- und Gebührenangabe auf den Postsendungen sowie das Eintragen der Aufgabenummer, des Gewichtes und der Gebühr im Postaufgabebuch (-bogen) bis auf Widerruf zu gestatten oder diese Obliegenheiten von ihnen zu verlangen (Selbstbezettler)."
Danke und ein dreifach Hoch dem heiligen Bürokratius!

Die Seuche
Metamorphosen der Krankheit

Stoßseufzer und Entzückensruf des Hobby-Etymologen: Wie sich doch die Wörter im Laufe der Jahrhunderte verändern! Die „Seuche" ist ein Wort, das sich, laut Auskunft des *Grimmschen Wörterbuches*, vom Eigenschaftswort „siech" ableitet und einst soviel hieß wie „Krankheit" (gemeint: die Krankheit schlechthin). Im Lauf der Jahre erlebte die Seuche eine Bedeutungsverengung und wurde nurmehr für Krankheiten von langer Dauer oder für ansteckende Krankheiten verwendet, also ganz in dem Sinne, wie wir den Begriff auch heute noch gebrauchen.
In der Umgangssprache allerdings erlebt „die Seuche" (nicht: eine Seuche!) ein erstaunliches Comeback in einer sehr viel weiteren Bedeutung, nämlich als eine Art Passepartoutausdruck für alles, was als grindig, versifft, unangenehm, abstoßend, widerwärtig, unbefriedigend oder schlicht als Versagen verstanden wird. „Wir haben die Seuche", befinden die Fußballspieler oder die Fußballtrainer, wenn ihre Mannschaft einen schlechten Lauf hat. „X hatte heute die Seuche im Fuß", meint ein enttäuschter Fan, wenn er mit der Leistung seines Lieblingsfußballers nicht zufrieden ist. „Diese Disco ist die Seuche", heißt es in der Warnung eines mißvergnügten Disco-Besuchers im Internet. Das gehäufte Auftreten solcher und ähnlicher Sätze legt den Schluß nahe, daß sich „die Seuche" geradezu seuchenartig im gegenwärtigen Alltagsdiskurs ausgebreitet hat. Vorrangiges Verbreitungsgebiet bleibt freilich der Sport, wo alle Versager in jeglicher Sportart von der Seuche

befallen sind. Daß ein Opernsänger die Seuche hatte, hört man nie.

Sextrology
Besterntes Geschlechtsleben

Auf dem Weg in die Redaktion bin ich vor ein paar Tagen an einer Bücherschwemme vorbeigekommen, in der ein Opus mit dem verführerischen Titel *Sextrology* (erschienen bei Goldmann Arkana) feilgeboten wurde. Weil mir bis dahin nicht geläufig war, was „Sextrology" exakt meint, fühlte ich mich in meinem eigenen Namen und im Namen meiner Leser natürlich zu einer Recherche verpflichtet, und dies ist, was ich herausgefunden habe: „Sextrology" (zu deutsch wahrscheinlich: Sextrologie) scheint eine der Astrologie verwandte Disziplin zu sein, nur mit dem Unterschied, daß die Sextrologie nicht auf die Auswirkungen der Sternenkonstellationen auf die menschliche Gesamtheit abstellt, sondern einzig und allein auf den Bereich des Geschlechtslebens (Widder im Aszendent Steinbock deutet wahrscheinlich auf eine nicht alltägliche Gamsigkeit hin).
Wenn Sie, was das gütige Schicksal verhüten möge, manchmal an Mißbefindlichkeiten beim GV oder sonstigen sexuellen Aktivitäten leiden sollten, dann empfiehlt es sich dringend, den Rat eines Sextrologen einzuholen. Zu unterscheiden ist der Sextrologe vom Sexologen, einem Wissenschafter auf dem Gebiet der Sexologie (auch: Sexualwissenschaft). In eine detaillierte Betrachtung sonstiger Sex-Komposita (Sexoskopie, Sexolalie, Sexodrom, Sexomat, Sexomobil, Sexosophie usf.) möchte ich mich an dieser Stelle nicht einlassen, weil wir dann überhaupt nicht mehr fertig würden.

Sichel
Von der Monarchie bis zum heutigen Tag

Bestimmt nicht neu, immer noch verbreitet, →irgendwie vertrottelt, aber doch auch ganz charmant: die Marotte, absichtlich mit „Sichel" statt mit „sicher" zu antworten. „Gehst heut' aufs Match?" – „No Sichel". Gehört in die Abteilung „Wechstaben verbuxeln" und hat historische Vorläufer in der k. u. k. Monarchie. Wenn ich mich recht an *Die letzten Tage der Menschheit* erinnere, sagte der Herr Hauptmann, wenn er lustig sein wollte, einst im Offizierskasino: „Das ist ja etwas völlig Andreas" (statt: anderes).

Das klassische und unerreichte Beispiel lieferte schon Lichtenberg in seinen *Sudelbüchern*: „Er las immer Agamemnon statt angenommen, so sehr hatte er den Homer gelesen."

Meine Leser wiederum steuerten folgende Beispiele für mutwillig humoristische Lautverdrehungen oder -ersetzungen bei: „Kriminalwassser" (für: Mineralwasser), „Geweichsanbrausung", „das hat kein Nivea" (für: Niveau). „latürnich", „Finkenschleckerl" (für: Schinkenfleckerl), „zum Bleistift", „gefickt eingeschädelt", „Eschenbacher" (für: Aschenbecher), „algerische Reaktionen" (für: allergisch) sowie „schlauch nicht echt".

Sitt
Mißglückter Versuch, eine Lücke zu füllen

Sprachen sind Landkarten der Realität, und wie andere Landkarten bilden auch sie die Wirklichkeit unterschiedlich ab. Berühmt (und umstritten) ist die Behauptung des amerikanischen Sprachwissenschaftlers Benjamin Whorf, in den Eskimosprachen gebe es eine Vielzahl von Ausdrücken zur Bezeichnung des Schnees, die man in anderen Sprachen nicht findet. Manchmal klaffen Lücken in den Landkarten – was auch schon auf das Mißfallen der Philosophie gestoßen ist. Arthur Schopenhauer schreibt in seinem Aufsatz *Ueber Sprache und Worte*: „Bisweilen fehlt in einer Sprache das Wort für einen Begriff, während es sich in den meisten, wohl gar in allen anderen findet: ein höchst skandalöses Beispiel hievon liefert im Französischen der Mangel des Verbi ‚stehn'" – dort muß „stehen" ja mit „être debout" umschrieben werden. Aber auch im Deutschen gibt es da und dort Mangelerscheinungen. Ein bekanntes Beispiel ist das Fehlen eines Wor-

tes, mit welchem sich, analog zum Gegensatzpaar „hungrig"
und „satt", der körperliche Zustand beschreiben ließe, wenn
man seinen Durst gestillt hat. Es hat schon mehrfach Versuche
gegeben, die Durstlücke zu stopfen, selbst die Duden-Redak-
tion soll im Jahr 1999 an einem einschlägigen Wortschöpfungs-
wettbewerb mitgewirkt haben (vgl. http://de.wikipedia.org/
wiki/Sitt). Der Vorschlag „sitt", der damals – nach dem Muster
von „satt" – aufkam, hat sich freilich als ebensowenig erfolgreich erwiesen wie das Wort „schmöll", das bereits in den 70ern
in die Debatte gebracht wurde.

Wer allerdings nach Wörtern sucht, die ausdrücken, daß man
über den Durst getrunken hat, kann im Deutschen aus dem
vollen schöpfen. Georg Christoph Lichtenberg hat vor mehr als
zwei Jahrhunderten eine imposante Sammlung von Redensarten
zusammengetragen, „womit die Deutschen die Trunkenheit
einer Person andeuten". Man findet sie unter http://gutenberg.
spiegel.de/lichtenb/essays/trunknht.htm.

Skandalrocker
Ein Spitzenreiter auf der Phrasenliste

Ich bitte die p. t. Leser um Nachsicht für den emotionalen
Ausbruch, aber nach dem sechshundertsiebenundfünfzigsten
Artikel über das Boheme-Melodram im Hause Pete Doherty
– Kate Moss hat mein Überdruß an dieser Kiste inzwischen
galaktische Ausmaße angenommen. Allein der Anblick einer
der handelnden Personen in einer Gazette genügt, um schwere
Gähnkrämpfe auszulösen.

Da habe ich aber den zugehörigen Text noch gar nicht gelesen,
und in dem steht dann auch noch unter Garantie das Wort
„Skandalrocker" als Berufsbezeichnung für Herrn Doherty.
Dieses Wort, meine ich, hat inzwischen einen solch inflatio-
nären Gebrauch erlebt, daß ihm ein Spitzenplatz auf jeder
Phrasenliste sicher sein sollte.

Auf der anderen Seite gebe ich natürlich gern zu, daß jede
Generation für ihre gedeihliche Entwicklung so etwas wie einen
„Skandalrocker" braucht. In den 70ern hieß der „Skandalrocker"

Alice Cooper, dann Johnny Rotten, dann Marylin Manson, wobei für diesen auch der (wahrscheinlich bedeutungsgleiche) Begriff des „Schockrockers" im Umlauf ist. Wie das weibliche Pendant zum „Skandalrocker" heißt, entzieht sich meiner Kenntnis – womöglich ist es die „Skandalnudel". Allerdings ist auch dies ein sehr merkwürdiger Ausdruck, da ja der „Nudel" meist ein deutlich viriler Beigeschmack anhaftet.

Smirting
Neologismen, die die Welt nicht braucht

Was man unter Canyoning oder Cocooning versteht, wird Menschen mit einem elaborierten Wortschatz bekannt sein – aber, Hand aufs Herz, hätten Sie gewußt, was mit „Smirting" gemeint ist? Zur Lösung des Rätsels schauen wir in die Titelgeschichte des *Spiegel* vom 12. 06. 2006 („Rauchen: Das Ende der Toleranz"). Dort werden die dramatischen Folgen eines vor kurzem in Schottland verhängten öffentlichen Rauchverbotes geschildert: Bargäste, die nach durchqualmten Jahrzehnten mit einemmal auf ihre „Fluppe" (hierzulande „Tschick") verzichten müssen; das plötzliche Ruchbarwerden von menschlichen Ausdünstungen, die früher vom Qualm überlagert waren (Schweiß, ungewaschenes Haar usw.), sowie eben das Entstehen „einer neuen Form menschlicher Balz: ‚Smirting', die Paarung von ‚Smoking' und ‚Flirting'. Wer in der Bar sieht, daß ein fremdes Objekt der Begierde Anstalten macht, zum Rauchen zu verschwinden, der geht wie zufällig gleich mit – und kann draußen mit dem Klassiker ‚Hast du mal Feuer?' sogleich anbandeln. Vor den Kneipen bilden sich ganze Smirt-Trauben. ‚Früher', witzelt Kneipenmanager Bridges, ‚gab es die Zigarette nach dem Sex. Jetzt gibt es auch die davor'."
Da erhebt sich die Frage, warum „Paarungen" wie Jogging und Smoking, Snacking und Cocooning oder Mountainbiking und Fatburning noch keine neuen Vokabeln dieser Art hervorgebracht haben. Wenn Sie mich fragen: Eine entbehrlichere Neuwortbildung als „Smirting" hab ich seit langem nicht gelesen. Ich bin aber zuversichtlich, daß diesem wunderlichen Wort-

bastard kein weit über den *Spiegel* hinausreichender Wirkungs-
kreis beschieden sein wird.

Sog ma, es woa nix
Ein unheimlich starker Abgang

Eine etwas wunderliche Verabschiedungsformel, welche fallweise im Büroalltag vernommen wird. Angestellter A oder Be-
amter B, seine Unterlagen in die Aktentasche räumend, kurz
vor seinem Abgang zu den Kollegen: „Sog ma, es woa nix."
Was den braven Dienstnehmer dazu veranlaßt, seine Leistung
gleichsam auf verbalem Weg ungeschehen zu machen, bleibt
ein Rätsel.

Sohn einer Gurke
Ein starkes Argument für einen EU-Beitritt der Türkei

Wie ich einem achtsprachigen Wörterbuch zum Thema *Schmutzige Wörter* entnehme, existiert im Türkischen ein Äquivalent
zum deutschen Schimpfwort „Du Pflaume" (bzw. zum wienerischen „Du Weh"): „Hiyar oglu Hiyar" (Sohn einer Gurke).
Das weckt nicht nur die Neugier, ob es auch noch andere solche goldigen Invektiven im Türkischen gibt (Tochter einer Hei-
delbeere? Vater einer Karotte?), sondern es ist auch ein starkes
linguistisches Argument für einen EU-Beitritt dieses Landes. In
Europa werden die Leute nämlich beim Schimpfen und Fluchen
immer einfallsloser. Näheres dazu in einem Interview mit dem
Fluchforscher Professor Roland Ris unter http://neon.stern.de/
kat/politik/soziales/81371.html.

Soichene Kabeln
Nicht neu, aber immer noch ärgerlich

Wenn es eine Redewendung gibt, die meine Freundin I. wirklich haßt, dann ist es die mit den Kabeln. Sie wissen schon:

„Do kriag I glei soiche Kabeln" (oder auch in der proletarisch intensivierten Variante „soichene Kabeln"), jenes oft auch noch durch einen Handgriff zu den Halsadern dramatisch unterstrichene Eingeständnis, daß man sich wegen dieser oder jener Sache heftig geärgert hat. Würde ich hier schreiben, daß I. „soichene Kabeln" kriegt, wenn sie den Ausdruck „soichene Kabeln" hört – sie würde soichene Kabeln bekommen, und wir kämen in ein linguistisches Spiegelkabinett, in dem sich die Kabeln bis ins Unendliche vervielfältigen würden. Daher schreibe ich lieber: Wenn I. diesen Ausdruck hört, ärgert sie sich jedesmal maßlos.

Sorgen
Das Virus hat anderes zu tun

Herr L. P. schreibt an *Winders Wörterbuch*: „Ein Wort, das mir schon lange Kopfzerbrechen bereitet, obwohl es alltäglicher nicht sein könnte, ist das Verb ‚sorgen'. Ständig liest man Sätze wie: ‚Das Vogelgrippevirus sorgt weiterhin für Aufregung.'
Als ob das listige Virus, das ja ansonsten gemeinhin ob seiner Skrupellosigkeit gefürchtet wird, neben all der schweißtreibenden Arbeit an der eigenen Weiterbildung bzw. Mutation noch die Besonnenheit aufbrächte, für die allgemeine Aufregung Sorge zu tragen.
Und warum sorgt das Azoren-Hoch für Sonnenschein in Österreich? Hat es keine anderen Sorgen? Warum wird also allem Unbeseelten andauernd unterstellt, es würde für seine Auswirkungen selbst Sorge tragen? Aber vielleicht bin ich heute überempfindlich …"
Ihr Chronist kann den Widerwillen von Herrn L. P. gegenüber dieser Verwendung von „sorgen" nachvollziehen. Nützen wird es freilich wenig: „Sorgen für" ist als Synonym für „verursachen" inzwischen so verfestigt, daß wir wohl damit leben werden müssen.

Sozusagen
Im Zeichen der Weitschweifigkeit

Frau Y. Z. sucht Auskunft bei *Winders Wörterbuch*: „Ein Anliegen hab ich noch: Franzobel macht's, Gert Scobel (u. a. 3sat/kulturzeit), der Fernsehwissenschafter Vrääth Öhner in jedem seiner Vorträge, die Dame vom Tapetengeschäft, die mir ‚sozusagen eine Zypressen-Tapete' verkaufen will – sie benennen die Dinge schon, aber eben nur fast, quasi, gewissermaßen, wenn ich so sagen kann, sozusagen. Ich spüre eine tiefe Aversion gegen dieses nichtige, von Österreichern wie Deutschen (von den Schweizern nicht, ich würde es sofort einräumen) inflationär gebrauchte Adverb, das in der Mehrzahl der Fälle so gar nichts bedeuten will. Besonders hierzulande werden die vier Silben schnell und verwischt gesprochen, so daß zur Leere der Aussage noch ein aggressives Zischen kommt. Ich würde so weit gehen zu behaupten, daß der Gebrauch von ‚sozusagen' bei manchen einen Tick-Charakter angenommen hat – heißt das jetzt, die Betroffenen brauchen eine Verhaltenstherapie, oder wird sich das von alleine einrenken? Bitte um eine vorsichtige Einschätzung Ihrerseits!"
Aber gerne. Nach meinem Dafürhalten liegt Frau Y. Z. richtig: Inhaltlich ist „sozusagen" nichtig – doch für den Sprecher ist es psychologisch wichtig. Es kommt dem natürlichen Hang vieler Menschen zur Weitschweifigkeit entgegen und verlängert die Zeit zur Artikulation eines Satzes, welche im besseren Fall dazu genutzt wird, sich zu überlegen, was man überhaupt sagen will. „Sozusagen" schafft darüber hinaus eine Art Pufferzone zwischen dem Sprecher, dem, was er sagt und seinem Kommunikationspartner: „Man könnte das, was ich sage, so sagen, wie ich es sage, aber wenn du es gerne anders formuliert hättest, dann habe ich auch nichts dagegen." Ob man dies nun Höflichkeit oder Rückgratlosigkeit nennen mag – eins ist jedenfalls sicher: Wer auf präzise und prägnante Formulierungen Wert legt, der macht um „sozusagen" einen weiten Bogen (oder eine Verhaltenstherapie). Eine kleine Einsetzprobe zeigt, daß man jedem markanten Satz mit der Hinzufügung dieses Wortes auf der Stelle den Garaus machen

kann: „Ich kam, sah und siegte sozusagen." „Ich denke, also bin ich sozusagen."

Spannend
Ein Wort mit erheblichem Langeweilefaktor

Herr P. P. schreibt mir, daß ihm das Überhandnehmen des Adjektivs „spannend" in Alltagsgesprächen auf die Nerven gehe. Ich kann ihn verstehen. Spannend ist zwar das Gegenteil von öde, aber seitdem sich „spannend" zum abgeschmacktesten Allerweltswort seit „interessant" entwickelt hat, gibt es nichts Öderes unter der Sonne als Leute, die alles spannend finden.

Spardosenmund
Ungalantes über die deutsche Kanzlerin

Frau Merkel hat die Angewohnheit, ihre Mundwinkel fallweise scharf nach unten zu ziehen. Von einem „Spardosenmund" spricht die *Zeit*, und der Schriftsteller Peter Rühmkorf umschreibt im selben Blatt den körpersprachlichen Sachverhalt nicht minder ungalant: „Ich will Angela ja nichts Böses, aber wenn ich diesen nach unten gebogenen Winkelhaken von Mund betrachte, dann sehe ich zuviel Anstrengung. Damit darf man nicht in den Job gehen." Für den „Spardosenmund" gibt es auch einen hübschen Ausdruck in der Schweiz, das „Zwänzg-ab-achte-Muul", was auf hochdeutsch „Zwanzig-nach-acht-Maul" bedeutet. Der Sinn der Wendung erschließt sich sofort, wenn man an die Position der Zeiger auf einem Zifferblatt denkt, welche diese Uhrzeit anzeigen, und sie mit der grämlichen Mundstellung von Frau Merkel (oder einer anderen Person Ihrer Wahl) vergleicht.

Sparminator
Im Reich der Macher

Imperator, Diktator, Usurpator – bei Wörtern mit der lateinische Nachsilbe „-ator" darf man sich sicher sein, daß man es mit einem Macher zu tun hat. Während es Imperatoren und Diktatoren bereits zu Cäsars Zeiten gab, sind andere -atoren erst viel später dazugekommen, d. h. die Nachsilbe ist nach wie vor produktiv, wie das der Sprachwissenschaftler nennt. Allen voran ist da natürlich der „Terminator" zu nennen, der es – nicht zuletzt dank unserem Arnie – zu weitreichendem Filmruhm gebracht hat, sowie der von Terminators Namen inspirierte österreichische Nationalheld, der „Herminator" (für weniger Sportbeflissene: abgeleitet vom Vornamen des Schirennläufers Hermann Maier.)

Als „Sparminator" wurde der ehemalige deutsche Finanzminister Hans Eichel gerne bezeichnet, doch wenn ich mich irre, ist auch sein Nachfolger Peer Steinbrück schon ab und zu mit diesem Spitznamen bedacht worden. Von Terminator und Sparminator aus ist es nicht weit zum schweinischen „Sperminator", den Google am 14. 08. 2008 nicht weniger als 207.000mal gefunden hat. Offenbar ist das ein klassischer Nick für junge männliche Menschen, die im Netz anonym die Sau herauslassen wollen. Einer Umfrage des Münchner PersonalNOVEL-Verlages zufolge ist der Sperminator aber auch ein Kosename, der in deutschen Haushalten als geile Alternative zu Schatzi, Mausi, Schnuckiputzi und ähnlichen Anrede-Dauerbrennern en vogue sein soll.

Ein feuchtfröhliches Spezialfeld, auf dem sich viele „-atoren" tummeln, ist das der Bockbiere. Bei den Brauereien hat es sich eingebürgert, solche Biere nach ihrem „Ahnherrn", dem „Salvator" der Paulaner-Brauerei, mit einem Namen auf „-ator" zu versehen, so daß der Biertrinker heute zwischen Triumphator, Maximator, Unimator, Animator, Aviator, Trunator, Adamator, Coronator, Ergolator und vielen anderen mehr wählen kann. Eine lange Liste liefert die *Wikipedia* unter dem Eintrag „Bockbier".

Staa am Schädl
Den Sinn für Proportionen wahren

Das Leben ist unberechenbar. Manchmal bereitet es unangenehme Überraschungen, bei denen man froh sein muß, daß sie
nicht noch ungenehmer ausgefallen sind. Dann wieder schanzt
es einem einen Vorteil zu, der leider nicht annähernd so groß
ist, wie man ihn sich erhofft hatte. Was sagt man in Wien –
und möglicherweise auch anderswo – in solchen Fällen? Man
tröstet sich mit dem Satz „Besser ois a Staa am Schädl", welcher
dazu ermahnt, auch in enttäuschenden Situationen den Sinn
für Proportionen zu wahren. Und da ein Stein, vor allem ein
großer, am Schädel sehr unangenehm sein kann, läßt sich der
Satz in vielen Lebenslagen anwenden.
Weitere Beispiele aus dem weiten Reich der sprachlichen
Vergleiche: Der Spatz in der Hand und die Taube auf dem Dach.
„Besser ois nix" ist eine schlichte, aber eingängige Trostformel.
„Better you than me" sagt der Amerikaner, wenn einem ande-
ren etwas Unangenehmes zustößt (ein englisches Pendant zum
Stoßseufzer, der dem Herrn Karl in dem gleichnamigen genialen
Stück von Helmut Qualtinger und Carl Merz in ähnlich gelager-
ten Fällen entfährt: „Karl, du bist es ned!"). Und dann natürlich
der Schrecken ohne Ende und das Ende mit Schrecken: Nur der
Vergleich macht Sie sicher.

Stadel reloaded
Laden am laufenden Band

Frau T. E. S. schreibt mit, daß sie den Ausdruck „Stadel reloaded"
(sie hat ihn kürzlich im Immobilienteil des *Standard* gelesen)
bemerkenswert findet. In der Tat: In diesem Fall handelt es
sich um eine gar wunderliche Kombination von ausgeprägt
Heimischem (Stadel) und sprachlich Fremdem (reloaded), die
wohl nicht jedermanns Sache ist. Seit *Matrix Reloaded* ins Kino
gekommen ist (das war 2003), wird aber auch hierzulande
immer noch munter geladen und wiedergeladen.
Frau T. E. S. ist beim Googeln auf einen – gut zur Saison pas-

senden – „Adventkalender reloaded" gestoßen, ja sogar auf
„Gott reloaded". Ich mag ja vernagelt sein, aber unter einem
„Adventkalender reloaded" kann ich mir nur wenig vorstellen.
Vielleicht ist er ja nachgeladen, also wiederbefüllt? Alle Jahre
wieder: „Wird Zeit, daß wir den Adenventkalender reloaden."

Stahlhammer
Lob des Mittelnamens

Ich weiß nicht, was soll es bedeuten, aber im deutschen Sprach-
raum legen wir bei der Vergabe von aussagekräftigen „Middle
Names" viel mehr Zurückhaltung an den Tag als die Amis. Dabei
können solche Namen erheblich zur knappen, ökonomischen
Charakterisierung einer Person beitragen, wie zum Beispiel bei
Wladimir „Stahlhammer" Klitschko, ein Name, dem ich unge-
schaut große Glaubwürdigkeit zubillige (→Plauzen-Flavio).
In den USA wiederum haben böse Menschen versucht, Barack
Obama zu diskreditieren, indem sie dessen (echten) Mittelnamen „Hussein" ausgiebig ins Gespräch brachten und so an-
deuteten, daß der demokratische Präsidentschaftskandidat
womöglich über unziemliche arabische Sympathien verfüge.
Man sieht also an diesen zwei schnell gewählten Beispielen
die enorme Produktivkraft solcher Einschübe. Warum nur lassen wir uns die Mittelnamen entgehen? Es kann doch niemand
ernstlich behaupten, daß sich für so farbenfrohe Zeitgenossen
wie Andrea Kdolsky, Julius Meinl oder Helmut Elstner keine treff-
sicheren Zusatzbezeichnungen finden ließen.

Stäube
Allergene in Ein- und Mehrzahl

Manche Wörter werden so selten im Plural verwendet, daß das
breite Publikum gar nicht mehr weiß, ob es diesen Plural überhaupt gibt oder wie er korrekt heißt. Wann zum Beispiel ist
man schon im wirklichen Leben gezwungen, die Mehrzahl von
„Armbrust" zu bilden? Doch wohl nur bei der eher seltenen

Gelegenheit einer Burgbesichtigung, bei der man sich beim Fremdenführer erkundigt: „Sagen Sie, aus welchem Jahrhundert stammen eigentlich diese Armbrüste?" (Laut *Duden* sind auch die „Armbruste" okay). Zur massenhaften Erkenntnis, daß der „Staub" mehrzahlfähig ist, hat es wohl auch erst jener grenzübergreifenden Feinstaubdebatte bedurft, die es sogar einmal auf die Titelseite des *Spiegel* geschafft hat. Seither aber wissen wir: Es gibt nicht nur den Staub als Stoffbezeichnung für „ein Objekt der konkreten Welt ohne besondere räumliche Gestalt" *(Duden)* – in dieser Funktion träte er, wie Milch, Gold, Fleisch oder Stroh, nur im Singular auf. Nein, es lassen sich auch verschiedene Staubsorten unterscheiden, je nachdem, ob er nun durch Benzin, Diesel, tropische Hölzer, Rohbaumwolle, Flachs, Kalk oder sonstige Staubproduzenten verursacht wurde. „Sortenlesart" nennt das der Germanist: Wenn stoffbezeichnende Substantive das Merkmal „zählbar" erhalten, dann gibt es mit einemmal auch Sande, Bleie, Zemente, Leinwände, Stähle, Milche und Stäube. Daß es Staub nicht nur in der Einzahl, sondern auch im Plural gibt, werden allerdings nur Milben und Läuse in vollem Ausmaß zu schätzen wissen.

Sterni leuchtunt
Kleine Einführung ins Makkaroni

An dieser Stelle wieder einmal ein ganz ungegenwärtiger, weil weit in die Historie zurückreichender Beitrag. Mit dem Eintrag →„Magno cum gaudio" habe ich reichen Widerhall erfahren – was mir nicht nur die subtile Bildung und gewaltige Raffinesse meiner Leser vor Augen geführt, sondern mich auch mächtig dazu motiviert hat, ihnen noch einmal lateinisch zu kommen. Oder wenigstens halblateinisch: Der 1944 in Melbourne verstorbene österreichische Sprachforscher und Sigmund-Freud-Schüler A. J. Storfer widmet in seinem schönen Buch *Im Dickicht der Sprache* (erstmals 1937 in Wien erschienen, zuletzt im Jahr 2000 im Berliner Vorwerk-8-Verlag neu aufgelegt) ein Kapitel der „Sprachmengerei".

Darin setzt sich Storfer mit „der sprachlichen Methode (auseinander), deutschen Wörtern lateinische oder griechische Endungen anzuhängen" – einer Methode, deren sich der Volkswitz stets gerne bedient habe: Ganze Dichtungen wurden auf diese Art und Weise zu Papier gebracht, und die Literaturwissenschaft erfand für das Phänomen den Begriff der „Makkaronischen Poesie" oder kurz des „Makkaroni". Storfer berichtet von einer Reihe hübscher makkaronischer Wortbildungen, die in der Studentensprache en vogue waren, wie zum Beispiel Paukant, Prellant, Mogelant, Bummelant, schnabulieren, dorfatim, gassatim (daraus mundartlich gassati gehen = nachts durch die Straßen bummeln, Unfug treiben, Mädchen nachsteigen), trinkabel, schleunibus, verschwindibus, Futteralien, Fressalien, Schielax, Faulax, Wichtikus, Schwachmatikus und andere mehr.
Und ich zitiere weiter aus Storfer: „Im Trinkrecht (jus potandi) gibt es Paragraphen wie: qui bibit ex neigis, ex frischibus incipit idem, wer zur Neige trinkt, fängt von frischem an. 1772 veröffentlicht der Deutsch-Franzose J. Doucement eine ‚Lustitudo studentica'. Es gibt ganze Balladen und Epen im studentischen Makkaroni. Da kommen Stellen vor wie: sterni leuchtunt, oder mondus scheinet ab himmlo, oder nachtwaechteri veniunt cum spiessibus atque laternis, oder schlaxiut jam zwelfius ura. Auch Börries von Münchhausen verschmähte nicht zu dichten: totschlago vos sofortissime, nisi vos benehmitis bene."

Tag der Rübe
Werbemaßnahmen für knackige Vitaminspender

Aus der Zeitung habe ich erfahren, daß jedes Jahr am zweiten Freitag im November der „Tag des Apfels" begangen wird. Laut Auskunft der Website von OPST, der Obst Partner Steiermark GmbH, sollen „zahlreiche Aktionen rund um die knackigen Vitaminspender die Menschen für eine ausgewogene und gesunde Ernährung sensibilisieren".
Selbst ein Liebhaber von knackigen Äpfeln, wäre ich der letzte, der den österreichischen Apfelbauern ihren Feiertag mißgönnen würde.

Tage haben ja die bemerkenswerte Eigenschaft, daß man ihnen lediglich einen kleinen Genitiv anhängen muß, um sie schnurstracks in ein Gedenk-Event oder in einen kostengünstigen Werbeträger umzuwandeln: Es gibt staatstragende Tage wie den „Tag der deutschen Einheit" oder den „Tag der Fahne" (der später durch den österreichischen Staatsfeiertag abgelöst wurde), es gibt den „Tag der Chancengleichheit" und einen „Tag der Forschungszentren", aber auch den „Tag der Birne", den „Tag des Baumes", ja selbst den Hinweis auf einen „Tag der Rübe" habe ich im Internet gefunden: „Auf dem Gut Gieshügel bei Würzburg wurde bei bester Witterung im Rahmen der Mainfrankentour vom Bayerischen Hörfunk am 13. Oktober 2004 ein ‚Tag der Rübe' abgehalten."
Hoffentlich wird es mit nur 365 Tagen im Jahr nicht bald schon knapp werden.

Tattoo remorse
Hautnahe Reue

In der *International Herald Tribune* habe ich den interessanten Begriff „Tattoo remorse" gelesen und bin draufgekommen, daß es ein gängiges deutsches Äquivalent dafür – leider – nicht gibt. Was gemeint ist: Viele Amerikaner halten es als Teens oder Twens für cool, sich ein paar schmucke Tätowierungen auf den Körper „pecken" zu lassen – um dann im fortgeschritteneren Lebensalter von Reue über das dicke fette Herz auf dem Bizeps oder den faustgroßen Schmetterling auf der Hinterbacke ereilt zu werden. Das Phänomen ist inzwischen so verbreitet, schreibt die *Herald Tribune*, daß die Tätowierungsentfernungsindustrie in den USA zu einem Multi-Millionen-Dollar-Geschäft geworden ist. Einer Schätzung zufolge treten um die 100.000 Amerikaner jährlich beim Dermatologen an, um sich die Bildchen weglasern und wieder eine jungfräuliche Haut verpassen zu lassen (die Prozedur dauert lange, gute Ergebnisse sind keineswegs garantiert).
Bei einem Rundgang durch ein Strandbad hierorts habe ich feststellen können, daß dort mindestens jeder fünfte Bade-

gast ein „Peckter" war, wie man in Wien so schön sagt. Und da ich annehme, daß auch von denen nicht jeder sein Tattoo bis ins Grab mitnehmen will, dürfte das Phänomen des „Tattoo remorse" auch bei uns von einiger Aktualität und Relevanz sein (→Arschgeweih). Doch wie übersetzt man es ins Deutsche? Tätowierungsfrust? Tätowierungskater? Tätowierungsreue?

Teil
Eine west-östliche und nord-südliche Sprachverschiedenheit

Bei einem Gespräch mit seinem Vorarlberger Schwager hat der Chronist unlängst mehrfach den Ausdruck „Teil" vernommen, und zwar nicht in der Bedeutung „Teil von einem Ganzen", sondern als Behelfsausdruck für einen beliebigen Gegenstand: „Dieses Teil (gemeint: dieser Fotoapparat) ist noch viel zu teuer." Wenn sich der Chronist nicht irrt, ist diese Verwendung des „Teils" in Ostösterreich weit weniger verbreitet als im Westen – und „Teilchen" zur Bezeichnung von kleinen Kuchenstücken habe ich in Wien und Umgebung überhaupt noch nie gehört. Aber ich mag mich ja irren. In Deutschland ist das „Teil" sehr verbreitet, ja geradezu selbstverständlich.

Tiefpreislatte
In Konkurrenz mit dem Tiefpreishammer

Die Tiefpreislatte kannte Ihr Chronist bisher nur aus Zeichnungen seines alten Freundes und Kollegen Tex Rubinowitz, der sie im *Standard* schon ein paarmal gewürdigt hat. Unlängst hat er das Ding dann in einer Merkur-Filiale wirklich und wahrhaftig von der Decke baumeln sehen, und zwar nicht nur eine Latte, sondern einen ganzen Lattenverbund, der sich von den Teigwaren bis zum Käse hin erstreckte. Nicht genug damit: Die Billa-Kette kontert mit einem „Tiefpreishammer", mit dem sie angeblich Hochpreisiges flachklopft. Ehe es nun zu einer veritablen Inflation an Tiefpreiswortneubildungen kommt, ein Vorschlag zur Güte: einfach die Tiefpreislatte mit dem Tief-

preishammer irgendwo annageln und dann den Tiefpreishammer auf Nimmerwiedersehen im Tiefpreisloch oder im Tiefpreis-
tümpel versenken. Damit endlich amoi a Ruah is.

Tiefwurzler
Politbotanische Klassifizierungsversuche

Die metaphorische Gebrauch von „Tiefwurzler" und „Flachwurzler" (für mehr oder minder prinzipienfeste Individuen) ist eine
Spezialität der Freiheitlichen Partei Österreichs – und selbst bei
den „Blauen" werden die Wurzler offenbar nur sporadisch verwendet. Eine Blitzrecherche im *Standard*-Archiv, das bis ins Jahr
1990 zurückreicht, ergibt gerade einmal sechs Treffer für den
Tief- und zehn für den Flachwurzler, wobei fünf Tiefwurzler und
neun Flachwurzler in direktem Zusammenhang mit der FPÖ stehen. Zur Erinnerung: Anfang 2003 trat Finanzminister Karl-Heinz
Grasser aus der FPÖ aus und wurde darauf von Jörg Haider als
„moralischer Flachwurzler" bezeichnet. Bei den nachfolgen-
den Streitereien warf das eine Lager dem anderen vor, daß die
„ideologischen Tiefwurzler des dritten Lagers" (Andreas Mölzer)
nicht mehr den gebührenden Einfluß in der Partei hätten.
Gibt es, so wie sich die deutschen Grünen in Realos und Fun-
dis teilten, konkurrierende Flügel von Tiefwurzlern und Flach-
wurzlern in der FPÖ? Wenn ja, so würde Ihr Chronist den Historiker Lothar Höbelt, Andreas Mölzer oder Ewald Stadler unter den
Tiefwurzlern vermuten. Klassische Flachwurzler hingegen sind
Grasser, Rosenstingl und Rumpold. Besonders Rosenstingl haf-
tet etwas Flüchtiges an, das sich nur schwer mit der Vorstellung
eines tiefen Verwurzeltseins vereinbaren läßt.
Das *Grimmsche Wörterbuch* kennt weder einen Flach- noch
einen Tiefwurzler, wohl aber das einfache Nomen „Wurzler": Es
ist dies eine Personalbildung zu „Wurzel" und bedeutet soviel
wie „Kräutersammler, -händler, -kundiger". Würde *Winders
Wörterbuch* um eine ästhetische Bewertung des Stichworts
gebeten, so fiele diese positiv aus: Flach- und Tiefwurzler sind
anschauliche und unverbrauchte Sprachbilder. Schade, daß sie
bloß in teutscher Muttererde zu gedeihen scheinen.

Notabene: Ein schönes Lob auf das Nichtwurzeln spricht Herr Ziffel in den *Flüchtlingsgesprächen* von Brecht aus: „Das ist ein zynischer, wurzelloser Standpunkt, der gefällt mir."

Im Tiergarten
Eine rustikale Aufforderung

Unangenehm: Man sitzt in der Staatsoper, im Kino, im Parlament, kommt aber nicht dazu, sich zu konzentrieren, weil ständig das Publikum den Mund offen hat, tuschelt, zischelt oder raschelt. Was also tun? Der selige Nationalratspräsident Anton Benya gab bei einer solchen Gelegenheit einmal das Glokkenzeichen und rief den Abgeordneten ein beherztes „Hoids di Goschn do unten!" zu. In Staatsoper oder Kino würde sich vielleicht eher ein „Ruhe im Kuhstall!" empfehlen. Von dieser grob-rustikalen Redensart hat der Chronist unlängst eine interessante Variante gehört, nämlich „Ruhe im Tiergarten!", welche, genauso wie das Kuhstall-Sprüchlein, den oder die Angesprochenen in eine animalische Rolle drängt und daher nur mit großer Vorsicht zu verwenden ist. Auch „Ruhe im Puff!" ist heikel, weil es den Eindruck erwecken könnte, man betrachte die Aufgeforderten als Prostituierte, Bordellbesucher oder halbseidene Existenzen. Dann also doch vielleicht lieber ein unverfänglicheres „Ruhe im Karton!" oder „Ruhe im Kasten!".

Titelhamster
Sportliche Tiere zu Land und im Wasser

Bei tierischen Metaphern immer schön aufpassen: Im Sportteil der Zeitung *Heute* las ich, daß Peter Kleinmann Österreichs „Titelhamster" Nummer eins sei.
Für einen Volleyballer mag diese Bezeichnung noch leidlich hingehen (immerhin sind sowohl Hamster als auch Volleyballer auf dem Land zuhause), während sie, vielleicht auch wegen der notorisch üblen Schwimmleistung von Hamstern, für Markus Rogan weniger passend wäre. Der wird ja deswegen auch „unser

Goldfisch" genannt. Im *Standard* gab es einmal den schönen Stabreim vom „Medaillenhamster Morgenstern" zu lesen – wobei die Vorstellung eines Hamsters auf Brettern doch etwas dezidiert Schräges hat, genauso wie die Vorstellung eines Sportlers, der seine Medaillen in den Backentaschen trägt.

To go
Würze in der Kürze

Was ich immer häufiger lese: „Coffee to go". Das kommt davon, daß deutsche Wörter oft um so vieles länger sind als ihre englischen Pendants und „zum Mitnehmen" (12 Buchstaben) „to go" gleich ums Dreifache überragt: eine schwere Versuchung für jeden Schildermaler und Kaffeeverkäufer, zum englischen Shortcut zu greifen.
Eine superkurze, taugliche deutsche Alternativformulierung für „zum Mitnehmen" ist noch nicht erfunden worden. Daß „to go" gleichwohl saublöd klingt, scheint seiner Verbreitung nicht zu schaden.

Toastbrot
Von bescheidenem Intelligenzquotienten

Das gute alte Bohnenstroh hat Konkurrenz bekommen: Exorbitant unklugen Menschen wird heutzutage nachgesagt, sie seien „dumm wie Toastbrot". Ein rätselhaft-ungerechter Ausdruck, dessen tiefere Bedeutung sich dem Chronisten nicht erschließt: Es mag ja zutreffen, daß der Intelligenzquotient des Toastbrots bescheiden ist, doch auch das Fruchtjoghurt, der Basmatireis, das Döner Kebab oder die Salzstange zeichnen sich nicht durch nobelpreiswürdige Geistigkeit aus. Warum wird also just das arme Toastbrot zum Vergleich mit intellektuellen Minderleistern herangezogen? Dringend gebraucht würde die Floskel ohnehin nicht, denn „Bohnenstroh" ist ja durchaus salonfähig. Allerdings haben auch andere Sprachen (s. u.) Alternativen, und als solche ist sie vielleicht auch gedacht für „dumm wie Schiffersch***").

Apropos: Dem Engländer erscheinen der Felsen, der Türknopf oder ein Sack Hämmer als besonders töricht (dumb as a rock, as a door knob, as a sack of hammers); bei den Franzosen sind es der →Koffer, der Besen oder der Autoreifen (con comme une va- lise, un balai, un pneu).

Top oder Kult
Das ist hier die Frage

Im publizistischen Königreich der österreichischen Zeitungs- familie Fellner herrscht bekanntlich der Superlativ, und wer immer in den segensreichen spirituellen Bannkreis ihrer Blät- ter eintritt, darf sich sicher sein, daß er es ausschließlich mit dem Schönsten, Größten, Dicksten, Längsten und Geilsten zu tun bekommt. Die sprachlichen Hauptversatzstücke, mit de- nen die Fellners ihre Atmosphäre der hechelnden Daueraufge- regtheit herstellen, sind ebenfalls bekannt: „Top" und „Kult". Was Ihr Chronist allerdings noch nicht durchschaut hat, sind die Kriterien, nach denen im Einzelfall entschieden wird, ob eine Person oder Sache nun als „Top" oder „Kult" zu gelten habe. Tendenziell eher „Top" sind Models, Schönheitschirurgen, Uro- logen und Privatschulen, während „Kult" meist im Kulturteil herumgeistert und Regisseuren, Autoren und Kriminalromanen vorn angepappt wird. Das ist freilich nur ein grober Richtwert, der eine ganze Reihe heikler Bezeichnungsfragen offenläßt: Heißt es nun Top-Botoxspitze oder Kult-Botoxspritze? Top- Fettabsaugung oder Kult-Fettabsaugung? Ihr Chronist wird die Sache im Auge behalten.

Tote Krähe
Eine mysteriöse Vogel-Formulierung

Der Maurer kratzt ab, der Pfarrer segnet das Zeitliche, der Vegetarier beißt ins Gras, der Schauspieler tritt ab, der Musi- ker geht flöten, der Schaffner liegt in den letzten Zügen, aber wie drückt man taktvoll aus, was vor einiger Zeit, als Jörg

Haider noch Chef der FPÖ war, in dieser Partei vor sich ging? Harald Fischl, seines Zeichens Initiator des – inzwischen schon lange aufgelösten – „Club Jörg", hat den Zustand mit dieser rätselhaften Formulierung charakterisiert: „Die Krähe ist tot". Tote Krähe? Nie gehört. Die Sache mit dem toten Vogel läßt natürlich sofort an den berühmten Monty-Python-Sketch *Dead Parrot* denken, in dem ein gewisser Mister Praline (John Cleese) mit einem toten – oder scheintoten? – Papagei zum Tierhändler (Michael Palin) reklamieren geht: „Now that's what I call a dead parrot!" In der deutschen Synchronisation wurde dieser englische Dialog ins Plattdeutsche übertragen: „Der Vogel ist doud – hingefahren zu den Ahnen." Der fragliche Vogel ist allerdings weder im englischen Original eine Krähe (sondern ein „Norwegian Blue") noch in der deutschen Synchronfassung (dort ist er ein „Norwegischer Jako"). Hat sich Fischl höchstpersönlich die Freiheit genommen, den Jako durch eine Krähe zu ersetzen? Oder ist die Redewendung mit der Krähe eine steirische Spezialität? Dem gewöhnlich gutinformierten *Großen Lexikon der sprichwörtlichen Redensarten* von Lutz Röhrich ist eine „tote Krähe" jedenfalls nicht bekannt. Vielleicht sollte man sich doch auf eine allgemein bekanntere, verbindlichere Sprachformel einigen: Der Maurer kratzt ab, der Pfarrer segnet das Zeitliche, und auch die FPÖ ist schon ganz blau im Gesicht.

Tschohle
Kein Drang zur Selbstbehauptung

Während eines Urlaubs im Alemannenland (Bregenz, Vorarlberg) ist der Chronist auf eine lokale Vokabel gestoßen, die ihm zwar seit Kindesbeinen vertraut war, die er aber nicht mehr in seinem aktiven Wortschatz führt, weil sie in der Bundeshauptstadt (außer von hier ansässigen Co-oder Ex-Vorarlbergern) nicht verstanden würde: den Tschohle (wird mit weit offenem „o" gesprochen wie etwa engl. „tall" oder „call"). Ein Tschohle (oft führt er das Adjektiv „gut" mit sich, also der „guate

Tschohle") ist ein Bub oder Mann von übertrieben gutmütiger Wesensart, ein Individuum, das jeden Drang zur Selbstbehauptung vermissen läßt und vor allem danach strebt, es allen recht zu machen. Dem Tschohle kann man getrost jede Arbeit →umhängen, er wird keine Gegenwehr leisten, eben weil er ein guater Tschohle ist, oder? Wenn mich mein Sprachgefühl nicht trügt, entspricht das Charakterbild des Tschohle grosso modo dem, was im Wienerischen als „Lulu" bezeichnet wird.

Tschüssili
Eine Grußformel wie Aspartam und Saccharin

Im Oktober 2005 war der damalige Bundeskanzler Wolfgang Schüssel als Wahlkampfhelfer im Steirischen unterwegs und hat sich dabei beim Besuch der Schokoladenfirma Zotter ganz nebenbei als „alter Süßer" geoutet. Für den Fall, daß der Herr Schüssel diesen Charakterzug künftig auch noch sprachlich unterstreichen möchte, empfehle ich ihm, sich mit „Tschüssili" zu verabschieden. Gemeinsam mit „Tschauli" ist „Tschüssili" die wahrscheinlich süßeste Verabschiedungsformel, die die österreichische Gegenwartssprache momentan zu bieten hat (auch in Deutschland wird's langsam klebrig). Dagegen wirkt selbst eine Zotter-Schokolade wie ein Teller Sauerkraut.

T-T-T
Dreifach drohendes Ungemach

Manchmal sind nicht nur aller guten Dinge drei, sondern auch aller guten Anlaute. Was Ihr Chronist bis dato schon kannte, waren die berühmt-berüchtiten drei K, die Frauen im allgemeinen und Feministinnen im besonderen zu schaffen machen: Kinder, Küche, Kirche. Von einer anderen solchen Stabreim-Trias habe ich aus der Zeitschrift *Der Journalist* erfahren. Dort berichtet nämlich ORF-Korrespondentin Claudia Vospernik aus Peking, daß sich Auslandskorrespondenten in

China im Umgang mit offiziellen Stellen vor der Erwähnung der sogenannten drei T zu hüten haben – Tibet, Taiwan, Tiananmen –, wenn sie Wert darauf legen, daß sich ihre Arbeitsbedingungen nicht nachhaltig verschlechtern. Ich schätze solche sprachlich flott dahinratternden Dreieinigkeiten ja ungemein (sie erinnern mich ad hoc an den Buchtitel *Götter, Gräber und Gelehrte*) – allerdings nur dann, wenn ihre Verwendung, wie in obigen Beispielen, auch sinnvoll ist. Häufig jedoch ist die anlautende Trinität zu einer nervtötenden Mode geworden, vor allem bei Titeln von Fernsehreisereportagen. Man studiere ein beliebiges Wochenprogramm.

Tüpfleschisser
Die Liebe zum Detail

Diese Charakterstruktur ist allgemein bekannt und, wie der Chronist aus eigener Beobachtung weiß, in der Bevölkerung recht verbreitet: Es handelt sich um Personen, die nichts mehr lieben, als sich in Einzelheiten zu verbeißen, und größten Wert auf die Richtigkeit noch der winzigsten Details legen. Leute dieses Persönlichkeitszuschnitts sind in manchen Berufen (Uhrmacher, Fahrkartenkontrolleur, Bonsaigärtner) durchaus am Platz. Wenn ihre Detailverliebtheit allerdings zu stark ausgeprägt ist, kann es schon einmal mühsam werden. Beim Gespräch mit einem Vorarlberger Bekannten ist mir unlängst wieder das Wort untergekommen, mit dem entsprechende Individuen im Alemannischen bezeichnet werden, nämlich als „Tüpfleschisser" (bzw. „Tüpflischisser" in der Schweiz).
Im west-östlichen Sprachvergleich zwischen Wien und Bregenz können wir konstatieren: In Wien reitet der Pedant auf dem Tüpferl – konkret: auf dem „I-Tipferl" – herum („I-Tipferl-Reiter"), in Vorarlberg scheidet er das Tüpfle hingegen ärschlings aus. Diese anale Komponente finden wir übrigens im deutschen „Korinthenkacker" wieder.

Türsteher-Legende
→*Irgendwie besonders bekannt*

Es war einmal vor langer, langer Zeit, da bedeutete das Wort
„Legende" „1.) Heiligenerzählung 2.) weit zurückliegendes,
nicht mehr nachweisbares historisches Ereignis 3.) erläutern-
der Text zu Abbildungen oder Landkarten oder 4.) Inschrift auf
Münzen oder Siegeln" *(Wahrig. Die deutsche Rechtschreibung).*
In der Diktion der Gegenwart meint „Legende", hinten an ein
anderes Nomen geheftet, daß hier von irgendwem besonders
Bekannten die Rede sei, wie zum Beispiel von der Wiener Türsteher-Legende Conny de Beauclair, der über Jahre hinweg
die Pforten des U 4 (für Ortsunkundige: eine Wiener Kult-Disco
→Top oder Kult) gehütet hat.
Wessen Blick für diese Art von Legende geschärft ist, der wird
bei der Lektüre von Zeitungen und Zeitschriften auf Legenden
über Legenden stoßen: Iceberg Slim, die schwarze amerikanische Zuhälter-Legende! John Travolta, die 70er-Jahre-Disco-
tänzer-Legende! Sonic the Hedgehog und Super-Mario, die
Videospiel-Legenden! Zdenêk Bláha, die Dudelsack-Legende
des Tschechischen Rundfunks! Und ich wette mein *Grimmsches
Wörterbuch* gegen die letzte Ausgabe von *Madonna*, daß auch
den p. t. Lesern noch jede Menge derartiger Legendenstoff einfällt.
P.S. Die sprachspielerisch versierte Leserin Voi La berichtet von
anderen Legenden:
„Jennifer, Playmate of October, die Ab-Legende,
DJ Lunatic, die Auf-Legende,
Betthäsin Yvonne, die Sich-Nieder-Legende,
Metzgersgattin Martha M., die Zer-Legende,
Schwergewichtlerin Franziska, die Zu-Legende."

Tut leid
Sehnsucht nach dem Kleinkindalter

„Tut leid" klingt ein bißchen infantil, erfreut sich aber trotzdem — oder vielleicht gerade deshalb — steigender Beliebtheit.

Die Menschen wollen halt zeitweilig regredieren. In den 70ern stillte man dieses Bedürfnis, indem man Häschenwitze erzählte und „Hattu" oder „Muttu" sagte. Wenn man heute von den Härten des Alltagslebens ausspannen will, dann meint man eben: Tut leid. Tut gut. Tut tut.

Ü40-Party
Eine dezent bemäntelte Alterserscheinung

Ich erinnere mich, vor einiger Zeit einen Artikel in einem deutschen Magazin gelesen zu haben, worin ein stark durchfurchter amerikanischer Schauspieler (ich sage nicht, welcher) als „wandelnder Faltenwurf" apostrophiert wurde. Das war natürlich recht ungalant dahingeschrieben, und höfliche Menschen würden gewiß taktvoller formulieren, wenn es um das fortgeschrittene Alter und seine körperlichen Spuren geht. „Ü40-Partys" sind derzeit der neue Schrei in Deutschland – Partys für „über Vierzigjährige", die bestens in eine Ära passen, in der eine ausgeprägte Neigung besteht, das ganze Leben als eine endlos prolongierte Pubertät aufzufassen. Diesem Trend und der allgemeinen demographischen Entwicklung nach zu urteilen nehme ich an, daß auch die Ü50- und Ü60-Partys nicht lang auf sich warten lassen werden. Aber eines muß auch gesagt sein: Besser als „Alte-Knacker-Party" oder „Alte-Säcke-Party" klingt die „Ü40-Party" allemal.
PS: Auf die Bitte nach weiteren hübschen Formulierungen zum Thema Bemäntelung von Alterserscheinungen („Nur ernstgemeinte Zuschriften; Kennwort: ‚Goldene Jahre'") schickte mir Herr G. Schwätz das schöne Wort „Antiquitätenschau". Grausames liest man unter dem Begriff „Best Ager" (Marketing-Formulierung für Menschen der Altergruppe 50 bis 65) in der *Wikipedia*: „Bei dem Versuch, diese Zielgruppe zu benennen, ist sich die Fachliteratur noch uneins. Es gibt bislang keine einheitliche Definition. Jedoch scheint sich der Begriff ‚Best Ager' durchzusetzen. Weitere oft gehörte Bezeichnungen sind Generation Gold, Generation 50plus, Silver Ager, Golden

Ager, Third Ager und Mid-Ager. Das Marketing nennt diese Zielgruppe auch Master Consumer, Mature Consumer oder Senior
Citizens."

Umhängen
Bis zum Hals in der Arbeit

Irgendein Trottel wird sich schon finden: Der Menschentypus,
der nach diesem Motto lebt, hat selbst meist die Arbeit nicht
erfunden, versteht sich aber umso besser darauf, sie an andere zu delegieren. Zur Benennung dieses Sachverhaltes, der
für die gesamte Arbeitswelt charakteristisch ist, wird in jüngster
Zeit anstelle klassischer Formulierungen wie „anhängen" oder
„aufhalsen" häufiger zum Wort „umhängen" gegriffen: „Wenn
der glaubt, er kann mir jede Arbeit umhängen, dann hat er sich
aber geschnitten." Doch ob an-, auf- oder um-: letztlich siegt
doch meist die Pflicht über den Widerwillen.

Umsägen
Holzknecht und Baum zugleich

Es ist schwer zu glauben, aber wahr: Manche Menschen führen
bisweilen vorsätzlich so viele alkoholische Getränke zu sich, daß
sie geradezu in einen Zustand der Berauschtheit geraten. Und
wenn sie dann am nächsten Tag mit grünlicher Gesichtsfarbe,
rotgeränderten Augen und dem beliebten Pochen unter dem
Schädeldach nach den Ursachen für ihre Befindlichkeit suchen,
dann ächzen sie vielleicht: „Au weh, hab' ich mich gestern
wieder umgesägt."
Umgesägt werden normalerweise Bäume. Wenn ein Sprecher
das Verb allerdings rückbezüglich verwendet, dann bringt
er damit zum Ausdruck, daß er beim Akt der vorsätzlichen
Berauschung in einer Doppelrolle tätig ist, als Sägender
nämlich und zugleich als sein eigener Baum. Ein interessantes
Bild! Diese der Sprache des Forstmannes entlehnte Metapher ist
jedenfalls gut gewählt, weil sie das Gefühl von Entwurzelung

und flachliegender Hilflosigkeit, das zu einem ordentlichen
Rausch dazugehört, blendend zum Ausdruck bringt. Alternative und nicht minder drastische Varianten zu „sich umsägen"
sind „sich umschneiden", „sich umhacken" und „sich weg-
sprengen".

Umschenken
Im Kreislauf des Gebens

Frau M. H. fragt mich in einer Mail, ob es ein deutsches Äquivalent für den Begriff des „re-gifting" gebe. Damit sei in
Australien, wo Frau M. H. lebt, das zur Nachweihnachtszeit
weitverbreitete Phänomen gemeint, daß Geschenke, die man
selbst erhalten hat, aus Gründen der Sparsamkeit, Faulheit oder
– schlimmstenfalls – der Häßlichkeit und Geschmacklosigkeit
des Geschenks wegen kurzerhand an Dritte weitergeschenkt
werden. Im Extremfall kann ein Geschenkekreislauf entstehen,
der dazu führt, daß ein Geschenk auf Umwegen an den
ursprünglichen Schenker zurückkommt. Peinlich genug.
Ich kenne nur das banale „weiterschenken" als Entsprechung
für „re-gifting". Frau M. H. fragt sich, ob nicht das Wort „umschenken" in Betracht käme, aber das wird, zumindest bis
heute, lediglich bei Getränken verwendet: „Man sollte beim
Umschenken (des Weins) in die Karaffe darauf achten, daß der
Inhalt schwungvoll umgeschüttet und die Karaffe selber nur zu
ca. 1/3 gefüllt wird." (Ein Tip aus www.barmagazin.de.)

Unkenrufe
Metaphernsalat vom Vizekanzler

„Alle Unkenrufe sind Wadlbeißen oder Beinpinkeln oder politisch motiviert." Fast hätte ich vergessen, es dem Leser mit-
zuteilen, aber diesen Satz hat unser unvergessener ehemaliger
Vizekanzler Hubsi „Bleifuß" Gorbach im Dezember 2005 wirklich
im ORF-Report gesagt, als er nach seinen 160-Kilometer-Plänen
befragt wurde.

Offenbar verlieren Politiker (und Journalisten), die sich jahrelang in ihrer merkwürdigen Kunstsprache (Poker, →Erdrutschsieg, Tauziehen, Wadlbeißen, Urgestein, Mundwerksbursch usf.) über ihr Geschäft unterhalten, am Ende wirklich jedes Empfinden für den bildlichen Gehalt dessen, was sie von sich geben. So bar jeden metaphorischen Feingefühls, daß er sich von einem Unkenruf ans Bein pinkeln läßt, ist außer Hubsi allerdings kaum einer.

Unpackbar
Nur im Negativen verbreitet

Wörter gibt es, die gibt es gar nicht. Das Wort „packbar" etwa tritt zwar so gut wie nie als solches auf („ein packbarer Koffer", „ein packbarer Kleiderschrank"?), dafür aber umso häufiger in seiner verneinten Form, was dann gleichsam ex negativo doch wieder auf die Existenz des Packbaren hindeutet. Es scheint mannigfaltige Anlässe (19.700 laut Google) zu geben, bei denen darauf hingewiesen werden muß, daß eine Sache oder Person das Gegenteil von „packbar", nämlich „unpackbar" ist (Auswahl in Originalschreibung): „Unpackbar! Das ist das einzige Wort, das mir derzeit zu New Orleans noch einfällt." „Hab dich unpackbar lieb ... werd dich unpackbar vermissen!" „Es is unpackbar. Die Öfaupeh mit ihrer Werbung und mit ihre hinichen Wirtschaftsklausuren." „Unterhosenwechsel in der Öffentlichkeit: Britney Spears ist einfach unpackbar." „Es ist unpackbar, daß Natascha durchgehalten hat." „da spammt einer in meinem thread, unpackbar."
„Unpackbar" ist gewiß kein schöner Ausdruck, aber er hat etwas elementar Kreatives: In einer bestimmten Bedeutung sind (an)fassen und (an)packen ja weitgehend synonym. Und hier wird das nun (unzulässig) auch auf die übertragene Bedeutung, die ja wohl nur in der Negation vorkommt (unfaßbar: nicht fassen i. S. von nicht glauben, begreifen können) ausgedehnt. Ganz schön verschlungen das Ganze!

Unrund
Aus der Technik ins Gemütsleben

Unrund lief einst ein Motor, doch seit geraumer Zeit wird das Wort auch zur Charakterisierung menschlicher Stimmungslagen herangezogen. Eine konstante Neigung zum Unrundsein zeichnete zum Beispiel den ehemaligen Bundeskanzler Wolfgang Schüssel aus, vor allem dann, wenn er es mit lästigen Interviewern zu tun bekam. Ein schöner Zugang zum Wortfeld der Mißgelauntheit ist „unrund" allemal: Grant, Gereiztheit, Explosibilität und ähnlich dysphorische Gemütsanwandlungen existieren bekanntlich in unendlichen Abstufungen.

Unser Österreich
Gemeinsam statt einsam

„Sie legen unserem Österreich heute Ketten an", sagte unser FPÖ-Chef Heinz Christian Strache am 9. April 2008 bei einer Nationalratssitzung zum EU-Reformvertrag und bewies so einmal mehr, daß sich nichts besser dazu eignet, falsche Gemeinsamkeiten herzustellen, als das Possessivpronomen.

Urnicht
Ein Präfix der Jugend

„Urnicht": Jawohl, dieses Wort gibt es, und Ihr demütiger Chronist hat es nicht zum erstenmal mit eigenen Ohren gehört. Wer eine Tochter oder einen Sohn im Pubertätsalter hat, weiß um den essentiellen Stellenwert, den das Präfix „ur-" in der Sprache der Jugendlichen besitzt. Die trivialste Verwendungsart besteht darin, es als verstärkende Vorsilbe einzusetzen: „urgeil", „urbehindert", „urdeppert", was soviel bedeutet wie: „in ausgeprägter Weise geil", „vollkommen behindert", „außergewöhnlich deppert". Orgineller ist die Kombination mit der Negationspartikel „nicht" oder dem Indefinitpronomen „kein" („Ich versteh das urnicht", „Der hat urkeine Ahnung"), doch den wirklich entscheidenden Beitrag zur syntaktischen Emanzipation von „ur" hat diese Generation geleistet, indem sie es seiner Präfixnatur entkleidet und zum vollwertigen Adverb gemacht hat: „Der Benni nervt ur", „In diesem Zimmer fäult es ur".

Walken
Deutsch-englische Janusköpfe

Herr James T. Kirk schreibt dieses: „Ich möchte den geschätzten Herrn Winder bitten, das unschöne Wort ‚walken' in seiner denglischen Bedeutung selbst als Thema für einen Wörterbucheintrag zu nehmen. Bei mir heißt nämlich walken ‚flach pressen', wie also einen Teig oder einen Loden. Wenn es also die Schistockindustrie schon schafft, die Stöcke ohne Schi auch sommers zu verkaufen, so warte ich nun, wie es gelingen wird, dies einzudeutschen. ‚Walken' ist einfach grauslich."
Ich möchte in meiner ästhetischen Wertung von „walken" nicht gleich so weit gehen wie Herr Kirk, aber ich gebe gerne zu, daß das Auftauchen von Wörtern englischer Provenienz in deutschen Texten Momente der Irritation bewirken kann. Das deutsche „walken" wird bekanntlich mit einem kurzen a ausgesprochen, das englische „walken" hingegen mit einem offenen o, so daß bei der Lektüre im Gehirn des unbefangenen Lesers der Eindruck einer verwirrenden akustischen Zweideutigkeit entstehen mag. Desgleichen könnte man beim Auftauchen des Wortes „Talk" eigentlich an das Mineral denken, aber zumeist wird es wohl eher um das englische „Gespräch, Plauderei" gehen („Talk im Extrazimmer"). Ähnlich doppeldeutig erscheint das Wort „Brand", das, wenn das englische „Bränd" gemeint ist, soviel bedeutet wie „Marke" und nicht die Feuersbrunst.
Die p. t. Leser wußten natürlich auch etliche deutsch-englische Wort-Janusköpfe beizusteuern: „Rippen" (die CD oder rund um den Brustkorb?), „hacken" (die Software oder das Holz?), „fasten" (die Seatbelts oder vor Ostern?) sowie „Rottenegg" (schlechte Ware oder Ort in Oberösterreich?).

We are Family
Ein kleiner Blick ins Fernsehprogramm

Es wird Zeit, daß sich der Verfasser dieser Zeilen, wenn schon nicht äußert, so doch outet: Er zählt nämlich nicht zu jenem Menschenschlag, der das Eindringen englischer Wörter in den deutschen Sprachkörper per se für ein Unglück hält. Ein paar Ausländer mehr oder weniger werden wir schon noch vertragen. Manche anglizistischen Skurrilitäten nimmt Ihr Chronist aber doch mit einer gewissen Belustigung zur Kenntnis, so zum Beispiel die immer häufiger zu beobachtenden englischen Titel von TV-Serien und Fernsehfilmen. Oft ist die Struktur dieser Titel zweigliedrig: Erst kommt der englischsprachige Teil, und dann wird noch eine deutsche Übersetzung bzw. eine nähere Erläuterung, was damit gemeint sein soll, auf deutsch nachgeschoben. Einige wenige Beispiele aus den vergangenen Fernsehwochen: *We are Family! So lebt Deutschland; Third Watch – Einsatz am Limit; Sex and the City – Vier Frauen und ein Todesfall; Modern Times Gesundheit; Spongebob Schwammkopf* und, besonders elegant, *Das Making of „Kung Fu Hustle"*. Was mit dieser bilingualen Betitelung bezweckt wird, erschließt sich nur schwer, aber wahrscheinlich kommen sich die TV-Sender halt cool vor, wenn sie ihre Übersetzungskompetenz mit einem Titel wie *Emergency Room – Die Notaufnahme* beweisen.

We are Print
Bodenlose Identitätsbehauptungen

Wenn ich mich nicht irre, dann war es die Behauptung „Wir sind die Welt", mit der die ganze Sache angefangen hat. Seit diese Mutter aller Wir-Sprüchlein in Umlauf gekommen ist, hört sie nicht auf, sprachliche Kinder zu gebären. Zu besonderer Popularität brachte es die von der *Bild*-Zeitung 2005 ersonnene Schlagzeile „Wir sind Papst", deren Kultstatus sich hierzulande insofern bemerkbar gemacht hat, als *Österreich* (die Zeitung, nicht das Land) den Österreich-Besuch von Benedikt XVI. 2007 mit exakt derselben Formulierung publizistisch einläutete. Das *Bild*-Sprüchlein war Hochstapelei, diese Verwendung aber Hochstapelei zweiten Grades.

Nicht genug damit: Die MAN Roland Druckmaschinen AG sattelt noch einen drauf (→draufsatteln) und macht – wiewohl ihr Firmenhauptsitz im deutschen Offenbach liegt – mit der englischsprachigen – sogar warenrechtlich geschützten – Behauptung WE ARE PRINT.® für ihre Produkte Stimmung. Lange wird es nicht mehr dauern, bis die Wiener Bäcker mit dem Sprüchlein „Wir sind Topfengolatschen" für sich werben werden und die Fleischhauer mit „Wir sind Wiener Würstel". Wir sind Wörterbuch! Und von den Socken!

Webschnuffler
Der Webbrowser in seiner elsässischen Variante

Über die (Nicht-)Übersetzbarkeit der Computervokabel „to download" wurde in diesem Wörterbuch schon diskutiert (→Owelodn). Jetzt entnehme ich der *FAZ* vom 14. 7. 2006, daß der 84jährige französische Sprachwissenschaftler Raymond Matzen eine Rettungsaktion für das vom Aussterben bedrohte Elsässisch unternehmen will, welche sich auf den Computer stützt. Matzen will Microsoft Office in den elsässischen Dialekt übertragen, in der Hoffnung, daß die Regionalsprache dadurch weitere Verbreitung erfährt. Das Projekt hat den Sanktus von Bill Gates höchstpersönlich; der Frankreich-Chef von Microsoft, Eric Boussouller, meinte bei der Präsentation in Straßburg, daß es sich für seinen Konzern um eine Weltpremiere handle.

Insgesamt 50.000 Wörter will Matzen aus der französischen Office-Version ins Elsässische übertragen, 2500 hat er schon geschafft, darunter „Einzelheite" (statt „détails"), „ninbebbe" (statt „coller", einfügen) und, besonders putzig, „Webschnuffler" (statt „Webbrowser").

Da erhebt sich natürlich die Frage, wie ein Browser in der österreichischen Version von Microsoft Office heißen könnte, falls es denn eine solche einmal geben sollte.

Weibergemüse
Ein Mißgriff des Starkochs

Na →aber hallo, Herr Starkoch Mälzer! Was muß ich da in *Format* lesen? Daß Sie den Brokkoli despektierlich als „Weibergemüse" abtun? Dazu möchte ich Ihnen in aller Klarheit mitteilen, daß a) auch ich, wiewohl Mann, mir gerne von Zeit zu Zeit einen Brokkoli reinpfeife und b) dies auch weiterhin zu tun gedenke, ohne mir deswegen von Ihnen ein effeminiertes Eßverhalten vorwerfen zu lassen. Außerdem ist es, mit Verlaub, ein großer Schmarren, jetzt auch noch die Welt der Gemüse, jener harmlosen vegetabilen Wesen, zu einem Exerzierfeld des Geschlechterkampfes zu machen. Und: Wieso sollte gerade der Brokkoli ein „Weibergemüse" (das Wort haben Sie erfunden!) sein, nicht aber der Paprika, der Porree? Und was ist dann ein „Männergemüse", Herr Mälzer? Und kommen Sie mir bitte nicht mit Witzen über Gemüse von phallusförmigem äußerem Anschein!
PS. Die Leserinnen Voi La und Susa schafften es auf Anhieb, das Geschlecht einiger typisch männlicher Gemüse an deren Namen zu erkennen: Tom Ate, Peter Silie, Arti Schocke, Chico Ree, Pepe Roni und Ben Roterü.

Weißwurst
Bärenbenennen als Trendsportart

Für weite Bevölkerungskreise gibt es offenbar immer noch keine schärfere Trendsportart als das Bärenbenennen. Nach dem monatelangen Knut-Fieber in Deutschland und der hysterischen Namenssuche für unseren Nationalpanda (→Lang Lang) war das inzwischen „Flocke" getaufte Eisbärenbaby im Nürnberger Zoo wochenlang Gegenstand einer Benennungsbegierde, die vor der deutschen Grenze keineswegs Halt machte. „Mehr als 50.000 Namensvorschläge", berichtet die *Welt*, „gingen ein – von Neuseeland über Indien bis zu den Vereinigten Emiraten, darunter Franke, Stella, Knutschi, Sissi oder Yuki Chan."
Offenkundig richtet eben jedermann, der ein paar Kuschel-, Knuddel- und Liebhabwünsche offen hat, diese am allerlieb-

sten auf einen →Problembären. Daß die Kuscheligkeit und Liebenswürdigkeit des Bären in Wahrheit ein reines Projektionsphänomen ist, scheint nur denen klarzusein, die einen professionellen Umgang mit diesen pseudopossierlichen Tieren pflegen. Der *Süddeutschen Zeitung* habe ich entnommen, daß Bär „Flocke" im internen Sprachgebrauch seiner Pfleger nicht nur „Flocke" genannt worden sei, sondern, wesentlich unsentimentaler, auch „Stinkbombe" oder „Weißwurst", wobei ich den letzten Ausdruck ja besonders treffend finde: Das phänomenologische Naheverhältnis von Eisbär und Weißwurst liegt auf der Hand, nur mußte man einmal darauf kommen, es auch so ungeschminkt zu benennen.

weiterwissen.at
Das Dampfroß als Werbeträger

Ein jedes Ding braucht seinen Namen. Die Züge der Österreichischen Bundesbahn zum Beispiel hießen lange „Transalpin" oder „Bodensee", heute tragen sie Bezeichnungen wie „weiterwissen.at" , „Europäischer Computer-Führerschein", „Pfisterer Sicherheitsfenster" oder „WIFI Karriere-Express". Der Zweck dieser unorthodoxen Taufpraxis ist schon klar: Ich nehme an, daß die ÖBB ihre Dampfrösser (haha!) als eine Art fahrender Werbefläche gegen Entgelt zur Verfügung stellt und so versucht, ihre Finanzen aufzubessern. Seither sind unter den Fahrgästen skurrile Dialoge an der Tagesordnung: „Fährst mit dem WIFI Karriere-Express oder mit dem weiterbildung.at nach Wien?" – „Nein, ich nehme den Pfisterer Sicherheitsfenster." Wie die Züge in naher Zukunft heißen könnten? Vielleicht „Oh, it's a Feh!", „Nöm Mix Pfirsich" oder „Da kommt die längste Praline der Welt".

welten.werte.wege
Die ÖVP wird progressiv

Schön, wenn die ÖVP modern sein will, und die Wörterkombi „welten.werte.wege", die sie auf ihrer Website oder auf ei-

nem Plakat an ihrem Wiener Hauptquartier in der Lichtenfelsgasse als Motto ihres Aufbruchswillens affichiert, bringt ihre
Aufgeschlossenheit dem Weltgeschehen gegenüber geradezu
kongenial zum Ausdruck.

Die durchgehende Kleinschreibung erinnert in ihrer alle offiziellen Rechtschreibregeln kühn mißachtenden Progressivität
an die besten Zeiten der österreichischen literarischen Avant-
garde in den 50ern und 60ern, während die einem ziemlich
weitgefaßten Begriff des Allgemeinen verpflichtete Wortwahl –
Welten! Werte! Wege! – vielleicht signalisieren will, daß man
bei den Christdemokraten nicht mehr gewillt ist, sich auf die
trivialen Vorgaben der erdschweren politischen Alltagsrealität
einzulassen, sondern die Vogelperspektive der inhaltslosesten
Abstraktion bevorzugt, um die Welt zu besehen.

Ich würde nur zu bedenken geben, daß „werte.welten.wege"
eine überlegenswerte Alternative zu „welten.werte.wege"
sein könnte, und auch über „wege.werte.welten" sollte man
im ÖVP-Hauptquartier in der Lichtenfelsgasse einmal ernsthaft
nachdenken.

Wertvolle Debatte
Ein heißer Anwärter auf den verbalen Beschönigungspreis

Man muß kein Kenner der amerikanischen Innenpolitik sein,
um behaupten zu können, daß die Debatte um das US-
Engagement im Irak für George W. Bush seit je so angenehm
war wie eine Kombination aus Fußpilz und einem Geschwür
am Hintern. Aber weil ein Politiker dies in der Öffentlichkeit
nur schwer sagen kann, sagt er halt, wie Bush auf einer Presse-
konferenz in Peking, es handle sich um eine Debatte, die „wichtig"
und „unseres Landes würdig" sei („This is a debate worthy
of our country; it's an important debate"). Ein heißer
Anwärter auf den ersten Preis im Wettbewerb um die
verbale Beschönigung häßlicher Sachverhalte (→Dankbar, →Es
geht nicht um …).

What shalls
A funny English expression

Der frühere deutsche Bundespräsident Heinrich Lübke hat bekanntlich einen eigenwilligen Umgang mit der englischen Sprache gepflogen und mit seinen wortwörtlichen Übersetzungen aus dem Deutschen eine spezielle Form des Englischen, das sogenannte Lübke-Englisch, begründet („There stand one yes the hair to mountain", „Equal goes it loose"). Weil diese Art zu übersetzen natürlich beträchtlichen Spaß macht, erfreute sich lange nach Lübke auch noch das „English for Runaways", das „Englisch für Fortgeschrittene", einiger Beliebtheit („There you are heavy on the woodway" – „Da bist du aber schwer auf dem Holzweg"; „The boys are on wire" – „Die Buben sind auf Draht"). Ein anderer Jux, der ebenfalls direkt aus dem Schatzkästlein Lübkescher Übersetzungskünste stammen könnte, ist der Ausdruck „What shalls?" für „Was soll's?" (Unlängst von einem Bekannten beim Frühstück im Wiener Café Blaustern vernommen.) Wenn sich Ihr Chronist nicht irrt, ist das ein linguistisches Scherzchen, das man heutzutage in Österreich nicht selten zu Gehör bekommt. Andere schöne deutsch-britische Sprachkreationen, auf die mich die p. t. Leser hingewiesen haben: „I mean I dream", „It pulls" (Aufforderung, das Fenster zu schließen), „Off the post" („Ab die Post!"), „A waiting snake" sowie „It's highest railway".

Wie Sie ja wissen
Aus dem Reich der Unterstellungen

„Wie Sie ja wissen" ist eine jener Formulierungen, mit denen man seinem Gegenüber nicht nur etwas unterstellt, sondern es ihm gleichzeitig schwermacht, sich gegen die Unterstellung zu wehren. Weist man sie nämlich zurück, dann kommt dies einem Eingeständnis des Unwissens gleich, was per se nicht angenehm ist.

Die Leserin, welche mich auf die Phrase aufmerksam gemacht hat, hat noch einen zweiten Einwand gegen sie: Wenn man etwas ohnehin weiß, dann will man dies nicht auch noch gesagt bekommen – weiß man es hingegen nicht, dann erübrigt sich die Floskel, eben weil man es nicht weiß.

Von ähnlich sanfter Perfidie ist die Formel „Wir danken für Ihr Verständnis", die unterstellt, daß man ein solches Verständnis überhaupt aufgebracht habe. Das ist keineswegs bei jeder Fehlleistung, für die damit Abbitte geleistet wird, der Fall – besonders dann nicht, wenn man wartend auf einem Bahnhof steht. (Danke an S. M. und den „Herrgott" für die Tips.)

Wiedehopf
Ein offenkundig ungepflegter Vogel

Durch einen Internet-Zufall ist Ihr Chronist beim Surfen auf den Ausdruck „Jemand stinkt wie ein Wiedehopf" gestoßen und darüber ins Sinnieren geraten. Merkwürdig, daß ein solcher Ausdruck noch recht verbreitet scheint (243 Belegstellen bei Google), wo doch außer ein paar Förstern und Ornithologen kaum jemand die sinnliche Erfahrung dieses ganz selten gewordenen stinkenden Vogels gemacht haben dürfte.

Ich zum Beispiel hatte noch nie in meinem Leben Gelegenheit, an einem Wiedehopf zu riechen (dafür kann ich nach mehreren Zoo-Besuchen in Schönbrunn bezeugen, daß es beim Tapir infernalisch „fäult", wie das im Wiener Dialekt so schön heißt). Schon eine kurze Recherche im Internet zeigt, daß im Deutschen an Stink-Vergleichen (allgemein zu olfaktorischen Benennungen →Blecheln) kein Mangel herrscht: Jemand oder etwas kann stinken „wie ein Iltis", „wie ein Aschenbecher" (für Raucher), „wie ein Ziegenbock", „wie ein feuchtes Frettchen", „wie ein Büffel", „wie die Pest", „wie ein Limburger Käse" oder „wie eine Robbe". Besonders seltsam und politisch keineswegs korrekt: „Stinken wie ein Tartarenpuff" (auch: Affenpuff).

Wiedersehen
Eine recht taktlose Erinnerung

Eine Formulierung, die man ab und an zu hören bekommt, wenn man sich ein Buch, einen Bleistift oder ähnliches ausborgt: „Wiedersehen macht Freude". Ich finde das nicht so gut. Erstens gibt mir der Gesprächspartner damit zu verstehen, daß er meine charakterlichen Eigenschaften in Zweifel zieht und mich für schlampig oder, schlimmer, für einen potentiellen Dieb hält. Zweitens tut er dies auf eine Art, daß umgekehrt ich vermuten könnte, es mangle ihm an menschlichem Feingefühl und sprachlicher Originalität. Drittens sollte man daher das Gespräch sofort mit den Worten „Weißt Du was? Ich borg' mir das von jemand anderem aus" beenden.

Winterbock
Eine persönliche Beziehung zum Gefährt

Herr C. C. schreibt mir: „Daß ‚Bock' Schuhe sind, ist in Österreich allgemein bekannt. Leicht verwirrt habe ich allerdings dreingeschaut, als mich ein Freund auf eine Preisaktion für ‚Winterbock' bei einer Autozubehörkette aufmerksam gemacht hat. Richtig! Gemeint war nicht die neue Moonboots-Kollektion vom Forstinger, sondern Winterreifen!"
Ich danke für den schönen Hinweis. In der Winterbock-Wortwahl könnte man ja womöglich gar einen Beleg dafür sehen, daß manche Menschen eine Tendenz zur Vermenschlichung ihres Gefährts haben und glauben, daß man es mit Öl und Benzin füttern und mit warmen Winterbock bekleiden muß. Das einzige, was da noch fehlt, ist ein gutgewählter Vorname: Toyota Theo, Porsche Peter und VW Vladimir.

Wochos
Ein Marketinggag des Schachtelwirts

Auf die haben wir gerade noch gewartet: Wie der TV-Werbung zu entnehmen, sind bei McDonald's wieder „los Wochos" ausgebrochen, was bedeutet, daß der →Schachtelwirt temporär „mexikanische" Spezialitäten wie „los Kartoffos", „los Scharfos" oder „el Pikante" im Angebot hat. So weit, so lecker, so linguistisch dubios, und Ihr Chronist, der gerne herumkrittelt, fragt sich, ob es richtig nicht „las Wochas" heißen müßte, weil die deutsche Woche ebenso feminin ist wie die spanische semana. Aber McDonald's ist es ja nicht um den Sieg in einem deutsch-spanischen Übersetzungswettbewerb gegangen, sondern um einen pfiffigen Marketing-Gag. Und als solcher funktionieren die „Wochos" offenbar. Ein Blick in Google zeigt jedenfalls, daß der omnipräsente Hamburger-Brater mit seinem Phantasie-Mexikanisch weitere Bevölkerungskreise infiziert haben dürfte: In einem Bericht der *Welt* über den Sparkurs bei McDonald's war von „Los Spar-Wochos" die Rede, in einem Lüneburger Studentenheim gibt es eine „traditionelle Los-Block-Wochos-Party", und in Bremen existiert sogar eine Balladen-Punk-Band, die sich den Namen „Los Wochos" verpaßt hat.

Wokler
Liebhaber des Kochgeschirrs

Im Klappentext eines Wok-Kochbuchs aus dem Verlag Gräfe und Unzer habe ich den Hinweis gelesen, daß dieses Buch alle Informationen enthalte, die ein „Wokler" braucht. Ein bemerkenswertes Wort! Gemeint sein dürfte eine Person, die ihr Essen in einem Wok zubereitet. Mir ist allerdings nicht klar, ob es ausreicht, einmal pro Woche etwas im Wok zu schmoren, um dadurch zum vollwertigen Wokler zu werden, oder ob man seine Zuneigung zu diesem Kochgeschirr noch deutlicher zum Ausdruck bringen muß. Und: Wer seinen Tee im Kessel kocht, wird der zum Keßler? Und warum hören wir von den Töpflern und den Pfännlern so wenig?

Wollies
Akronyme für Alt und Jung

Yuppies sind junge urbane Profis, Dinks haben ein doppeltes Einkommen und keine Kinder, aber was zum Kuckuck sind „Wollies"? Zur Lösung dieser Frage schlagen wir in dem Büchlein *Für immer jung – Die Generation 60plus* von Andreas Reiter nach und lesen auf Seite 43: „Die jungen Alten sind heute keine grauen Mäuse mehr, sondern bunte Schmetterlinge. Und diese werden immer zahlreicher. Und wohlhabender. Ein Mega-Markt für die Wirtschaft tut sich auf, der aber nicht weniger heterogen ist als jener der Jungen. Ohne Differenzierung wird man nicht auskommen.

Also schnüffeln die Trüffelnasen der Marktforschung im Unterholz der Lebensstile und stöbern zum Teil gar köstliche (und kostbare) Exemplare für die Alten hervor:

- Yollies (young old leisure living people): Junge Alte
- Selpies (Second life people): Menschen im zweiten Lebensabschnitt
- Woopies (Well-off older people): wohlhabende Ältere
- Woofies (Well-off older folks): wohlhabende Ältere
- Wollies (Well income old leisure people): wohlhabende Alte."

So, jetzt wissen wir's. Vielleicht gibt es ja unter den Lesern auch noch die eine oder andere Trüffelnase, die im Unterholz schnüffelt und uns mit schönen Akronymen für spezielle Typen von Alt (oder Jung) erfreuen kann.

World of Accessoires
Wahnsinnige Wortmischungen

Daß ich Leser in psychotische Zustände treibe (Paranoia, Spaltungsirresein, schwere Sucht, Entzugserscheinungen), lag nie in meiner Absicht, aber bedauerlicherweise scheint dies manchmal der Fall zu sein. Ich ermahne daher die Konsumenten generell zur Vorsicht: Das Lesen von *Winders Wörterbuch* kann Ihre Gesundheit gefährden.

Herr G. H. schreibt mir: „Lieber Herr Winder, Ihr Wörterbuch macht mich noch ganz verrückt, immer wieder ertappe ich mich dabei, seltsame Wortgebilde auf ihre Winder-Tauglichkeit hin abzuklopfen! So sah ich neulich diese Fassadenaufschrift in der trendigen Mariahilfer Straße: ‚World of Accessoires'. Der Kenner wird sofort feststellen, daß hier zwei Sprachen gemischt wurden, da der korrekte englische Ausdruck ja ‚Accessories' lauten sollte. Aber das ist sicher nicht das einzige Beispiel dieser Art, ich fiebere schon den Leserpostings entgegen! Vielleicht können Sie diese Wortschöpfung ja einmal unterbringen!"

Das kann ich, erstens, gerne. Zweitens habe ich mich über das neue Wort „Winder-Tauglichkeit" gefreut. Und drittens bitte ich meine Leser, narrische und nichtnarrische, um weitere Anregungen und Assoziationen zum schönen Thema „Sprachen mischen" (s. auch →KundenCorner).

Woxt nix
Kommentare für Pechvögel

Vor kurzem ist Ihrem Chronisten ein Mißgeschick passiert. Als er in einem Bus von K. nach W. eine Fahrkarte lösen wollte, fiel ihm das Fahrgeld auf den Boden und kullerte in alle Himmelsrichtungen davon. Ein schöner Schmarren und auch recht unelegant, wenn man vor 25 Fahrgästen auf dem Busboden herumrobbt und versucht, seine Kröten unter den Sitzen hervorzufummeln. Der lustige Bus-Chauffeur aber kommentierte das Ungeschick mit den Worten: „Do unten woxt nix", und ein Fahrgast sekundierte mit der Ansage: „Waun Sie des Göd ned woin, I nemms scho". (Übersetzung für Leser von außerhalb des hiesigen Dialektgebietes: „Da unten wächst nichts", „Wenn Sie das Geld nicht wollen: Ich nehme es gerne".)

Gutgemeinte heitere Kommentare zu kleinen Mißgeschicken des Alltags, ich weiß, ich weiß! Andererseits fühlt man sich dann doch ein wenig für einen Deppen gehalten, wenn man sich erklären lassen muß, daß sich Münzen nicht als Samen eignen, schließlich sehe ich ja – hoffentlich – nicht so aus, als würde ich zuhause Euro und Cent in den Blumenrabatten vergraben und dann auf die nächste Schein-Ernte warten.

Würg

Eine kleine Auswahl an Lauten des Ekels

Als politischer Kolumnist der *New York Times* ist William Safire schon in Pension gegangen, als Sprachbeobachter ist er aber immer noch im Dienst. So hat er sich vor einiger Zeit in der *International Herald Tribune* mit Äußerungen des Abscheus und ihrem Wandel im Lauf der Sprachgeschichte beschäftigt, wobei seine Kolumne beweist, daß sich sprachliche Entwicklungen im Englischen ebenso selten präzise vorhersagen lassen wie im Deutschen. Vor fast zwanzig Jahren hatte Safire noch prognostiziert, daß „yuck" im Englischen „ick" als populärsten Ausdruck von Ekel und Widerwillen ablösen werde. Tatsächlich aber, meint Safire heute, habe sich „ick" erstaunlich gut gehalten – vor allem in Kombination mit dem Hauptwort „factor".
Der „ick factor" – Ekelfaktor – entspricht dabei etwa dem, was die *Bild*-Zeitung unlängst in einem Beitrag über Hotelbetten mit „Igitt-Alarm" umschrieben hat („Schätzungsweise eine Million inkontinente Gäste steigen weltweit in Hotels ab"). Safire setzt sich in seiner Kolumne auch noch mit anderen englischen Ekel-Wörtern auseinander: Neben „ick" und „yuck" gibt es da noch „bleah", „yeech" und „ew", allesamt Ausdrücke, die nach Einschätzung des Psychologen David McNeill in der Erfahrung verwurzelt seien, „unerwünschte und möglicherweise sogar giftige Stoffe aus dem Mund hinauszudrängen. Die entsprechenden Laute werden hervorgebracht, indem man den Mund hinten schließt, um dem Zeug den Eingang in die Speiseröhre zu versperren, und/oder ihn öffnet, um es auszuspeien."
Auch das Deutsche bietet eine recht farbige Palette von einschlägigen Ausdrücken: Dornseiffs *Deutscher Wortschatz nach Sachgruppen* nennt die Interjektionen „äks, bäks, pfui, hih, pfui Teufel, pfui Deibel". Das schon erwähnte „igitt" hat eine entschieden bundesdeutsche Note und wird in Österreich, wenn überhaupt, dann nur selten verwendet. Die stark nach Comic-

Heft klingenden Wörter „würg, spei, spuck, kotz" sind als Kurzbeschreibung emotionaler Befindlichkeiten im Internet weit verbreitet (allein für „würg" gibt es bei Google 333.000 Belege!), gelegentlich hört man sie aber auch in der mündlichen (!) Rede als drastische Kundgebungen des Ekels: „Morgen hab' ich Matheschularbeit – würg, kotz!"

Xundes
Eine kleine orthographische Freiheit

Unlängst bin ich im schönen Strandbad zu Klosterneuburg eingekehrt. Auf der Speisekarte des Strandbad-Wirten stieß ich dabei nach den Vor- und Hauptspeisen auf eine Rubrik, die mit dem interessanten Wort „Xundes" überschrieben war. Nun ist das X ein Buchstabe, der in einigen anderen Sprachen weit häufiger vorkommt als im Deutschen: im Aztekischen etwa, dem wir solch blumig-exotische Wortschätze verdanken wie Xocolatl, Axolotl oder Chichixocolatl (schwarze Schokolade).

Nach einem Moment der Irritation (wo gibt es schon in österreichischen Wirtshäusern aztekische Speisen?) wurde mir aber schlagartig klar, daß „Xundes" mitnichten ein Überbegriff für aztekischen Maisbrei, aztekisches Bohnengulasch oder aztekischen Tapirbraten ist, sondern das eigenwillig geschriebene deutsche Wort „Gesundes".

Darauf hätte ich Hirni auch gleich kommen können! Seit Jahren nehmen sich immer mehr Österreicher die kleine orthographische Freiheit, aus dem anlautenden „Gs" in Wörtern wie „g(e)sund" oder „G(e)sang" kurzerhand ein X zu machen. Das Magazin der Steiermärkischen Gebietskrankenkasse heißt zum Beispiel *Xund*, im niederösterreichischen Moorbad Harbach gibt es ein „Lauf- und Bewegungszentrum" namens „Xundwärts", ferner gibt es seit ewig und einem Tag die österreichische Gruppe „4-Xang", selbst ein deutscher (!) Gospelchor nennt sich „Xang". Im Internet wurde (auch in Deutschland und der Schweiz) die „Schickimicki-Xellschaft" gesichtet, ja selbst das „Xicht".

Ihr Chronist fragt sich, ob die Urheber dieser Wortbildungen noch mit ausreichend Verstand xegnet sind.

Zawos
Ein österreichischer Dauerbrenner

Einer jener prächtigen Urlaute, die den österreichischen Diskurs seit Jahr und Tag verschönern und die, wiewohl nicht neu, so doch ständig gegenwärtig sind. Mit dem Grunzer „Geh zawos?" (Mostviertler Variante: „Zawos-n-leicht?") weist man den Gesprächspartner auf die Sinnlosigkeit eines Unterfangens hin. „Zawos brauch I des bitte?" drückt die Entbehrlichkeit einer Sache für den Sprechenden aus. Das Schöne an „Zawos" ist vor allem die beliebige Dehnbarkeit des offenen O, welche es dem Sprecher gestattet, den Grad seines Mißmuts flexibel zu demonstrieren („Zawos?" leichter, „Zawoooos?" mittelschwerer Mißmut und so fort).

Legt man die Elle der hochsprachlichen Korrektheit an, so ist „Zawos" natürlich ein dubioses Wort. Eine reizvolle Variante, im Gespräch kritisch auf diesen problematischen Aspekt von „Zawos" aufmerksam zu machen, liefert Leser SterzinOz: „Des haaßt net zawos, des haaßt wozu! Zawos hamma a Grammatik, es Trottln!"

Zehennägel
Erstaunen und andere Emotionen

Die Redensart „Da rollt es mir die Zehennägel auf" ist altbekannt und in unterschiedlichen Varianten verbreitet. In Deutschland sagt man eher „Da rollt es dir die Fußnägel hoch", aber es gibt auch „Da klappst du die Fußnägel hoch", „Da rollen sich die Zehennägel auf und nieder" usw. usf.

Bei einer kurzen Lexikon- und Internetrecherche hat Ihr Chronist die Feststellung gemacht, daß die exakte gefühlsmäßige Bedeutung des Nagelaufrollens oder -hochklappens gar nicht so eindeutig ist. Laut *Duden* ist „Da klappst du die Fußnägel hoch" synonym mit „Da staunst du!". Aber die Redensart wird auch, wie die folgenden Internetbelege zeigen, in Lebenslagen mit anderen emotionalen Tönungen wie Ekel, Ärger oder Zorn verwendet: „Bei dem Duft rollt es mir die Fußnägel hoch." „Dazu

gibt es, teilweise arg schräg-schrill, einen gewöhnungsbedürf-
tigen Frauengesang, der einem nicht selten die Fußnägel hochrollt." „Jetzt rollt es mir die Fußnägel hoch, mit welchen Tricks
die Verbraucherschützer ihren Bedarf an Steuergeldern unter
Beweis stellen wollen." „Ich bin an sich ein großer ‚Sonntags-
Tatort-Zelebrator', aber immer wieder werden so miese Dreh-
bücher verwertet, daß es mir die Fußnägel hochrollt." „Bewertet wird das Herumgetrapse am Parkett von einer Jury, welche
teilweise zu taktvoll und teilweise zu dumm ist, die Wahrheit zu
sagen. Und telegevotet wird auch. Jedem Menschen mit einem
Hauch von musikalischem Rhythmusgefühl rollt es da beim
Zusehen die Zehennägel auf."

Zerweiterung
Wenn die Erweiterung zu schnell geht

Ein Wort, das der 2005 verstorbene SPD-Denker Peter Glotz in
seinem letzten, unvollendeten Aufsatz verwendet hat: „Die
Zerweiterung und Zerweichung der EU ist eine schwere Enttäu-
schung für diese Generation." Die „Zerweiterung" taucht seither sporadisch in politischen Diskussionen und im Internet auf
– eine brillante Wortbildung: mit einem Buchstaben eine völlig
neue Bedeutung, sofort verständlich, Sarkasmus und beißende
Ironie enthaltend.

Zetteln
Wenn der Schlecker mit dabei ist

„Zetteln" ist ein jugendsprachlicher Ausdruck jüngeren (?) Datums, er bedeutet soviel wie „mit Zunge küssen". Früher sagte
man einmal „züngeln" dafür, oder auch – in den 80er Jahren,
wenn ich mich nicht täusche – „mit Schlecker-Reinstecken".
Während diese Formulierungen selbsterklärend sind, ist die
Herkunft des Zettelns weniger evident. Leser P. G., der mich
freundlicherweise auf das Wort aufmerksam gemacht hat, mut-
maßt, daß es eine „Ableitung aus der SMS-Sprache" ist, also

von „z-eln" kommen könnte. „Eine andere Erklärung ist eine Verballhornung von ‚zärteln' – da dieses Wort aber völlig ungebräuchlich ist, kann ich dem wenig abgewinnen."

Meine jugendlichen Gewährspersonen haben mir jedenfalls versichert, daß das Wort an Wiener Schulen verbreitet ist und problemlos verstanden wird. Wo es sich geographisch sonst noch herumtreibt, vermag ich nicht exakt zu sagen – Hauptsache, die Jugend hat ihren Spaß: „Das erste Mal dort haben wir ziemlich viel miteinander getanzt und nach einer Weile sind wir uns dann auch nähergekommen und haben eng getanzt und ein paar Mal gezettelt." (Aus einem Internet-Chat.)

Zickenalarm
Streitbare Frauen

Das Wort „Zickenalarm" ist bereits lexikalisiert: Laut Auskunft des *Rechtschreibduden* ist es „umgangsprachlich, abwertend" und meint „Streit, besonders zwischen Frauen". Lokalitäten, an denen besonders häufig Zickenalarm gegeben wird, sind Schulklassen, Nagelstudios und Vorabendserien in deutschen Privatsendern. Und wenn der Alarm keine eindämmende Wirkung hat, folgt der „Zickenkrieg". In semantischer Nähe zum Zickenalarm steht die „Stutenbissigkeit": Mit ihr wird die Disposition mancher Frauen beschrieben, sich besonders heftig mit anderen Frauen anzulegen.

Anders als der Zickenalarm hat es der „Fadgasalarm", der gegeben wird, wenn besonders öde Zeitgenossen auf den Plan treten, noch nicht zu einem Wörterbucheintrag gebracht.

Zitroniger Nachhall
Es wird ein Wein sein

Wenn ich etwas wirklich liebe, dann ist es die fachkundige Beschreibung von Weinen. Dem Merlot 2005 der Familie Hans Rohrer in Lutzmannsburg etwa wird im *Falstaff Rotweinguide 2007/2008* ein „zitroniger Nachhall" bescheinigt, wobei es mir im Sinne eines sinnlichen Gesamterlebens ganz gleichgültig ist, daß Zitronen üblicherweise ja eigentlich nicht nachhallen, es sei denn, man wirft sie einen tiefen Schacht hinab.

Andere treffliche Weinbeschreibungsworte aus dem besagten Guide (ich kann hier nur eine Mikro-Auswahl präsentieren, die Fülle ist überwältigend): „Am Gaumen etwas streng", „robuste Tannine", „Mandarinen im Rückgeschmack", „rotbeerige Nuancen", „ein Hauch von Lakritze", „violette Reflexe", „mittlere Länge", „mit zartem Schokotouch unterlegt" sowie, einer meiner absoluten Favoriten, „etwas Powidl".

Zubrunzen
Euro-Skepsis bei der Nobelpreisträgerin

In einer Wortspende für das Magazin *News* hat Elfriede Jelinek kurz vor der Euro 2008 erkennen lassen, daß sie dieser Veranstaltung in einer Haltung der stoischen Skepsis gegenübertrat: „Die EM ist für mich wie ein riesiges schwarzes Loch, das alles verschluckt. (...) Wer jubeln will, soll das tun. Wer weinen und seine Fahne um die Erd hauen will, soll das tun. Wer sich zuschütten will, soll das tun. Wer das nicht will, soll es nicht tun. Wer das Burgtheater, das Lueger-Denkmal, die Parks und überhaupt die ganze Ringstraße zubrunzen will, soll das tun. Wer es nicht tun will, soll es nicht tun." Für mich als Wörterbuchschreiber war in dieser Passage vor allem die Verwendung des Wortes „zubrunzen" von Interesse. „Zubrunzen" bedeutet ja, in Analogie zu „zustöpseln" oder „zubetonieren", soviel wie „etwas vollständig mit Urin überziehen, versiegeln". Nun würde es aber selbst einer ganzen Kompanie von Fußballfans nicht gelingen, das Burgtheater oder das Lueger-Denkmal effektiv zuzubrunzen, geschweige denn die ganze Ringstraße: „Anbrunzen" ist kein Problem, „zubrunzen" sehr wohl. Wenn Frau Jelinek dennoch das Wort „zubrunzen" verwendet, so haben wir es mit einer sprachlichen Übersteigerung und Überhöhung zu tun, einem Akt dichterischer Freiheit also, wie er einer Nobelpreisträgerin wohl zusteht. Ich vermute, daß die Dichterin deswegen vom Zubrunzen anstatt vom Anbrunzen gesprochen hat, weil sie die Dramatik des zu erwartenden Entleerungsgeschehens am Ring hervorheben wollte. Außerdem glaube ich, daß ihr Wörter wie „zuwischerln", „zuludeln" oder „zupieseln" einen zu lieblichen Eindruck erweckt hätten, weswegen sie sich schließlich fürs Zubrunzen entschied.

Weil wir schon beim Thema Brunz-Komposita sind: Häufiger als das Zubrunzen kommen in der österreichischen Umgangssprache andere Zusammensetzungen des Brunzens mit Präpositionen oder Präpositionaladverbien vor: Das Hinbrunzen etwa oder das schon erwähnte Anbrunzen. Wenn es reflexiv gebraucht wird, deutet dieses Verbum Momente der großen Heiterkeit und Ausgelassenheit an („Ich brunz' mich an"). Auch das Danebenbrunzen erfreut sich einer gewissen Popularität. So gut wie nie hört man dagegen vom Abbrunzen, Aufbrunzen, Durchbrunzen, Vorbrunzen, Nachbrunzen, Querbrunzen oder ähnlichem.

Zurückzipfeln
Rückzug leichtgemacht

Das kennt man ja: Politiker X stellt sich vor die Bürger, kündigt dieses an, verspricht vollmundig jenes, tags darauf stellt sich heraus, daß er den Mund zu weit aufgerissen oder zu voll genommen hat. Was muß er nun tun? Aus meinem inneren Wortrepertoire drängen sich sofort die Vokabeln „zurückrudern" oder „zurückkrebsen" hervor („zurücktreten" gilt nur in Extremfällen); im *Kurier* habe ich allerdings eine andere gefunden: „FPÖ-Obmann Heinz-Christian Strache dachte öffentlich über eine rote Minderheitsregierung nach, um anderntags zurückzuzipfeln: ‚Wir spielen nicht den Fluchthelfer.'" Zurückzipfeln? Kannte ich nicht, gefällt mir, werde ich mir merken.

Zutexten
Wes das Herz voll ist

Wir alle kennen jene gesprächigen Menschen, die keine größere Freude kennen als die, andere Leute ohne Rücksicht auf

Verluste „zuzutexten". Dieses Wort, schreibt mir ein Leser, sei in bundesdeutschen Talkshows weit verbreitet – in Österreich würde man wohl eher vom „anlabern" oder „vollabern" oder „zulabern" sprechen. (Ein anderer hübscher, aber nur selten zu hörender Ausdruck für jemanden vom gesprächigen Typus: „Der schwätzt eine Nuß vom Baum.")

Häufig wird die Fähigkeit, andere schamlos verbal zu überrollen, in der politischen Kommunikation strategisch zum Einsatz gebracht: „Grasser bemühte sich gegen Ende des Gespräches, alle Wahlsager der Schüssel-Partei unters Volk zu bringen, und textete nicht nur Van der Bellen, sondern auch die Moderatorin zu." So im *Standard* vom 07. 09. 2006 zu lesen.

Literaturverzeichnis

Aufgenommen wurden nur Titel, die in den Einträgen erwähnt werden und aus denen zumeist auch Belege stammen.

Aman, Reinhold: Bayrisch-österreichisches
Schimpfwörterbuch. München: Goldmann 1973

Bartens, Werner: Das Ärztehasserbuch. München:
Droemer/Knaur 2007

Bayard, Pierre: Comment parler des livres que l'on n'a pas lus.
Paris: Les Editions Minuit 2007

Borneman, Ernest: Sex im Volksmund. Der obszöne Wortschatz
der Deutschen. Reinbek: Rowohlt 1974

Borowiak, Simon: Frau Rettich, die Czerny und ich. München:
Goldmann 1992

Borowiak, Simone: Alk. Frankfurt/M.: Eichborn 2006

Borroughs, William: The Soft Machine. Paris: Olympia Press 1961

Brecht, Bertolt: Flüchtlingsgespräche. Frankfurt/M.:
Suhrkamp 2000

Ceram, C. W.: Götter, Gräber und Gelehrte. Roman der
Archäologie. Hamburg: Rowohlt 1949

Dornseiff, Franz: Der deutsche Wortschatz nach Sachgruppen.
Berlin/New York: de Gruyter 1970

Duden. Die deutsche Rechtschreibung, 23. Auflage. Mannheim
und Leipzig: Dudenverlag 2004

Duden. Das große Fremdwörterbuch. Mannheim und Leipzig:
Dudenverlag 1994

Duden. Das große Wörterbuch der deutschen Sprache in acht
Bänden, 2. Auflage. Mannheim und Leipzig: Dudenverlag
1993 ff. (3., überarb. Aufl. in 10 Bänden 1999)

Ende, Michael: Jim Knopf und Lukas der Lokomotivführer.
Stuttgart: Thienemann 1960

Glavinic, Thomas: Das bin doch ich. München: Hanser 2007

Grimm, Jacob und Wilhelm: Deutsches Wörterbuch. München:
dtv 1994

Grimmsches Wörterbuch: s. Grimm, Jacob und Wilhelm

Heine, Heinrich: Die Harzreise. Ditzingen: Reclam 1986

Holzer, Florian: Wien, wie es ißt. Wien: Falter 2005

Homburg, Stefan: Allgemeine Steuerlehre. München:
    Vahlen 2003

Jargon File. Internetauftritt: http://www.catb.org/jargon/

Jarry, Alfred: Ubu Roi. München: scaneg 1987

Kluge, Friedrich: Etymologisches Wörterbuch der deutschen
    Sprache. Berlin/New York: de Gruyter 2002

Kraus, Karl: Die letzten Tage der Menschheit. Wien: Rikola 1922

Krünitz, Johann Georg: Oekonomische Encyklopädie.
    Berlin: Pauli 1773–1858
    Internetauftritt: www.kruenitz1.uni-trier.de

La Mettrie, Julien Offray de: Die Maschine Mensch. L'homme
    machine (Französisch–deutsch). Hamburg: Meiner 1991

Lichtenberg, Georg Christoph: Sudelbücher. München:
    dtv 2005

Macquarie Dictionary. Australia's National Dictionary Online
    Internetauftritt: www.macquariedictionary.com.au

Male, Eva: Amerika all inclusive. Wien: Molden 2006

Malygin, Viktor T.: Österreichische Redewendungen und
    Redensarten. Wien: ÖBV Pädagogischer Verlag 1996

Merriam–Webster Online
    Internetauftritt: www.merriam-webster.com

Metes, Jörg, Rubinowitz, Tex: Die sexuellen Phantasien
    der Kohlmeisen – Listen, die die Welt erklären. Köln:
    Kiepenheuer & Witsch 1996

Miller, Roy Andrew: Die japanische Sprache – Geschichte und
    Struktur. München: Iudicium 2000

Moser, Peter: Falstaff Rotweinguide Österreich 2007/2008.
    Klosterneuburg: Falstaff 2007.

Österreichisches Wörterbuch, 40. Auflage. Wien:
    Österreichischer Bundesverlag 2006

Petit Robert 1, Nouvelle édition revue, corrigée et mise à jour.
    Paris: Dictionnaires Le Robert 1990

Pschyrembel. Klinisches Wörterbuch, 261. Auflage. Berlin:
    de Gruyter 2007

Reiter, Andreas: Für immer jung – Die Generation 60plus.
    Wien: Döcker 1990

Röhrich, Lutz: Das große Lexikon der sprichwörtlichen
    Redensarten. Freiburg: Herder 1991
Schikola, Hans, Schuster, Mauritz: Das alte Wienerisch. Ein
    kulturgeschichtliches Wörterbuch. Wien: Deuticke 1996
Schmid, Bernhard: American Slang. Frankfurt/M.:
    Eichborn 2002
Schneider, Wolf: Speak German! Reinbek: Rowohlt 2008
Schopenhauer, Arthur: Ueber Sprache und Worte. In ders.:
    Aber die Sprache laßt unbesudelt. Waltrop und Leipzig:
    Manuscriptum 2006
Sedlaczek, Robert: Das österreichische Deutsch. Wien:
    Ueberreuter 2004
Sedlaczek, Robert: Kleines Handbuch der bedrohten Wörter
    Österreichs. Wien: Ueberreuter 2007
Shorter Oxford English Dictionary, Fifth Edition. Oxford
    University Press 2002
Shteyngart, Gary: Absurdistan. New York: Random House 2006
Sigusch, Volkmar: Geschichte der Sexualwissenschaft.
    Frankfurt/M.: Campus 2008
Spurlock, Morgan: Don't Eat This Book. New York: Putnam 2005
Starsky, Stella, Cox, Quinn: Sextrology. München:
    Goldmann 2006
Storfer, Adolf Josef: Wörter und ihre Schicksale/Im Dickicht der
    Sprache. Berlin: Vorwerk 8 2000
Teuschl, Wolfgang: Wiener Dialekt-Lexikon. Salzburg: Residenz
    Verlag 2007
Thal, Hella: Schmutzige Wörter. Frankfurt/M.: Eichborn 1996
Twain, Mark: The Awful German Language. Die schreckliche
    deutsche Sprache. Waltrop und Leipzig: Manuscriptum 1999
Vonnegut, Kurt: Breakfast of Champions. New York: Delacarte
    Press 1973
Wahrig. Die deutsche Rechtschreibung. Gütersloh/München:
    Wissen Media Verlag, Berlin: Cornelsen 2007
Wallraff, Barbara: Word Fugitives. New York:
    HarperCollins 2006
Webster's New World College Dictionary, Fourth Edition.
    Cleveland: Wiley Publishing 2004
Wehle, Peter: Sprechen Sie Wienerisch? Wien: Ueberreuter 1980

Alphabetisches Verzeichnis der Stichwörter

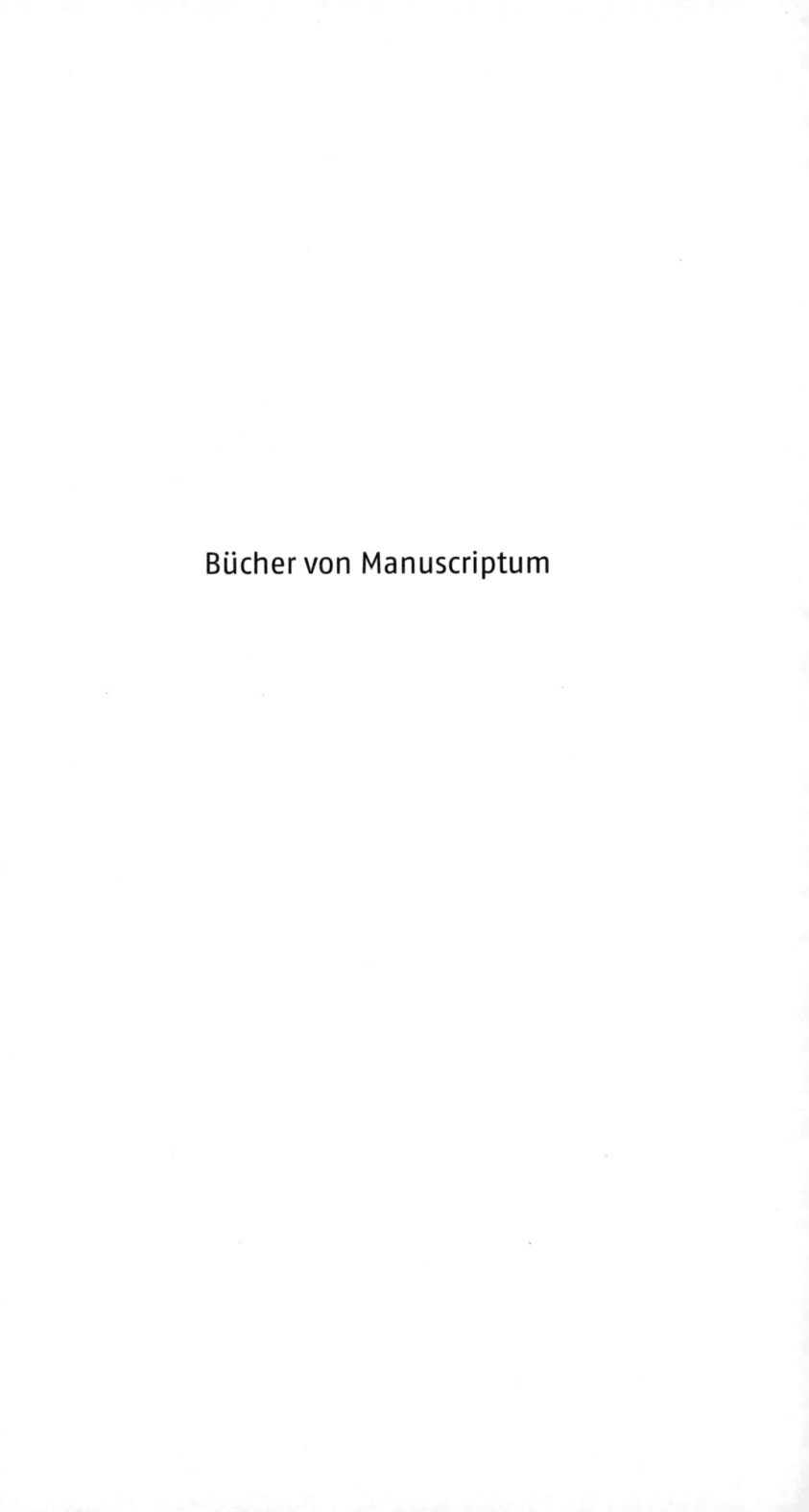

Bücher von Manuscriptum

Mark Twain: Die schreckliche deutsche Sprache.
Vielen der Eigenheiten, die den Gestaltungs- und Differenzie-
rungsreichtum unserer Muttersprache prägen – Genus, relativ
freie Wortstellung, vielfältige Möglichkeiten der Wortbildung
und spannungsreiche Parenthesen etwa –, stehen Ausländer
oft fassungslos gegenüber. Noch immer ist Mark Twains Klage
über die „schreckliche deutsche Sprache" das wohl amüsanteste
Beispiel für das – eher vergebliche – Bemühen, der Tücken des
Deutschen Herr zu werden. Nicht weniger erheiternd ist seine
Übersetzung des „Struwwelpeter". Sicher gibt es korrektere
Übertragungen, schwungvollere und übermütig-charmantere
aber kaum.
Unsere zweisprachige Ausgabe erhöht natürlich das Vergnügen
an Twains Kampf mit der Tücke des Objekts ungemein.

Mark Twain:
The Awful German Language /
Die schreckliche deutsche Sprache.
Slovenly Peter / Struwwelpeter.
Nachwort von Helmut Winter.
132 Seiten, 12,5 x 21,5 cm, gebunden.
ISBN 978-3-933497-41-3

Aktueller denn je:
Schopenhauer wider die Sprachverhunzer.
Arthur Schopenhauer war Großmeister und Schatzbewahrer der deutschen Sprache in einem. Gegen ihre Verunstalter kannte er keine Gnade. Brillant im Stil und mit beißender Ironie ging er gegen Journaille und Pseudoliteraten, aber auch gegen Wissenschaftler zu Werke, die sich ohne Sinn und Verstand schon damals grassierender Sprachsünden bedienten, eines „eselöhrigen Jetztzeit-Jargons". So köstlich und amüsant sich vieles liest, so ernst ist sein Kern: In jeder Wissenschaft lasse sich „jeder Irrthum, selbst wenn er Jahrhunderte gegolten hat, ... wieder vernichten: aber eine verdorbene Sprache ist nicht wieder herzustellen", es ergehe ihr so wie einem durch „Verwundung gelähmte(n) und geheilte(n) Glied", das nie wieder vollständig seine ursprüngliche Kraft gewinnen könne. Aktueller als heute waren diese Schriften nie.

Arthur Schopenhauer:
Aber die Sprache laßt unbesudelt.
Wider die Verhunzung des Deutschen.
120 Seiten, 12,5 x 21,5 cm, Leinen.
ISBN 978-3-937801-10-0

Leuchtturm im Rechtschreibchaos: Der „Mackensen".
Ein beliebiger Blick auf Druckerzeugnisse jeder Art zeigt uns das tägliche Grauen einer zerstörten, einst einheitlichen Schriftsprache: Willkür, Chaos und Beliebigkeit allenthalben. Wir haben uns der Zumutung, eine der am besten funktionierenden Orthographien der europäischen Sprachen zu zerstören, von Anfang an verweigert und sehen uns zunehmend (und kräftig) darin bestätigt. Und für uns besonders interessant und erfreulich: Je länger das Elend währt, desto größer wird die Nachfrage nach dem einzigen verfügbaren großen Wörterbuch in der bewährten Orthographie, dem „Mackensen", der über das rein Orthographische hinaus noch eine Menge Zusatznutzen bietet: eine kompakte Grammatik, Worterklärungen und Hinweise zu Stilistik und Aussprache etwa.

Lutz Mackensen:
Deutsches Wörterbuch.
XLIV, 1219 Seiten, 16 x 23,5 cm,
gebunden mit Schutzumschlag.
ISBN 978-3-937801-08-7

Was war damit? Ein Führer zu den historischen Hintergründen von Werken der Literatur, Kunst und Musik.

Das voluminöse Lexikon des Historikers Erwin Heinzel stammt aus den 50er Jahren und ist für jeden unentbehrlich, der sich über die Stoffe von Kunstwerken der Literatur, Musik oder Malerei kundig machen will. Wer und wie waren die handelnden Personen historisch? Was trug sich bei historischen Ereignissen (berühmten wie weithin unbekannten) zu? Nach knappestmöglichen, gleichwohl instruktiven Antworten auf diese Fragen wird umfassend dokumentiert (bis hin zu den Standorten gegenständlicher Werke!), in welchen Werken der Literatur, der bildenden Kunst und der Musik die betreffenden Personen und Ereignisse dargestellt werden. Mit der Fülle dieser Auskünfte verstehen sich Kunstwerke (und die Geschichte) tiefer und leichter. Und natürlich wächst die Neugier, sich diesen Werken (besonders reizvoll: auch vergleichend) zuzuwenden. Ein Nachschlagewerk, das halbe Bibliotheken ersetzt.

Erwin Heinzel:
Lexikon historischer Ereignisse und Personen in Kunst, Literatur und Musik.
XXIV, 782 Seiten, 14 x 21 cm, Leinen mit Schutzumschlag.
ISBN 978-3-937801-32-2

Philosophie.
Wirklich für den Alltag.
Unsere Reihe — auf vielfachen Wunsch neu aufgelegt — will Philosophie als Lehrmeisterin und Ratgeberin praktischer Lebenskunst vorstellen. Nicht um die „Denkgebäude" und „Systeme" von Autoren geht es, sondern um den Ertrag ihres Denkens und Handelns für die Lebenspraxis. Entsprechend wurden die Texte ausgewählt und gegliedert, nicht nach philosophischen Kategorien, sondern nach „Alltagsstichwörtern", von „Abhärtung" und „Altruismus" bis „Zorn" und „Zufriedenheit" etwa. Die Bände haben inhaltlich das Zeug zum Lebensbegleiter, und wir haben sie entsprechend ausgestattet: Sie kommen im handlichen, taschentauglichen Format von 10,5 x 15,5 cm und mit einem schönen biegsamen Leineneinband. Fadenheftung und ein Leseband sind selbstverständlich.

Philosophie für den Alltag:
Wilhelm Busch.
Herausgegeben und mit einem Nachwort versehen von Wolfgang Zähle. 336 Seiten, 10,5 x 15,5 cm.
Leinen flexibel mit Schutzumschlag, Lesebändchen.
ISBN 978-3-933497-45-1

Philosophie für den Alltag:
Theodor Fontane.
Herausgegeben und mit einem Nachwort versehen von Hans Joachim Hoof. 376 Seiten, 10,5 x 15,5 cm.
Leinen flexibel mit Schutzumschlag, Lesebändchen.
ISBN 978-3-933497-24-6

Philosophie für den Alltag:
Arthur Schopenhauer.
Herausgegeben von Hans Joachim Hoof und mit einem Vorwort versehen von Thomas Hoof. 469 Seiten, 10,5 x 15,5 cm.
Leinen flexibel mit Schutzumschlag, Lesebändchen.
ISBN 978-3-933497-30-7

Vom Nutzen der Ballade.
Manche Saat wird spät geerntet. Und die Mühsal, die früheren
Schülergenerationen mit dem Auswendiglernen der wichtigsten
deutschen Gedichte und Balladen auferlegt wurde, erwies sich
oft erst sehr viel später als ein Segen – für den Wortschatz etwa,
das Sprachgefühl, aber auch für einen schönen Bestand an all-
zeit zitierbarer Lebensweisheit. Hier kommt der Hausschatz an
Balladen und Gedichten neu. In einer Auswahl, deren Qualität
durch Lizenzausgaben bezeugt ist, und in schatzgemäßer Aus-
stattung.

Deutsche Balladen.
Von J. W. L. Gleim bis Georg Trakl.
Herausgegeben von Hans Joachim Hoof.
605 Seiten, 10,5 x 15,5 cm.
Leinen flexibel mit Schutzumschlag, Lesebändchen.
ISBN 978-3-933497-21-5

Deutsche Gedichte.
Von Walther v. d. Vogelweide bis Gottfried Benn.
Herausgegeben von Hans Joachim Hoof.
635 Seiten, 10,5 x 15,5 cm.
Leinen flexibel mit Schutzumschlag, Lesebändchen.
ISBN 978-3-933497-22-2

Die Welt der Antike in einem Band auf 1165 Seiten.
Dieses Lexikon, dessen Geschichte bis in die Mitte des 19. Jahrhunderts zurückreicht und dessen achte, vollständig umgear-
beitete Auflage von 1914 hier vorgelegt wird, war über Jahrzehnte zuverlässiger Begleiter für alle, die sich mit dem klassischen
Altertum und seinen Randgebieten beschäftigten. Auch heute
ist es dank der Breite und Tiefgründigkeit seines Stoffes – die
Fülle der Stichwörter reicht von Abacus und Abai über Finanz-
wesen und Medizin bis Zosimos und Zwölftafelgesetze – und der
staunenswerten Akribie der Darstellung ein überaus nützliches
Arbeits- und Informationsmittel für alle an der Welt der Antike
Interessierten.

Friedrich Lübker:
Reallexikon des klassischen Altertums.
Nachdruck der 8. Auflage von 1914.
XII, 1152 Seiten, 17,5 x 24 cm, gebunden.
ISBN 978-3-937801-06-3